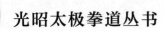
光昭太极拳道丛书

理法篇

以拳证道

李光昭 著

华龄出版社

HUALING PRESS

总　序

　　我的父亲李树田先后师从京城太极拳名家白旭华和徐岱山。白旭华得到杨健侯和杨少侯两代宗师的亲传；徐岱山乃杨少侯、杨澄甫（杨氏太极拳第三代传人）的入室弟子。

　　在杨氏太极拳这一脉传承体系里，我先后得到两位师父的传授：一位是父亲李树田，另一位是父亲的师兄张策（徐岱山的入室弟子）。现今唯一存世的《杨氏徐门手抄太极拳谱》，就是张策亲手交给我，并由我保存下来的。《杨氏徐门手抄太极拳谱》记载着徐岱山受业于杨少侯门下的时间、地点，并盖有徐岱山的印章。这份不可多得的珍贵史料，说明这一脉的杨氏太极拳属于正宗正门的杨家传承体系。

　　我在继承杨氏太极拳衣钵、吸收先辈们的拳修精华、结合自身六十余载修为实践的基础上，传承发展了传统太极拳的理法、心法等理论体系及功法体系，形成了具有鲜明特点的"光昭太极拳道"修为体系，这是我从"以拳证道"的角度提出来的反映传统太极拳修为本质特征的新概念。

记得父亲曾讲过，杨健侯传授太极拳的特点是先站桩后练拳。当年，父亲李树田先后拜白旭华和徐岱山为师学习太极拳，都是先学习站桩功，后练拳架。我跟随父亲习拳，也是先从桩功开始。

现在，我对外传授太极拳，一直遵守本传承体系的老规矩，先教桩功，后授拳架。我认为，桩功是基础，是直奔主题的内功修为。桩与拳，分为二，合为一。桩为拳之体，拳为桩之用；桩为拳之主宰，拳为桩之外显；拳静即桩，桩动成拳；桩无拳无用，拳无桩无拳。可以说，在传承、传授传统太极拳的实践中，"光昭太极拳道"沿袭了杨氏太极拳先辈创立的先桩后拳之路，成为这一脉杨氏太极拳传承体系的一大特点。

"光昭太极拳道"忠实地继承杨氏太极拳先辈们传承下来的理法、心法和功法，在传承、传授太极拳的实践中，坚持以明理为主导，将理法讲透彻，将心法讲明白，将功法讲具体，并且突出了理法、心法、功法三法合一。三法合一的特点是以心法统领理法和功法，以理法体现心法、指导功法，以功法贯穿其理法和心法，使理法、心法、功法相互依存、互为一体。

我将自己研修理法、心法和功法的体悟心得，以及近十几年的授课资料整编成书，完善了"光昭太极拳道"之理法体系、心法体系和功法体系。

第一，理法体系。在太极拳领域首次提出了"拳知八纲"理论，对阴、阳、动、静、虚、实、刚、柔等八纲的内涵真义及相互关系做了辩证阐释，高度概括了"一须三要"这一理法纲领。一须：须知阴阳；三要：要明动静、要辨刚柔、要分虚实。我还对十七个拳修核心要素进行了系统化、理论化的解说，使玄妙深奥、晦涩难懂的拳经拳论变得通俗易懂。

理法体系强调以拳证道、以拳修道、拳炼自我、重塑新我为修为目标，以建立太极思维模式为拳修重点，继承发展了太极内功修为理论。

第二，心法体系。由"一个中心、三个基本点""一求三修"等心法纲领构成。

"一个中心、三个基本点"，一个中心：中正安舒；三个基本点：静心凝神、呼吸自然、周身松通。

"一求三修"，一求：处处求中。中即道，道即中，故而求中乃合道之举。三修：反向修义、借假修真、层层修分。

"凡此皆是意"，既体现了内功心法的本质特征，又是内功修习的根本所在。

第三，功法体系。由静桩功、动桩功、太极摸手、太极拳架、太极散手和太极器械等组成。

修习主旨是"一拨三能"。一拨：四两拨千；三能：以静制动、以柔克刚、后发先至。

功法体系的修习路径是先静后动，先桩后拳，先摸手，后散手，再器械，循序渐进，遵道而为。

我们特别强调"明理就是练功""练功先要明理""明理是核心功夫"。

综上所述，"光昭太极拳道"修为体系的特征是以武演文、以拳入道、由拳悟道。拳修的主旨是以拳炼我、改造自我、返璞归真。

"光昭太极拳道"修为体系的特点是始于桩功，先桩后拳。桩即拳，拳即桩，拳桩为一。

"光昭太极拳道"修为体系的特质是创立了独具特色的理法、心法、功法三法合一的实修实证的教学模式。

这套"太极拳道系列丛书"各自独立成册，而理一以贯之，乃太极拳道修为不可多得的宝贵资料。希望将来能为传承传播太极内功、丰富发展太极文化做出应有的贡献。

李光昭

2024年5月26日

目　录

诠　释

太极阴阳少人修，吞吐开合问刚柔。正隅收放任君走，动静变化何须愁？生克两法随着用，闪进全在动中求。轻重虚实怎的是？重里现轻勿稍留。

拳修之门槛是懂劲，而懂劲的标准是阴阳相济，阴阳相济的前提是须知阴阳。

1

《乱环诀》：乱环术法最难通，上下随合妙无穷。陷敌深入乱环内，四两千斤着法成。手脚齐进横竖找，掌中乱环落不空。欲知环中法何在？发落点对即成功。

拳之刚柔通贯于阴与阳全部属性。太极拳所言之刚柔，并非仅指有形之实，而是以神、意、气无形无相之刚柔为体。故拳之刚，即为刚毅坚强之神、刚正不屈之意、刚韧浩然之气。此刚非柔积成，不可得矣。

杨澄甫认为，太极拳以分虚实为第一要义。陈氏太极第八代传人陈鑫有很精辟的表述："开合虚实，即为拳经""一阴一阳之谓道，一虚一实即为拳"。

理　法

俗话说：学拳不学道，等于瞎胡闹。太极拳的修为其实就是一个知道、悟道、修道与证道的过程。

开"紧"的"松"只是懈。所以太极拳修为的求松，其实是求中。

第七章　何谓紧/ 124

拳论云："先求开展，后求紧凑，乃可臻于缜密矣。"仅求开展，而无紧凑，必懈无疑。因此，只有把拳中所求之紧，与所避之僵，析分清明，才能知紧、明紧，以致求紧，此实为拳中之紧要，拳中无紧非太极拳也。

第八章　何谓重/ 129

老子所言"重为轻根"，即为太极拳重轻之道也。一重一轻、一阴一阳、一开一合、一根一果；无重则无轻，无轻亦无重。

第九章　何谓舍/ 136

凡太极拳修炼者无不知道修拳要从知己知彼功夫入手。《走架打手行工要言》更明确阐释："欲要知己知彼，先要舍己从人。"

第十章　何谓运/ 142

《十三势行工心解》明确地告诉我们："以气运身，务令顺遂，乃能便利从心。"太极拳修为中以气运身，身由气运；气不运，身不行；身随气动，气运身行。

第十五章　何谓变/ 200

《十三势歌诀》云："静中触动动犹静，因敌变化示神奇。"这句歌诀揭示出太极拳之所以能以慢制快、以弱胜强、以小搏大，其神妙处就在于时时处处能因敌而变化。

第十六章　何谓机/ 219

习练太极拳必须要做到知机，即在对待往来的过程中，对所出现的或存在着的或早或晚、或先或后、或急或缓等变化、反应之分寸、火候的掌控和认知。

第十七章　何谓应/ 243

太极拳之应敌，不在动作招法，在理之贯通；不在外之形式，在内之神意。其关键在于如何理解应敌之"应"。知应、和应、运应，才能在接手时应付裕如。

文献辑录

感悟太极拳道

何谓太极拳？顾名思义，太极拳就是符合太极之理的拳法。何谓太极？王宗岳在《太极拳论》中开宗即曰："太极者，无极而生，阴阳之母也。"何谓阴阳？中国古人认为这个世界之所以能够存在且运转，全在于这个世界内部存在着两种相反特征的力量，名之曰阴与阳。故而华夏先祖总是从事物相反相成的这两个（阴与阳）角度去理解这个世界，这是中国文化的一大特点。在太极拳中，静与动是阴阳，虚与实是阴阳，柔与刚是阴阳。不仅如此，松与紧也是阴阳，轻与重也是阴阳，舍与得还是阴阳……总而言之，太极拳无处不阴阳！因此，修炼太极拳的第一要义就是知阴阳。

"层层修分"是修炼太极拳的重要心法，贯穿修习的始终。《太极拳论》云："每见数年纯功不能运化者，率皆自为人制，双重之病未悟耳！""双重"病因即是不知阴阳，解决之道在于修分。分者，分阴阳也。初入手，形意不分就是双重。故有练形求意之功，松筋骨紧神意而达

1

形意之分。入门后，神意不分亦是双重。故有练意脱形之法，虚内神实外意而至神意之分。

怎样修分？奥妙在于"反向修义"！孤阴不生，孤阳不长。阴在阳中求，阳在阴里得。有云：求松要大松特松、一味之松，此为孤阴；松未得，懈已成。求松不在松中求，紧中求松是真义。欲要形松，但求意紧。同理，欲要神虚，但求意实。

张三丰云："顺为凡，逆为仙。"太极由无极而生，故修习拳道的目的在于由有入无，复归无极。"有形有意都是假，拳到无心方见奇。"无形无意、全体透空，方是太极拳修炼者心中仰慕的至高境界。

我自上大学时就喜爱练太极拳，之后也拜见过数位太极拳界的大家、名师，向他们请教，在某些方面获益不少。但是，直到从学于李师光昭先生，才让我豁然领悟了太极拳的高妙与精湛。

李师讲拳并非就拳说拳，而是以道论拳。他是在中国传统文化，特别是《道德经》道家思想的大背景下讲拳。因此，意境自然深远。一阴一阳之谓道。李师教拳从始至终都贯穿着阴阳之理：虚与实、静与动、柔与刚、松与紧……无过不及，处处求中。

李师讲拳不拘泥于招式，而是强调修为在心。在传承的基础上，总结出了三大心法：反向修义、借假修真和层层修分。这是李师传拳区别与他人的重要之处，是由拳入道的方便阶梯。

李师讲拳不是始于拳架的教授，而是重在基本功法的传修。世人都以练拳架为太极拳修为的入门，众云：拳打万遍其理自明。而李师认为不经过基本功的艰苦修炼，不在身心上能够得中用中，一味地摸练架子，只能是在错误的道路上越走越远，无法窥见太极拳的堂奥。

本人痴迷太极拳二十余年，直至 2008 年有缘拜见李师光昭先生，才知过去习者不过是柔软的太极体操而已，尚在拳门之外。李师于拳有师承，且理法皆备。五年来在师谆谆教诲下，方得入了拳道门径，甚是欢喜！

正值李师将几年来讲授课程编撰成书之际，蒙师嘱，作此序。

于晓非

2013 年秋于北京

（作者系中央党校教授，国内著名学者。多年来，他把传统文化之精髓与拳道之修悟紧密相合，悟道修拳，以拳证道，在对太极拳道理法、功法进行梳理、推广方面，发挥了重要的作用。）

拳与道的关系

近三十多年以来的中国，在经济上改革开放的同时，在文化上国学也越来越热。所谓国学，是指中华民族的传统文化。中华民族的传统文化到底是什么？从诸子百家、经史子集，到儒、释、道、武、医、艺等，透过这浩瀚纷杂的典籍和学派，我们认为中国文化最根本的就是太极哲学或太极学说。

有人说，中国文化的根柢在道教。这句话一般人认为源自鲁迅，实际上，远在鲁迅之前，中国历史上早就有许多学者做过类似的表述。例如，司马迁的《史记·论六家要旨》指出："道家使人精神专一，动合无形，赡足万物。其为术也，因阴阳之大顺，采儒墨之善，撮名法之要，与时迁移，应物变化，立俗施事，无所不宜，指约而易操，事少而功多。"又如，《汉书·艺文志》指出："道家者流，盖出于史官，历记成败存亡祸福古今之道，然后知秉要执本，清虚以自守，卑弱以自持，此君人南面之术也。"我们认为，中国的道家、道教文化的根本在于太极哲学或太极学说，所以用现代语言表述应该是，中国文化的根柢在太极哲学或太极学说。

说到太极，《周易·系辞》云："《易》有太极，是生两仪。两仪生四象，四象生八卦。"周敦颐的《太极图说》云："无极而太极。太极动而生阳，动极而静：静而生阴，静极复动。"关于太极拳的论述，人们引用最多的就是王宗岳的《太极拳论》，其中云："太极者，无极而生，阴阳之母也。动之则分，静之则合。"关于这些论述，人们常将其与《道德经》中一段最著名的论述相联系，即"道生一，一生二，二生三，三生万物"。关于无极、太极、阴阳之间的生生变化，在中国历朝历代都有许多学者大家留下了丰富的论述，概括而说，汪洋浩瀚，难以定论。

其一，"无极"到底是什么？其二，"太极"到底是什么？它如何由"无极"而生？其三，"太极"作为"阴阳"之母，"阴阳"是怎么从"太极"中产生的？……以上种种疑问，应该是中国哲学的根本问题，也是中国一切文化与学说的根本所在。作为一个中国人，要了解和掌握中国传统文化的根本，就必须要学习和研究中国的太极学说。

从众多名家和学者的论述中可以看出，"太极"是一个特别的名词，是一个令中外学者专家都感觉无比深奥、难以把握的名词。特别是在中国文化中，还因此出现了一种特别的拳法，叫作太极拳。这种拳法，从根本上来说，就是一种哲学拳，是一种依据与贯彻了中国太极哲学的拳法。因此，这里就产生了一个问题，人们是不是应该先学通、学透了太极哲学，然后才能去练这个太极拳？或者说，一个人是不是应该首先具备了"太极见"，然后才可能练太极拳？反之，如果一个人没有了解和掌握太极哲学、不具备"太极见"，他练的拳也许就不可能是太极拳！

　　我们认为，一个人在哪一个水平理解与证悟了太极哲理或太极学说，那么他就具有了哪一个水平的"太极见"。一个人有了"太极见"，自然一抬手就是"太极手"，一落足就是"太极脚"，用眼时就是"太极眼"，用耳时就是"太极耳"，乃至整个身体就是"太极身"，整个生命就是"太极生命"。一个已经进入或处在"太极"状态或境界的人，他的生命里自然就已经与太极拳相融合了，就不用"以拳入道""以拳悟道""以拳证道"了。

　　相传，太极拳传自于中国古代道教名家张三丰，是张三丰在非常深入地修学与掌握了"道"或"无极"哲理——这个道家文化的根本之后，才演化开创性的一种特别拳法。所以我们说，关于拳与道的关系，本来应该是"由道出拳"的。我们认为，张三丰在悟道与证道以后，他的每一个举动就都是真正的太极拳，同样。达摩祖师在悟禅与证禅以后，每一个举动就都是真正的少林拳。

古代经典里所说的"《易》有太极，是生两仪。两仪生四象，四象生八卦""无极而太极。太极动而生阳，动极而静；静而生阴，静极复动""道生一，一生二，二生三，三生万物。万物负阴而抱阳，冲气以为和"。这些有关"道"与"太极"的论述，汇总在王宗岳的《太极拳论》中明确地表述为："太极者，无极而生，阴阳之母也。动之则分，静之则合。"也就是说，王宗岳认为，太极拳的"太极"，是由"无极"而生的。"无极"是"太极"之母，如果没有"无极"，也就没有"太极"。

只有先有了"无极"，才可以有"太极"；进而只有先有"太极"，才可能有"太极拳"。所以我们认为，太极拳不是一个没有"太极见"的人可以人为地练出来的，一个没有"太极见"的人可以人为练出来的那种拳肯定不是太极拳。太极拳应该是由"无极"而生的"太极"化现出来的。

一般人怎么才能做到由"无极"而生"太极"，又由"太极"而化现"太极拳"呢？正是因为这种"由无极而生太极，由太极而化太极拳"的方法，对于现代人来说已经越来越难以领悟和掌握，所以，太极拳也就和中国传统文化的其他学说与方法一样，一代不如一代，越来越衰落了。

进而言之，根据王宗岳的《太极拳论》，如果人们不能进入或处于"太极"状态或境界，就不能理解由"太极"而生而分出来这个特别的"阴阳"。所以说，关于这个特别的"阴阳"，如果不是从"太极"而生而分出来的，那么也不是太极拳里所说的"阴阳"，我们姑且称之为"非太极而生而分的阴阳"。如果用这种"非太极而生而分的阴阳"，我们认为学习与习练者即使学练到猴年马月，所学练的也不可能是真正的太极拳。

在中国传统文化里，关于身心修炼的方法通常有两种：一种是顿法；另一种是渐法。顿法适用于上根利器之人，要求必须先从根本的理论上彻底通达，做到一念悟时，刹那全是，不立次第，不假修炼。这也就是前面提到的"由道生拳"的方法，这是一种顿悟法门。然而适于这种法门的上根利器之人，可能在万人之中难得其一，甚至一个时代也难出一人。

因此，普通大众还是应该选择渐修法门，也就是要采用"以拳证道"的方法。现在大家学练太极拳的目的肯定不是为了技击打斗，而应该是以这种"拳"为一种手段和方式，来实现入、悟和证"太极"或"道"的目的与境界。

"道"或"无极"等这些形而上的东西，我们作为一般适于渐修法门的普通大众，是很难以顿悟与证道的。而且这个"道"或"无极"，也绝不是人们一般的、逻辑的、分别的、属于识神的思维可以企及的。而且，我们用

9

这种思维去学习得越广泛越勤奋，反而会离"道"或"无极"越远。反之，我们不用这种思维的方式，而用身体直接体认，也许更易于了解和把握"道"或"无极"的真谛，更容易契合"道"或"无极"的境界。因此，对于普通人而言，还是必须要走这条"以拳证道"的路。

虽然我们在走一条"以拳入道""以拳悟道""以拳证道"的路，但是我们心中必须清醒地知道"由道生拳"的根本道理。我们先以拳去入道、悟道乃至证道，然后进入一条由"道"或"无极"而生拳的路。前一个"以拳入道""以拳悟道""以拳证道"的"拳"字，如果勉强也要称之为太极拳的话，它也只是我们要去入、悟和证"无极"或"道"的一个手段与方式。而后一个"由道生拳"的"拳"字，即由无极或道而生的太极拳，才是真正的太极拳。也就是说，我们只有先借助前一个"假太极拳""非太极拳"，才能够修炼出后一个"真太极拳"。

关于"道"，老子在《道德经》里描述为："有物混成，先天地生。寂兮寥兮，独立不改，周行而不殆，可以为天地母。吾不知其名，字之曰'道'，强为之曰'大'。""道之为物，惟恍惟惚。惚兮恍兮，其中有象；恍兮惚兮，其中有物。窈兮冥兮，其中有精；其精甚真，其中有信。""视之不见名曰夷；听之不闻名曰希；搏之不得名曰微。""古之善为士者，微妙玄通，深不可识。夫唯不可识，故强为之容：豫焉，若冬涉川；犹兮，若畏四邻；俨兮，其若客；涣兮，若冰之将释；敦兮，其若朴；旷兮，其若谷；混兮，其若浊"等。要求人们"致虚极，守静笃"，参悟"玄之又玄，众妙之门"。

入道、悟道与证道对普通人而言是一件非常困难的事，都没有下手之处。为了入道、悟道与证道，修学拳法是一种非常好的起始手段与方式。正确的太极拳修炼是有利于人们入道、悟道与证道的，而错误的太极拳修炼则有碍于人们悟道与证道。坊间许许多多的太极拳，要么根本就没有入道、悟道与证道的目的，要么就是有碍于人们去入道、悟道与证道，但是实际上普通人往往没有重视这两种不同方法的分辨与选择。

我们认为，在后世的各种太极拳中，无论十三式、二十四式、四十二式、四十八式、八十四式、九十七式、一百零八式等，都应该是从无极桩法里演化而来的，在这中间无极桩法是根本，具体架式是枝叶。无论是陈氏、杨氏、武氏、吴氏、孙氏、赵堡、武当等派别，都是从太极哲理中分化而来的，在这中间太极哲理是本原，各个派别都是支流。

李光昭老师所教授的太极拳法，殊胜之处在于不从教拳架入手，而非常重视无极桩法的修炼，要求以无极桩作为基本功来化现出真正的太极拳法。这符合由"无极"

生"太极"，由"太极"生"阴阳"的顺序与过程。李老师在教授太极拳的过程中始终重视结合老子《道德经》里的道家哲学来讲解拳理，曾用近一年的时间开创性地举办了"拳解道德经"系列讲座。李老师特别重视拳与道的关系，强调以拳入道、以拳悟道、由拳证道，强调修学拳法时要明理为先、心法为主等，这些都是当前太极拳界非常稀有难得的教授。

本人有缘跟随李老师学练太极拳，并在学练的过程中得到一些体会。现值李老师著述即将出版之际，应邀报告自己的以上心得。我们建议，太极拳在国家有关部门的分管中，不应仅划归在国家体育总局的武术研究院，而应划归在文化和旅游部、中国社会科学院，在高等院校中不应仅划归在体育院校或武术系，更应归于人文学院或哲学系。

我们认为，太极文化凝聚着中华民族最深沉的自强不息的精神追求，是中华民族生生不息、发展壮大的丰厚滋养。太极文化也应该是我们中华民族重要的血脉，是中国人民宝贵的精神家园，是中华民族凝聚力与创造力的重要源泉，可以成为代表国家水准、具有世界影响、经得起实践与历史检验的优秀文化成果，应该是我们建设优秀传统文化传承体系、弘扬中华优秀传统文化的重要内容，是增强中华民族文化实力与竞争力的重要组成。我们提倡，国人都应该积极地学习和掌握太极哲理或太极学说，都应该积极地学习和练习太极拳，都来"以拳证道"，都能"由道生拳"，从而提高国人的文化自觉与文化自信。

　　太极拳已被公认是中华民族优秀的文化遗产之一，是国家文化软实力的重要内容之一。现在世界各国各地越来越多的人喜爱太极拳，开始学练太极拳。我们希望太极拳在取其精华、去其糟粕、古为今用、推陈出新的原则下，坚持普及与弘扬，加强挖掘与阐发，发挥改革创新精神，使之发展成为一种有实践特色、民族特色、时代特色的文化产业，发展成为面向现代化、面向世界、面向未来的文化产业，发展成为具有规模化、集约化、专业化水平的文化产业。我们衷心希望以真正太极拳为代表的中国太极文化产业，能为增强与扩大中华文化的国际影响力开创新局面，能为世界文明与人类进步做出特殊的贡献。

石沅明
2013年12月17日

　　（笔者系中国文化研究院研究员，对传统文化深有研究并有独到见解，为太极拳道的研发与推广做出了很大贡献。）

学太极　悟人生

　　我从小在农村长大的，1976 年参加工作，先后经历了企业、党政机关等工作岗位，由一名企业工人成长为党政机关的领导干部。长期从事党政工作的经历，自己不仅丰富了人生阅历，在认识客观事物、甄别是非曲直等方面也得到了锻炼和提高。但是，对于如何全面客观地认知千姿百态的自然现象、如何唯物辩证地看待错综复杂的社会万象、如何科学正确地对待平凡而不平庸的人生经历等，却常有一些不解之惑。通过跟随李光昭老师修为太极拳道，并多次聆听李老师的讲座，认真研读李老师的文章，细心品悟李老师"以拳演道，以道悟拳"的精辟论述，我在迷惘中受到启迪，逐渐领会从事物本原上认识自然现象、解读社会万象的方法，能够站在一个新的平台上审视多种矛盾、认知客观世界、正确对待人生。

　　在李老师所传授的拳道之理的启发引导下，本人感悟了人生的一个基本问题：人的一生是由"加"到"减"，从而构成了一个大圆，由起点至终点，"加""减"各半，它从本质上揭示了人生的基本规律；这个大圆是由一个个小圆组成，每个小圆均呈现了"升"与"降""加"与"减"的轨迹，它客观地反映了人生不同阶段的基本规律。对上述命题，可称之为"人生加减法"，现根据李老师传授的阴阳之理作一浅解。

综观人的一生，乃是由一系列"加法"与一系列"减法"组成的一个圆。就一个人而言，自来到这个世界上，为了生存与发展，便需顺应自然规律，进入学"加法"、练"加法"和用"加法"的轨迹。例如，从小到大要长身体、明事理、学本领，乃至在学业和工作领域（如学历、职称、职务、荣誉、收入等方面）积极进取、努力拼搏。这就是所谓的学"加法"、练"加法"、用"加法"。退休之后，离开了工作岗位，客观上为自己拼搏奋斗的事业画上了句号。此时，从人生角度看，已经走过了一生中前半个圆，学、练、用"加法"的历程基本完成。经过半生的风风雨雨、滚爬摸打，自己不仅获得了成就感、满足感和幸福感，而且在心态和精神等方面也不知不觉地发生着渐变——开始知"天命"了。例如，对地位、荣誉、金钱、利益等追求的欲望逐渐降低，处事中情绪化的东西越来越少，宠辱不惊，起伏不怪，心态淡泊，随遇而安，由此渐渐地转入了人生的后半个圆，开启了学"减法"、练"减法"和用"减法"的历程。孔子讲："君子有三戒：

少之时，血气未定，戒之在色；及其壮也，血气方刚，戒之在斗；及其老也，血气既衰，戒之在得。"此论概括了人一生中应该把握的基本规律。从自然规律看，已过"知天命"之年的我，体力、脑力、精力等方面已在逐渐减弱、退化，自己想与不想、在意与不在意，都会自然步入人生后半圆"减法"的轨迹。此时此刻，若能够从主观上自觉地学好、练好、用好"减法"，那就是顺应自然规律，把握了人生后半圆"减法"的主旋律，此乃为自知之明、合道之举。体现在现实生活中，应努力做到"三减五不"。"三减"：减少名利欲望，减少过分追求，减少干预他人的事情；"五不"：不生气，不浮躁，不抱怨，不找麻烦，不添乱。事实证明，人的后半生学好、练好、用好"减法"，于己、于家、于社会都有益，此乃为"虽减犹加"，定会增加正能量：必添自身愉悦之情，必增家庭和睦之气，必助社会和谐之风。

另从阴阳平衡规律来看，人生"加法"与"减法"的两个半圆应该是对等的。如果前半生以"加法"为主的半个圆是50～60年的话，那么以"减法"为主的后半个圆亦应为50～60年，由此推算人的正常寿命则是100～120岁。现代科学家根据自然界各种动物生长成熟期与寿命长短规律，推算人类的寿命应为120～150岁。可见，"人生加减法"概算数据与科学家推断结论相吻合。但在现实生活

17

中，不少人的寿命达不到推算预期，是否与其前半生过度追求"加法"，后半生依然不做"减法"的处事与生活方式有关（或者说与"加""减"规律相悖有关）？按照事物相生相克之理，"加法"过了，必然损了"减法"。当收不收，当减不减，必然折损缩短人生后半个圆。

我从"加减法"的角度感悟人生的一点粗浅认识，并非虚构或妄想，乃是自跟随李光昭老师修习太极拳以来，从太极拳道中得到的启发和验证。太极拳是中国传统武术中的一枝奇葩，是我国古老而神秘的文化瑰宝。太极拳理论由阴阳学说构成，合老子之道，寓儒教之理，谙释家之义，三位一体，具有丰富的哲学思想和深奥的科学内涵。太极拳的前辈们总结了学练太极拳的一般规律：学规矩、守规矩、出规矩、合规矩，实则用的就是"加减法"。站桩功、练拳架、明拳理、懂拳劲、修内功为"加法"，而修炼的过程则用的是"减法"。李光昭老师讲："欲得太极拳内功，必用'减法'去练。要排除杂念、减净僵力，将实我练虚练空练无。"一语中的，画龙点睛。以"减法"为主旨站桩练拳，即减去影响身体松通的僵力、拙力，减去以用外形为主的习惯，减去争强好胜、心绪躁动的杂念等，这样便会渐入太极之拳道。老子言："为道日损，损之又损。"太极拳的修习，实则是以"减法"的方式来改变、丢弃既有的惯性思维和行为习惯。通过练"减法"，一点一点损，一点一点弃，损之又损，弃之又弃，这样方合修行之理，守修拳之规，顺修道之义。在李光昭老师的言传身教下，本人切身体会到只有按照上述方法修习太极拳，才能通过太极之"拳"，领悟阴阳之"理"，把握拳道之"髓"，从而真正地踏入太极拳之门。从神奇玄妙而又客观真实的太极拳内功中，验证了道教"无为而为"思想的可行性，佐证了人生由"加法"到"减法"的现实性，实证了顺应自然规律、遵循客观规律、把握人生规律的必然性。

固然，在人的一生中，前半生的"加法"与后半生的"减法"是相对而言的，"加法"与"减法"既对立，又统一。"加法"之中寓"减法"，"减法"之中寓"加法"。例如，前半生是以"加法"为主旋律，在事业上必然追求的是"加法"，力求学业有成、事业顺利、工作进步，寻求高学历、高职称、高收入、高荣誉等，这都是合乎自然规律的正常现象。但在追求向上的过程中不能过了头，"加法"当中须有"减法"。换言之，要有上进心，但过度追求完美，人容易走进恶性循环的死胡同；应该积极努力，但行为不能只关注短期结果，而忽略了长远发展，否则"欲速则不达"，甚至受到自然规律的惩罚。同理，后半生是学好、练好、用好"减法"，一方面要顺应后半圆的下降、回收、衰减的规律，做人有标，处事有度；另一方面，虽然后半生是以"减法"为主，但并不是为减而减，也不是消极对待，更不是无所作为。应当是以积极乐观的态度去面对生活，以勇往直前的精神去应对困难，以"无过不及"的拳理去把握人生，继续为家庭、为社会发挥自己的余热，有滋有味地过好每一天。

总之，人的一生就是这样平凡却不平淡，有作有为，无为而无不为；日常生活潮起又潮落，烦琐充实，索然亦非索然。整个运行轨迹加中有减、减中有加、有主有次、"加""减"适度、得失同在、苦乐相伴，可谓丰富多彩，圆满人生。

王延军

2013年12月10日

（笔者曾任山东省龙口市委副书记、市人大常委会主任等职务，多年来，潜心研修传统太极拳文化，静心悟拳修身，倾心践行以拳证道。笔者对"光昭太极拳道"主旨理念及拳理拳法理解、体悟较深，已经懂劲，现已跨进太极拳门槛，步入内功修为正途大道。）

自 悟

学悟太极，五十有余。得父亲传，遵道研习。
习拳悟道，重理明义。拳求内涵，道法自然。
勤磨苦练，小成可言。学虽一般，高峰要攀。
杨氏白门，李氏有传。徐祖列宗，早有企盼。
收徒授艺，皆在传延。非名非利，继承发展。
尊师厚友，品正行端。授艺传拳，学练逊谦。
师生互敬，礼义为先。为求真谛，言者必谏。
谁对谁错，争真无过。学要尽心，授必尽力。
苦练勤学，悟道明理。潜心钻研，永无止息。

理法：一须三要

太极拳道，贵在明理。阴阳一气，拳道真义。
一须三要，阴阳济济。须知阴阳，拳修要理。
无极而生，太极始立。易有太极，是生两仪。
一明动静，动静合一。分则阴阳，合即太极。
二辨刚柔，黏走化一。我顺人背，刚柔不离。

三分虚实，虚实为一。处处虚实，得势得机。
双重为病，阴阳不济。对待往来，无过不及。
着熟懂劲，精神提起。阶及神明，浑然一气。

心法：一求三修

太极拳道，身心两宜。拳道修为，心法牢记。
一求三修，和致中极。求中用中，环中枢机。
松中寓紧，松紧不离。紧中求松，反向修义。
无僵无懈，无形无意。练时似有，用时无敌。
似有若无，无时见奇。真真假假，假修真义。
形分上下，上下随意。意分内外，内外合一。
形意要分，同出而异。意先形后，周流一气。
意气为君，骨肉臣离。层层修分，永分无疑。
三修一求，心悟法启。无法有法，法自心立。

功法：一拨三能

太极内功，绝妙神奇。无妙有妙，奇也不奇。
一拨三能，内功真义。四两拨千，无畏无惧。
力大力小，弱不能欺。手慢手快，耄耋御敌。
立如平准，心令气旗。活似车轮，腰纛轻利。
以静制动，以静克敌。静中触动，动静相寓。
以柔克刚，刚自柔积。极柔极刚，刚柔相济。

后发先至，处处先机。发而未发，急缓相依。

力与气合，有气无力。无力劲极，气力相吸。

力由脊发，浑圆一体。蓄而后发，曲蓄有余。

左重左虚，右杳右移。催僵化滞，完整一气。

随曲就伸，不偏不倚。人我不知，方显神奇。

默识揣摩，从心所欲。所向无敌，盖由此及。

悟道修拳，贵在知己。知己知彼，空出真义。

空而不空，不空而虚。致虚静笃，反观其复。

动而愈出，虚而不屈。中正安舒，正心诚意。

以拳证道，阴阳太极。功有深浅，道法无际。

由拳入道，生生不已。延年益寿，不徒末技。

修拳做人，知行合一。不向此求，枉贻叹息。

拳道一统，真切无疑。差之毫厘，谬之千里。

天下豪杰，切记切记！

注：

理法：一须三要

一须：知阴阳

一要：明动静

二要：辨刚柔

三要：分虚实

心法：一求三修

一求：处处求中

一修：反向修义

二修：借假修真

三修：层层修分

功法：一拨三能

一拨：四两拨千

一能：以静制动

二能：以柔克刚

三能：后发先至

引　言

拳者，将手屈指卷握为拳。除此意之外，亦指徒手的武术，即"拳术"。中华民族行传统之礼，常以左手抱右拳——执"和气"之礼。

所谓"道"者，形上悬设也，或须"率天命"而得之，或"惟恍惟惚"不可言说之，或须"明心见性""自净其意"，始可"证得"之。

从比较宽泛的角度看，拳与道的关系，即"术"与"道"的关系。老子谈"道"，认为道生万物，此"万物"当然包含自然物质世界。人存在于自然界中，发挥其主观能动性去改造环境以求生存，在这个过程当中形成了"术"。因此，所谓"术"，本就是人与"（天）道"之间的一种联系。

拳术亦是如此。拳术的最早期形式是狩猎术，而后随着氏族战争的出现，才逐渐形成以人与人之间的搏击为主要目的的"拳术"。然而，值得注意的是，狩猎术也好，"拳术"也罢，皆是自然而生。仅就其早期形式来看，虽有杀戮，但并不涉及任何道德与情感问题。狩猎是为了求生，早期的氏族战争也是为了求生。因此，凡是求生之术，就必有它的神圣性。在人类文明早期，拳术、祭祀、舞蹈（巫）是全然一体的。即便是现在，许多拳术，甚至许多仅以搏击为目的的拳术，如泰拳、相扑、柔道等，都还掺杂着祭祀与舞蹈的成分。简言之，拳术自其产生之初，就是天人沟通的一种形式。

　　拳道者，由拳入道也。拳何以入道？答曰：体悟。体者，无非步伐进退，呼吸运行；悟者，内心的参省，理性的澄明，灵性的提升。所谓体悟，即是以体肤之力，悟形上之道。在此基础之上，我们认为，拳与拳道的区别：在修习拳道时，心中要明确为道修拳、以道修拳，拳是道中之拳、道是拳中之道。

　　而所谓拳道论，即是由拳说道、由拳入道的理论。当然，这是宽泛的说法，具体地说，比如，从生理学角度描述中国武当系拳法中的所谓"气沉丹田"，即"腹式深呼吸的意识自觉"。对于这种解释（能否这样解释以及这样解释是否恰当暂且不论），本人只想借用哲学的坐标系来说明拳道论的意义。拳道论所要做的，就是论证何谓"意识自觉"？意识何以"自觉"？意识"自觉"于何处？

　　概言之，太极拳的修习，本就是对一种哲学、一种"道体"的修习，其最终形成的是一种思维方式、一种

世界观。而拳道论，乃是拳修过程当中一条由拳入道的
通路。

　　佛曾以筏喻法，善哉斯言！

诠 释

知阴阳
明动静
辨刚柔
分虚实

前　言

中医有"八纲"之说。八纲者，"阴、阳、表、里、虚、实、寒、热"也。其中，"阴阳"为始，因为阴阳不调为疾病之根本；"寒热"为终，因为寒热为疾病之表征。此"八纲"一直以来都被认为是中医的辨证理论、基础理论。

太极拳道亦有"八纲"——"拳知八纲"，即"阴、阳、动、静、虚、实、刚、柔"。此八纲亦是太极拳修炼的基础。需要注意的是，"拳知八纲"与"中医八纲"至少有两个相同之处：第一，这两个"八纲"都是由四组对立关系组成的，因为包含对立，方能存在辩证；第二，这八个点（四组）并非是平行罗列的关系。与"中医八纲"相同，太极拳道的修为亦是以阴阳为中心——须心悟阴阳之理。在此基础之上，方能由内而外的"明动静""辨刚柔""分虚实"。阴阳为先，刚柔为果，由"动静""虚实"抽象出因果之间的无限机巧与奥妙。

当然，太极拳道修为的过程不限于此。除了由理而发之外，还要"由体而悟"。而"体察"动静、刚柔、虚实之时，对阴阳之机的把握亦会得到提升。

对于"拳知八纲"的关系，杨氏太极拳第二代传人杨班侯在《阴阳诀》中曾有明确表述：

> 太极阴阳少人修，吞吐开合问刚柔。
> 正隅收放任君走，动静变化何须愁？
> 生克二法随着用，闪进全在动中求。
> 轻重虚实怎的是？重里现轻勿稍留。

诠释，把拳道之八纲归纳为一须三要。一须：须知阴阳。三要：要明动静，要辨刚柔，要分虚实。

第一章 知阴阳

一

自古至今，太极拳修炼者无不把王宗岳的《太极拳论》奉为太极拳之圣经。王宗岳在《太极拳论》中明确地告诫太极学子：太极拳的修为是"由着熟而渐悟懂劲，由懂劲而阶及神明"。他把太极拳修为划分成三个阶段：着熟、懂劲、阶及神明。其中，懂劲可认定为太极拳修的入门之槛。如何才能懂劲而入门？《太极拳论》毫不含糊地指明，懂劲之路只此一条："须知阴阳。"如《太极拳论》云："欲避此病，须知阴阳：粘即是走，走即是粘；阴不离阳，阳不离阴；阴阳相济，方为懂劲。"如此说来，拳修之门槛是懂劲，而懂劲的标准是阴阳相济，阴阳相济的前提是须知阴阳。由此断言：知阴阳乃太极拳修为的理论基础及核心主旨。

在太极拳修为中如何才能知阴阳，是摆在每位太极拳修为者面前的一个无法回避的难点。欲知拳之阴阳，细读深研并体悟《太极拳论》确是"不二捷径"。《太极拳论》区区四百余字，通篇阐释了阴阳之理在拳中的具体展现，可谓句句璧合、字字珠玑。《太极拳论》开篇即云："太极者，无极而生，阴阳之母也。"开宗明义地把阴阳与太极、太极与无极三者之间的内在关系明确地揭示出来。无极生太极，太极生阴阳。太极乃阴阳之母，阴阳即太极之子。《太极拳论》极为形象且拟人化地把太极与阴阳喻为母与子的关系，生动鲜活地将二者关系展现在了我们面前，令阴阳与太极不再神秘莫测而不可见。我们仿佛看见阴阳这对双胞胎，一左一右地依偎在太极母亲的怀中。

明确了太极与阴阳的内在关系，便可以清楚地知道，太极拳之所以冠名"太极"二字，其中的确有着极为深刻的内涵，绝非仅仅是名称代号而已。拳定名为太极，其实质是告诉我们，此拳是以太极之道作为理论基础的。拳就是以有为之法、有形之式来演绎，实证太极之道，而拳中的太极之道，是以阴阳及阴阳之分合变化来具体体现的。因此，修为太极拳，就必须知阴阳、悟阴阳而用阴阳。拳离阴阳而无太极。无太极之拳，何以冠称太极拳？

我们知道，太极文化是中华民族古老文化之魂，太极文化之核心是阴阳学说，阴阳学说是中华民族传统文化之根。亿万年来，我们的祖先以不可思议的超智慧，发现、揭示并总结出宇宙间万事万物毫无例外都是由对立的两个因素构成，正是这两个相互对立又互不分离的因素永无终止地相互冲合、相互为根、相互变转，此消彼长，才有了五彩缤纷的物质世界，才有了生命的繁衍。他们把既对立又统一的两方面高度地抽象概括为阴与阳。当其他文明尚在万变的繁复中去追寻事物的表象时，我们的祖先已从繁复的万变中提炼出极为简易的规律，即一阴一阳之谓道。亦如老子在几千年前就指明，宇宙间"万物负阴而抱阳，冲气以为和"。正是这极为简易、朴素而本原的阴阳学说，奠定了中华民族的语言文字、琴棋书画、中医中药、餐食茶饮、武学武术及军事战略等方方面面的哲理基础。中国人无论行为处事、待人接物、礼仪言表等，时时刻刻都在自觉不自觉地遵从着阴阳之理而为之。

在太极阴阳学说的基础上，我们的先人又以博大的才智，于实战中把阴阳之理与拳术融会贯通，经过一代又一代人的前赴后继，创生并不断地完善着太极拳。在这一代又一代的太极拳先贤中，有许宣平、李道子、周敦颐、张三丰、王宗岳、陈长兴、杨露禅、武禹襄、李亦畬、杨班侯、杨健侯、吴全佑、郝为真、杨澄甫、孙禄堂等名师大家，亦有无数未曾刻名于太极拳历史丰碑的先人。太极拳作为中华武学的一枝奇葩，之所以能代代相传、不断发展，除其神奇的拳术功夫外，最核心的原因就在于此拳通贯深厚的阴阳之理。太极拳是生活拳、艺术拳、修心拳、

生命拳、哲理拳……以拳悟道、以拳证道、以拳入道而阶
及神明，这是拳之最高境界。

作为今天的太极学子，我们在前人的基础上，继承并
修为太极拳，就必须牢牢地抓住阴阳之理——以阴阳之理
修为有为之拳，时时刻刻把握阴与阳在拳中的具体展现。

那么，阴与阳在拳中是如何具体体用的呢？

二

《太极拳论》云："动之则分，静之则合。"《太
极拳论》在开宗明义阐释出阴阳与太极、太极与无极之内
在关系的基础上，把阴与阳在拳中体用之核心主干确而立
之，阴阳在拳中是以动静为主脉、主干而展开体用的。或
者可以说，动静之理即阴阳之理的核心。阴阳之变转、消
长，就是以动静之分合具体体现的。

"动之则分"，分而阴阳；"静之则合"，合则太
极。太极本体为静，静中内含阴与阳。不动则阴阳和合，
即静之则合，合而太极立；太极为阴阳之合，然阴与阳则
黑白对立，对立必对抗，对抗必相斥。故太极虽把阴与阳
和合于内，但阴阳却因相斥而存在动势，此乃拳中之以静
寓动。盘拳走架时，自无极势起。所谓无极预备式，即立
身中正安舒，双手自然垂立，心身俱静，无思无念，此乃

无极也。由无极预备式转起势，并非手足先动，而是身形仍静而不动，但心中阴阳之机已由静而萌动，由萌动而小动，由小动而大动，由大动而动极。在此过程中，身内气机已随机发动。身之内气随气机发动，由少渐多，由弱渐强，直至气遍身躯，充盈鼓荡。此时，身形未移，手足未动，但动静之机，盈虚之数，已俱心腹之内。身虽静，意已动；外显静而静如山岳，内极动而翻江倒海，此乃太极势立矣。因此，盘拳走架在无极预备式与起势之间，必先由无极生太极，由无极预备式过渡为太极势立。当静中之动、动至极，内气鼓荡、充而盈，此时，内动引外动，气催身行，身形手足随动而起——因为手足身动是被内动而导、被内气而催，故是被动、随动。因此，起势虽起，手臂虽动，但动而不动；故起中有落，提中含沉。此乃太极起势之真义也。"动之则分"，自起势始，即分出起与落、提与沉、上与下、内与外、形与意等相互既对立又不离的两种属性。此两种属性为阴与阳在拳中的具体体现和应用。

自起势起，阴阳已判，动静已分，分合有序。亦如杨氏太极拳老谱《八五十三势长拳解》所云："自己用功，一势一式，用成之后，合之为'长'；滔滔不断，周而复始，所以名'长拳'也。万不得有一定之架子，恐日久入于滑拳也，又恐入于硬拳也，决不可失其绵软。

周身往复，精神、意气之本，用久自然贯通，无往不至，何坚不摧也！"请注意，文中告诫太极拳修为者："恐日久入于滑拳也，又恐入于硬拳也。"也就是说，太极拳既不能是"滑拳"，也绝非"硬拳"。如何才能做到不滑亦不硬呢？《太极拳论》有云："无过不及，随曲就伸。"滑与硬是拳中两个极端对立的反应。既对立必为阴阳之属性。与阴阳之理而言，既不滑亦不硬就必须做到"无过不及"。"无过"即滑不多于硬，硬也不多于滑。"不及"即滑与硬谁也不少于谁，即做到滑硬不多不少，恰好适宜。与动静分合而言，不滑亦不硬就必须做到"随曲就伸"。对此，王宗岳对于拳之动静分合提出两对具体的概念：即于内意而言是"随"和"就"，于外动而言是"曲"与"伸"。我们知道，曲与伸本就是一对矛盾，曲是内收，伸为外展，一内一外，一收一展。要做到无过不及，就必须做到随而就。在曲的同时，随着曲的出现就要同步向外伸展，而且要做到"此两者同出而异名"，即曲与伸虽对立而异，但要同时、同步、同多少。

　　《太极拳论》把动静分合而无过不及确立为拳中阴阳相济之主宰。拳中阴阳范畴所有具体应用，无不以动静、处中而展开。因此，拳修须知阴阳，明动静之理是第一关键。

　　（关于拳中之动静，在"明动静"篇章中再做详述。）

三

在"动之则分，静之则合""无过不及，随曲就伸"的基础上，《太极拳论》提出了须知阴阳的又一关键概念：刚与柔。如果说动与静为阴阳之内旨，那刚与柔即为阴阳之实用。关于刚柔，《太极拳论》云："人刚我柔谓之走，我顺人背谓之黏。"这句论述对拳中动静分合，进一步概括提炼出了"人与我，刚与柔，顺与背，走与黏"四对矛盾体，并明确要求以我之柔对人之刚。只有做到人刚我柔、刚柔相济，方能做到我与对手相合而静。进而《太极拳论》把人刚我柔、相济静合称之为走。走者，动也，走动也。当人我刚柔相济而静时，静中必然寓出自然之动。同时，走者，开也，走开也。当人刚我柔相济静而合时，合中必然寓出动开之势。当以我之柔应对手之刚，则人之刚被我之柔引而走化；此时，人之刚被引进落空，则人由主动转而被动，我由随动转为主动，人我双方经刚柔变转，发生了我顺人背的战略转移。如杨氏太极拳老谱《太极下乘武事解》所云："以柔软而应坚刚，使坚刚尽化无有矣！"故走者，化也，走化也。

在人刚我柔的走化过程中，始终要坚持以柔应刚的原则，从而实现我顺人背。以我之柔顺随对方之刚，则我与对手处处黏合。再解人刚我柔谓之走，走者，动也，开也，化也。再说我顺人背谓之黏，黏者，静也，合也，缠也。恰如杨氏太极拳老谱在《粘黏连随》一文中所说："黏者，留恋缱绻之谓也。"

综上可知，《太极拳论》中"人刚我柔谓之走，我顺人背谓之黏"，其本义是告诉我们，拳中刚柔之用，要做到走而黏，黏而走，即动中有静，合中要开。亦如《太极拳论》所云："须知阴阳，黏即是走，走即是黏。"人刚我柔，黏不离走，走不离黏，黏走相济，即为懂劲。

当然，欲要人刚我柔、我顺人背，还必须做到我之柔要柔中有刚。如杨氏太极拳老谱《太极下乘武事解》所云："太极之武事，外操柔软，内含坚刚。而求柔软之于外，久而久之，自得内之坚刚。"在与人接手时，要做到："内要含蓄坚刚而不施，终柔软而应敌。"即做到柔中寓刚，积柔成刚，刚柔相济，开合相蓄，"极柔软，然后极坚刚"。此乃刚与柔在拳中之体用真义矣。

（关于拳中之刚柔将在后续的"辨刚柔"篇章中详细释之。）

四

《太极拳论》在阐释人刚我柔、顺背黏走相对相济的基础上，又非常明确地指出，在具体运化中要"动急则急应，动缓则缓随"。此句拳论围绕动静刚柔又提出了急与缓、应与随的既对立又统一的矛盾概念。有人以为，太极拳练慢不练快，要缓不要急，这种观点完全是对太极拳阴阳之理的误解。急与缓其本质是阴与阳的对立统一关系，因此，在急与缓的具体应用中，必须做到急不离缓、缓不离急，急缓相济方为懂劲。要做到与人接手应敌时，因敌急而急，即"动急则急应"；随人缓而缓，即"动缓则缓随"。

（关于接手应敌时之急缓应随，在后文"何谓应"中有详述，在此不做具叙。）

由此可见，《太极拳论》将阴阳之理在拳中具体的展现和体用，自动静分合、无过不及、曲伸随就，以及人我刚柔、顺背黏走直至急缓应随等相互变转之运化，都做了透彻的阐释。《太极拳论》一针见血地指出：无论动静分合，还是曲伸刚柔，或是顺背急缓，拳中万变无端，然而万变不离之理，唯有阴阳学说。正如《太极拳论》所云："虽变化万端，而理为一以贯之。"以此断言：太极拳修必须：知阴阳，悟太极，通一理，应万变。

欲知阴阳，在明动静之分合、辨刚柔之黏走的基础上，还必须明虚实之理。杨班侯在其《虚实诀》一文中云："练拳不谙虚实理，枉费功夫终无成。"王宗岳在《阴符枪总诀》中亦云："刚则柔之，柔则刚之，实则虚之，虚则实之。"陈鑫有曰："开合、虚实，即为拳经。"杨澄甫在《太极拳术十要》一文中亦曰："分虚实。太极拳术以分虚实为第一要义。"如此说来，太极拳修为，不谙虚实之理，不分虚实之义，就不知阴阳，亦不明拳中之动静、不辨拳中之刚柔，也就不懂劲，那就不是太极拳。因此可以说，拳中虚实之理，乃为阴阳之理的具体体现和应用。所以，《太极拳论》云："虽变化万端，而理为一以贯之。"即可以把拳中通贯万变的唯一之理，解读为虚实之理。《太极拳论》进一步阐明："由着熟而渐悟懂劲，由懂劲而阶及神明。然非用力之久，不能豁然贯通焉。"在这里，王宗岳强调："拳之修为，要贯通虚实之理。"可见，必须经过对虚实之理的认识及熟知，并在修为中时时处处予以落实，乃为着熟之谓也。只有在行功运化中做到"虚实宜分清楚，一处自有一处虚实，处处总有一虚实。周身节节贯串，勿令丝毫间断耳"，方可言懂劲。懂劲后，能做到"虚则实之，实则虚之"，亦虚亦实，无实无虚，"拳无拳，意无意"，方可言"阶及神明"也。而以虚实之理贯通拳之修为始终，直至"阶及神明"，绝非朝夕之功，须以信心、恒心、定心、决心，甚至倾毕生之努力，方可能得。

关于虚实之理，《太极拳论》是这样阐释的："虚领顶劲，气沉丹田，不偏不倚，忽隐忽现。左重则左虚，右重则右杳。仰之则弥高，俯之则弥深。进之则愈长，退之则愈促。一羽不能加，蝇虫不能落。人不知我，我独知人。英雄所向无敌，盖皆由此而及也。"这段关于虚实之理的论述并不是空谈理论，而是把虚与实在拳中的具体展现和实用全面、细致、清晰地揭示出来，使修习者在以虚实之理拳修中可操作、有遵循。

先解读"虚领顶劲，气沉丹田"之论。这句拳论提出了两个概念，即劲与气；同时指出两个位置，即顶及丹田（腰腹）。如果说劲与气属内、属虚的话，那顶与丹田（指两个实在可见的部位）这两个部位于人体而言，则属外、属实。

《太极拳论》对于劲，在劲前加顶来定义；对于气，在气后加沉来规范，这是有其深刻的虚实之理的。何谓顶劲之顶？我们说，顶字之意，于拳论而言，应有虚实两解：于实而言，顶者，头顶也，此顶指人身之头部最高点，即指头顶部百会穴之位置；于虚而言，顶者，相对相逆之谓也，如顶撞、顶风等，或自下向上而起之谓，如顶起。"虚领顶劲"之顶，虚实两义兼有之，既指头顶百会穴有形之实位，又含自下向上相对相逆而起之深意。

何谓"气沉丹田"之"沉"？我们说，沉字之意于拳论而言，亦有虚实两解：一是分量极大之谓也，如沉重、沉厚；二是自上向下而落之谓也，如沉下、沉入等。"气沉丹田"之沉，亦两解兼有之，既指气之沉厚极重之实感，更含自上向下沉而有落之虚义。

"气沉丹田"之丹田，亦有虚实两解。于实而言，丹田即指人身腰腹之部位；丹田之田，乃是泛指一个区域范围。于虚而言，丹田及丹田之丹，应理解为在田之范围内横竖相交之点，此点既是横上一点也是竖上一点，因此相交之点既是横又是竖，也可以说既不是横也不是竖，那么这点的性质就是虚空。如果说此点即为丹，那么丹田之丹则为虚空而无之点。故拳中亦有"无处不丹田"之说。

如此解读"虚领顶劲，气沉丹田"之论，就会得出这样的结论：太极拳之内气、内劲是动之则分、分而静合的内动、内变。当内劲自中而发，自内而外，自下而上，如杨氏传抄老谱所云："发于中，形于外，达于四围"，而通贯于顶之百会时，即"神贯于顶也"。此时，顶之百会因劲之通贯而出神。劲自中而发，自下而上，亦"不可用力"。正如杨澄甫在《太极拳术十要》中所云："不可用力，用力则项强，气血不能流通，须有虚灵自然之意。非有虚灵顶劲，则精神不能提起也。"因此，《太极拳论》所云之"虚灵顶劲"，即人身之实劲，通贯于顶之百会，精神提起而生达虚灵之神意。故"虚灵顶劲"，实乃虚而实之，实而虚之，虚实兼到之真义。

同理，当内劲"自中而发"，达于四围的过程中，内气同时自四围、由外而内、自上而下向虚中之丹田沉而聚，中空之丹田因气之沉降则虚而充实、空而不空。

内劲与内气—上下内外—升降沉浮的过程中，互为其根，相互为用；劲之通上是以气之下沉为根，气之下沉是以劲之上升为用。因此可以说，劲与气此两者同出而异名，劲亦气，气即劲。无气生有劲，有劲化无气，劲与气亦有亦无，亦无亦有，有无相生，无有相变。如《太极拳论》云："不偏不倚，忽隐忽现。"即拳中之劲与气，"变转虚实须留意"，无论上升下降，亦不论内聚外散，均要做到"无过不及""不偏不倚"。忽而虚隐不现，忽而实有生发，此乃虚实兼到而莫测也。至此，拳之修为，方可自渐悟懂劲向阶及神明而进之。

在此基础上，《太极拳论》把虚实之理在拳中之具体应用向纵深展开而阐述之。《太极拳论》云："左重则左虚，右重则右杳。仰之则弥高，俯之则弥深。进之则愈长，退之则愈促。"这段论述，明确地以拳中之左右、仰俯、进退来阐释虚实变转之真义。"左重则左虚，右重则右杳"，对此论述有人曾不解地问道："左重怎么能左虚呢？是否应该左重则右虚呢？重应该是实，轻则相对为虚。左边如重而实，右边应该轻而虚才是，否则不就是双重吗？"持有如此疑问的朋友，是对"左重则左虚"这句拳论存在理解误区。许多人误以为重就一定为实，轻就一定是虚，这是对拳中虚实之理的认识错误。虚与实，不绝对地对应任何一种具象。重可以是实，也可以是虚；同样，轻可以为虚，也可以为实。如以拳之体用而言，太极拳之修为恰恰更多是以重为虚。因为，无论是重要之地还是重兵之师均要隐蔽而不示于敌，对敌而言要做到杳无音信，故《太极拳论》云："右重则右杳。"

《太极拳论》继续以仰俯、进退来阐释虚实之体用："仰之则弥高，俯之则弥深。进之则愈长，退之则愈促。"我们通常认为，向上为仰，向下为俯；仰与俯、向上及向下均是可见之有形有相之实相。弥字之意，可解读为"更加"。那么，当仰而高时，高至弥高，即高而更加高，或可理解为比高更高：弥高则可认为是无限之高，无极限之高即为高至无上。因此，弥高实为虚而无矣。当仰而上为实，则弥高即为虚。"仰之则弥高，俯之则弥深"，此论是在言说实则虚之之理。

同理，"进之则愈长，退之则愈促"，其中愈字，亦为"更加"之义。此句论述依然是在言说拳中进退之时，要做到：进时，进之意要长、远而愈，即长远无极无限；退时，退之意要回而快而愈，即向内回而无极，快而愈快，快至无限，依然是以拳中之进退长促来阐释实而虚之、虚而实之的虚实之理。

此段论述，在阐明虚实在拳中的体用之理后，进一步概括指出：拳中变转之虚实，要做到"虚实宜分清楚"，虚要虚透，虚中岂能加上一毫实？即《太极拳论》所云："一羽不能加。"实则要实足，实上岂能再添一丝有？亦如《太极拳论》所云："蝇虫不能落。"如此，做到虚实分清、变转留意、虚而能实、实而能虚，"虚虚实实神会中，虚实实虚手行功"，则必然做到"人不知我，我独知人"。太极拳以柔克刚，以小搏大，以弱胜强，"英雄所向无敌，盖由此而及也"。

（关于拳中之虚实，在"分虚实"篇章中再做细解。）

如果把《太极拳论》分为上下两篇，上篇以须知阴阳，诠释拳中之动静、刚柔、虚实之理；下篇在明理的基础上，揭示拳在体用中存在的误区，以及因不知阴阳而产生的双重之病。至此，《太极拳论》把须知阴阳之理通过动静、刚柔、虚实三方面之内涵，用极为简练而精辟的文字进行了阐释与详解，使我们明确地知道了拳中之阴阳是以动静分合、刚柔黏走、虚实变转来具体体现和应用的。因此，欲知阴阳，就必须"明动静""辨刚柔""分虚实"，此乃拳修知阴阳之不二法门，亦为唯一之正途也。

第二章　明动静

一

儒家思想的核心是中庸，从这个角度讲，儒家亦有对"中"的追求。然而，个人认为，儒家所求之"中"，乃是一种临界之"中"，中庸思想所追求的"喜怒哀乐之未发"与"发而皆中节"，这里所指的"中"，都是一个"点"——一个"未发"之点或一个"中节"之点。太极拳道的核心也是求"中"，然而，我认为太极拳道之"中"不完全同于儒家"中庸"之"中"，太极所求之"中"是一种极限的平衡，是两种完全相反的、运动着的势力的"济合"，从道体层面看是阴阳的济合，从拳势的角度看则是动静、虚实、刚柔的济合。

对于太极拳道当中的动与静，简单地说，两者的关系就是对立统一、互为根本、互相转换的关系。

杨班侯曾作《乱环诀》，它以阴阳学说为基础，把动与静内在有机的关系结合太极拳当中的实战（或"技击性"，与"实用性"相对）、实用性进行了系统阐释，深刻揭示了动与静两者对立统一的关系。我认为，以此诀解动静最为合适，现将此诀录于此：

乱环诀

乱环术法最难通，上下随合妙无穷。

陷敌深入乱环内，四两千斤着法成。

手脚齐进横竖找，掌中乱环落不空。

欲知环中法何在？发落点对即成功。

在太极拳的诸般口诀当中，此诀非常深刻地揭示了太极拳"环与中""动与静""内与外"内在的那种真切的含义和关系。

所谓"乱环"，乱者，无规律也；环者，圈也。从拳术上看，凡对"乱"的追求，实则其"乱"并非己乱，而是"示敌之乱"或曰"以乱示敌"；而举凡是圈、是环，则其必有"中心"。无有中心何以成环？而这中心之物，我们通常谓之"定"。有"定"则必不"乱"。因此，仅从字面上看，乱环的本义就包含着对立统一。其具体意指，乃是以己方身心之定示乱于敌，使敌"无的放矢"，己方可乘乱取之。

从技击的角度来讲，乱环的关键还在于求中、守中，因为"环"存在的前提就在于有"中"。环之所以可以"乱"，就在于它必须是有中之后多样的、变化的。但我们必须明确的是，"中"只有一个，"环"有无数，存"一中"方能安己，显"多环"方可乱敌。

"中"只有一个，但围绕着这个"中"可以有竖环、有横环、有侧环、有大环、有小环……这些环要在运动中交织在一起。但是，如前面所说，乱环之乱是"敌乱己不乱"，"乱环"的难点即在于此，所以"乱环术法最难通"。

那么，如何达到"乱而不乱"的境界呢？就是《乱环诀》的第二句"上下随合妙无穷"。一上一下，此二者还是对立的，但此对立的二者还是要合。合者，一致也、"化一"也，也就是要合出个"一"来，在上下这两种对立的存在当中找到那个"一"、那个"合"，方可做到乱敌而不乱己。如能做到这一点，就会发现我们所追求的这个一致之"合"、这个所要坚守的"乱环之'中'"，就是"静"。静本身不出环，"静"为环心。恰若圆必有圆心，但圆心（那个点）本身不是圆，也不会以任何方式等同于圆。即陷敌者为环，而非中、而非静。换句话说，守"静"，则环不乱己；求动，环方可乱敌。因此，乱环之道即"动静"分合之道。

当然，从实际操作的角度讲，我们还必须明确一个问题：《乱环诀》里的"上""下"指的究竟是什么？如果"上""下"不明，那何以求得"随合"之妙？上下分为有形之上下和无形之上下。有形之上下，即空间之上下。从拳道修为的角度来看，空间之大，莫大过天地；空间之小，莫小过四肢百骸。天地之上下，即"天上"与"地下"；人身之上下，即"头顶"（上）与"脚底"（下）。当然，对于后者，须知上下往往具有相对性，头顶百会与足下的涌泉是上下，上肢和下肢亦是上下。具体到太极拳修为，设若肩为上，则胯为下；若肘为上，则膝为下。因此，在我们修炼太极拳的过程当中，应该心悟天地之融通，体求上下之相随。

　　但是，对内家拳的修为来说，更主要的是无形的上下之分。对于无形的上与下，首先要谈"意"，而意的上下之分，亦要"意会之"。当然，意会的上下之"意"，本身也是"意"，但此"意"是分上下之意。"意"若能自觉上下，其前提条件是意识的"自我意识"。意识首先要察觉到自身的存在，而意识若能察觉到自身的存在，那么"意识"会最先明确的一点就是"意"与"形"的区分。此区分虽不等同，但类似于心与身、灵与肉的区分。能完成这种区分，意才能完成初级阶段的上下之分，即将意之自身置于上，将其形置于其下：意识也只有完成这种区分，方可以"意"引"形"，方能"意"在"形"之先。

在这里需要注意一点：《太极拳论》说"动之则分，静之则合"，"动之则分"，分什么？首先就要分"意""形"，要分清"意"和"形"的不同；同时，又要明确"意"和"形"应有的位置。在此基础之上，我们修炼太极拳还要层层细分，这个"分"就要"动"，甚至这个"分"就是在"动"。反过来说，那个"静"就是"合"。至于分：形上要分（上下），除此之外，更为重要的是，还要在"意"上细分。那么对于"意"如何再行细分"上""下"？以太极桩功为例："上"之意是什么？就是我们所说的"顶要向上"的"悬提"之意；"下"之意是什么？就是我们足下要有"平松而落"之意。上有提意，下就要有落意，提之意和落之意，就是无形之"意"的"分"，就是无形之意的上下之分。

无形之分，除了"意"分上下之外，还要做到气分上下。以内气为例（内气即为先天之气），内气的上下即内气的运行规律——有上升就要有下沉，在这种升沉之中阴阳二气进行了交换，进行了吐纳，也完成了一个阶段的循环。当然，这里需要明确："分"是手段，不是目的，我们的目的（只是在某一阶段的目的）是"合"。然而，是否能"分"就能"合"呢？答案是否定的。须知，分需要手段，合也需要功夫。

我们需要"分"——将一事物一分为二；之后又要

将二事物"合二而一",而这个"合",便是前文所说的"济合"。它并非是"捏合",不是以强力将二事物压合之;它不是"调和",并不是使两样事物达到"合"的稳定状态,因为合并不是终极目的。在某一阶段的"合"之后还要再分、再合……《三国演义》开篇第一句:"话说天下大势,分久必合,合久必分……"如果把这分合之说延续下去的话,那就应该是"分久必合,合久必分,分久必合……"的确,"天(下大)势"不等同于天道,但天势应是天道的一种反映,既然如此,拳道就理应效法之。

这里需要强调的是,在我们领会分合之理,尤其是无形的分合之理的时候,一定要注意:"分"也好,"合"也罢,它们都是一种动势的分合,执着于"分"或执着于"合"都是错误的,恰如呼吸不能只求呼而不求吸(反之当然亦不可)的道理一样。如果一定要有所"执"的话,那应该执于"分"与"合"之间——"动分"与"静合"之间的变化,在这动静、分合之间不应有所偏执。

对于"动分上下"之理推而广之,须知古人修辞会用所谓"虚指":比如"三""三千""万""三万",甚至"八万四千",这些所指未必就是特定的实数。同样,我们理解上下之分也不应该仅仅限于以重力线为坐标的上与下。个人理解,其所代表的应该是拳道之理在空间上的一种延伸，如果这种空间上的延伸可以加入时间的话，那拳之动分真的要及于佛所谓"四维上下虚空"了。

《十三势行工心解》中有一句话："立身须中正安舒，支撑八面"，我们经常讲打拳、打太极拳要"八面威风"。仔细穷究之：如果上下所代表的为空间的延伸的话，那么上下之外应该有前后、左右，加之上下仅有六面，何来八面呢？《太极拳论》中还告诉我们"凡此皆是意"。意者，心动为意——内心的活动——这里面就有个"内里"的问题，有内必有外，再加之内、外，则"八面"成矣。这里还须赘述的一点：从形的角度来看，支撑八面的前提是什么？是"身"形的"中正安舒"，是求中，是形的求中，但形若无"意"，是否可以求中？当然不能。因为意在形先，那么何以得"意"？悟道方可得"意"！什么意？"随合"之意，随合随合，需要随才能合。

既然"随"才能"合"，我们就要体会一下什么是"随"。在拳当中，"随"这个字还是很关键的，而且在拳论、拳诀上都提到了这个"随"字。我们说太极拳粘、黏、连、随，最后要落实到这个"随"上。《太极拳论》告诉我们，"动之则分，静之则合。无过不及，随曲就伸"，这个"随"字究竟是什么意思？它需要我们认真地推敲和理解。

　　"随"，就是我们通常所说的跟随、跟着，还有一个理解是"顺随"，顺着他就是随。所以这个"随"的真义，其一是"顺"，随不仅要顺着他，而且还要跟着他。两个对立的东西，如影相随，彼此不分。需要注意的是，这"不分"有两种情况：一种是我们所说的"形影相随"，但形影相随并不是真的"不分"，而是一种"如不分"，形还是形，影还是影，只是其两者的物理距离和运动形式完全相同。实际上，还有另一种"随"，也就是随的最高境界——合。这个合，并非我们通常所说的合，真的合成一物，而是两样对立的事物总是在向对方的样态变化，呈现一种间不容发、此消彼长、总量不变的关系，这种状态的两样事物就是所谓的"同"。《道德经》第一章告诉我们"此两者同出而异名"的"同"，一个叫阴，一个叫阳；一个叫上，一个叫下。但是这两者是同出，谁也不能离开谁，这就是随。"同"就是"随"，随了，实际上这两个东西"同"了就是合。

　　老子讲"同谓之玄"，以拳析之，可以解读为"同谓之合"。特别是这个"上下随合"，两个谁也离不开谁。我们说上和下，刚才说了一提一落，上提下落之意，意向上有上提之意，向下有下落之意，提和落是相对立的，但是两个谁也离不开谁，这才是随合。

　　进一步用拳来分析"随合"。太极拳无论哪一派走拳架，都是从预备式到起势。其实一个起势，就是"上下随合妙无穷"。我们如果做好了起势，那就等于这一套拳架内里的东西全都掌握了，一个起势涵盖了整个拳的内涵。为什么？因为这个起势，形为起，看似是起，但是要上下随合。因为说到起的时候，往上叫起，刚才我说了什么叫随、不离，有起就得有另外一面，那一面就是落。所以，起势、起势，有起必有落。如果有起无落，那就不是太极拳的起势。所以，做这个起势的时候，看得见的是起，但是看不见的是"凡此皆是意"，这个意是在落上，起势要在起中有落之意，是起和落之意此两者同出，谁也不能离开谁，起落随出妙无穷。

　　《太极拳经》告诉我们，有上即有下，有前即有后，有左即有右。前面说了"凡此皆是意"，后面还有一句话，"如意要向上，即寓下"，没有向下的意，你想向上就不是上下相随了，没有了随，则是上下不随，就不符合太极拳了。所以《太极拳经》讲得非常清楚，把它解剖开来，我们就从道理上明白了。具体做的时候，在起当中一定要有落，而且寓那个落之意是根、是本，起反倒是由落而生，落重起轻，落主起次，看是起，实为落，这才是太极拳。

二

在太极起势当中，"起"为身形；"势"就需要"心意"了。因为那个"势"，包含着"起"，也包含着"起的对立面"。所以我们要抓住"势"，就是要透过"形"去找那个"内在之意"。拳论所谓"凡此皆是意"，是告诉我们"势"就在那个"意"上。抓住了"势"，就抓住了发展的方向。还没发生就知道下一步应该往哪儿走，就可以先知先觉有点预知性了。太极拳讲：人不知我，我独知人。这就是掌握了"势"，这个"势"就是先机，就是优势。

张三丰在《太极拳经》中曾讲："向前退后，乃能得机得势。有不得机得势处，身便散乱"。所以我们要得一个机、一个势，得势，还要抓住那个时机。一动一静，静为势，动就是那个机。分析出来下一步的走势，但你还要掌握好火候，也就是"该出手时就出手"。

因此，之所以说一个起势就涵盖了太极拳的真意，是因为起势做好了，后面多少"势"都会连绵不断如长江大河般滔滔不绝，势不可挡。

《乱环诀》以"环"与"中"的关系来解说"明动静"。我们已经讲解了《乱环诀》的前两句："乱环术法最难通，上下随合妙无穷。"再看下两句："陷敌深入乱环内，四两千斤着法成。"

首先看"陷敌深入乱环内"，究竟如何陷敌于乱？这里就要讲一个词"浑圆"。什么是浑圆？简单地说，这环和中相合、乱敌不乱己的局就是"浑圆"。当然，这可能有点儿循环论证的意味，然而，这浑圆之感也的确需要个人体悟。法门自然有之，就是"太极拳道功法篇"里的浑圆桩，浑圆桩就是自我修炼乱环之"意"的一种方式，也是"乱环"的基础，在此不做详述。

李亦畬的《太极拳体用歌》里有一句话："着着太极圈，绵绵如玉环。"其实，太极之圈就是宇宙之圈、万物之圈，也就是宇宙万物运行的轨道与规律。我们人类作为宇宙的一部分，也生于斯圈、长于斯圈、处于斯圈，我们是大圈中的无数个小环，圈环相依，环环相扣。而太极，无非是无数的圆——大圆为圈、小圆为环——沟通的工具之一，用以调校我们振动的频率，使我们的频率上可共鸣于天道，下可求同于他人——上求道，下养德。

太极拳的修为，就是要掌握和了解环与我们自身到底是一种什么样的内在联系。只要掌握了"环和中"相互之间的这种既对立又统一、变转的内在的统一关系，我们就能如古谱上所说"能得枢纽环中窍，自然动静互为根"；有了根，我们就能够办理各种事、处理各种问题，我们自己的生命、每天的生活、对自己人生的掌握及待人接物就

4

都是处在有根的情况下，这才是自然的动静。所以，我们处处要从"环"中去找这个内在的联系。

在这种情况下我们怎么办呢？怎么去处理它呢？《乱环诀》告诉我们"陷敌深入乱环内"，让对手进入乱环当中。也就是俗话说的乱了敌人而不乱自己，我们总是清醒的，总是能保持住"中"的状态。实际上让对方深入乱环中，就是对方进入这个环内以后失了中，对方是身环乱而失中，我们是环虽乱而不失其中，以中应乱变。所以杨班侯这句话告诉我们，敌我双方，要让敌人进到你的圈里来，你要守住这个"中"。

杨氏太极拳老谱《太极圈》中云："退圈容易进圈难"，要不失自己的中，在守住中的情况下我们要和对方"圈合圈"，才能让对方进到圈里来。我要舍己从人去和他进行相合，其结果是对方进到了我的圈里边。对方只要一进到我的圈来，在我乱环的包围当中，对方就无所依着了。如此，我们就做到了"人不知我，我独知人"，我方非常清醒，对方乱了方寸、乱了阵脚。

三

乱敌是手段，并非目的。目的是什么？再看《乱环诀》的下一句："四两千斤着法成。"很多练太极拳或练其他拳术的人，在理解这句话的时候，总认为"四两拨千斤"就是以巧取胜，是自己用"四两"能把对方的"千斤"给破了。可以讲，以巧取胜没有错，但对《太极拳论》所讲的"四两拨千斤"而言，这种理解就不全面、不准确了。

《太极拳论》所言的"四两拨千斤"，其重要的内涵不仅仅是以巧取胜，而是指对方即使有千斤之力，但在我这里却连四两都用不上，更不是让对方拿出千斤力来。我用四两去撬动对方的千斤之力，这只是一个方面的理解。太极拳更深层次的意义是对方虽有千斤力，却连四两都拿不出来，这是"四两千斤着法成"的真正含义。因此，单纯地理解拿出"四两"破对方的"千斤"，这是望文生义的解释，也是对太极内功的曲解。

从外家拳来说，拳脚力道的关键在于力发于一点。太极内功是敌方虽有千斤力，却在我这里无处着力，对方总是打在虚空处。可以比较一下：面对千斤之力，一是以四两之柔改变对手千斤力道的方向；二是以太极内功使其力根本拿不出来。哪一种更好呢？答案显而易见。

从科学的角度来讲，太极内功里面确有力学的原理，如螺旋、杠杆等原理都可以在一定程度上做解释，但又不可能解释得很清楚，因为这里面有神、意、气的作用，还有内在的、起关键作用的那个"中"和动静之

"机"。这些见隐显微的东西，是无法用现代科技手段来验证的。

太极内功的真正含义，那"见隐显微"的东西，就是调控自己身心变化的灵敏度，掌握好动静之机，用好那个"中"的结果。老子所说的"守中"，就是对所有的问题在发而未发的时候去感觉它。太极内功练到一定程度就会有内视、内观的能力，从而可以掌握自己的动静之机，调控己中。例如，当发现自身五脏六腑偏离"中"了，但尚无病相出来，就可以去调整它，再回到中的状态，这就是调中守中。

四

太极拳离不开一个"调"字，通过太极拳的修为学习调中，调身中，调意中。这个"调"是调己，就是在动态当中调中、守中。

"喜怒哀乐之未发""发而皆中节"需要"调"，"中正安舒""意念虚静"也需要调。可以讲，"求中"是"大调"，"守中"是"微调"。所以，与其说"中"是求出来、守出来的，还不如说中是"调"出来的。

具体到拳之"中"怎么找？《乱环诀》讲："手脚齐进横竖找"，什么意思呢？就是告诉我们怎么在"环"中去找这个"中"——环由中而起，中自环里寻。这"手脚齐进"所讲的手和脚，是两头，是一上一下两个既对应又对立的东西。再说这个环，其实是起点和终点、开始和结束，由两个对立的东西合二而一就是一个环。

《乱环诀》的前两句话"乱环术法最难通，上下随合妙无穷"，已经告诉我们一上一下这两个要随而合，合二而一以后产生了无穷的妙，那个无穷变化的环就是在这合二而一当中产生的。这里又具体告诉我们，上下对于我们来说就是很具体的一个手、一个脚。杨班侯在《乱环诀》中讲"手脚齐进横竖找"，就是说手和脚、上和下二者相反且要相合。在浑圆桩功法中讲到一个"外三合"，其中包括手与脚相合，手脚齐到为合。所谓"手到脚不到，打人不为妙；手脚齐到，打人如搂草"，恰似过去拿镰刀割草、搂草一样，手脚齐进，方见功效。其实，举凡拳术，皆统一理，都需要手脚调谐方可得力、方能得势。但这手脚调谐的感觉真的需要实际修炼方才能得到、才能提高。所以，我们修炼太极拳一定要从理上明白以后在身上去找感觉，去体会那个味道，也就是那个"意"，那个滋味，所谓"体悟"就是这个意思。

当然，欲手脚调谐共同进退，我们还需要一个重要的、具体的方法，这方法就是在浑圆桩课程当中介绍的"竖开横散"。这个横和竖不只存在于心念的理解上，还需要反映在我们实存的身体上。一定是竖要开、横要散，否则，我们的身体如果说光有竖没有横的话，那就变得像豆芽菜一样，不堪一击了；只有横没有竖的话，也会一切就断。光有横没有竖不行，光有竖没有横也不行，所以要横和竖这两者同时合在一起形成一个完整体，这个完整体就是"浑然一体"。

从《乱环诀》的角度来细说"多言数穷，不如守中"。虽然这句话仅短短几个字，其中的"守中"两字其意之深，已然涵盖了上自宇宙空间、下至世间的万事万物。我们修炼太极拳的目的，就是守中；修炼的方法，也是守中；修炼的成果——太极之外还是守中——坚守中规中正之道。所以，这守中二字，既是宇宙观、世界观，也是方法论，应该成为每一个太极拳修炼者，甚至每一个人的人生追求。

正是这个"中"，这个太极拳所求之"中"，使我们体会到道生万物时所发生的那无穷变化，妙不可言。从这个角度来讲，"乱环诀"也就是"求中诀"。

五

在"手脚齐进横竖找"的基础上，《乱环诀》继而告诉我们要"掌中乱环落不空"。在这里，杨班侯把这个环由大缩小到在手掌握之中。这句话有深刻的道理：它是说如果能够游（刃）于其中的话，那么这种"环"是可大可小、根据需要自由变化的，这种变化也并非是难以控制的自我演变，而是根据实际需要的"相时而变"。对这种变化的描述就是"环之用"。

怎么用呢？环之用要在横竖中找。拳论有言，太极拳"其根在于脚，发于腿，主宰于腰，行于手指"，手是拳的表象、表现，所以说环中之用，应先形于手、先用于手、先显于手。

如何体现？简言之，就是掌中要"环""中"并举，"环""中"共显。

掌之"中"，可以被简单地认为就是劳宫穴；身体中正安舒之后，以劳宫穴为中，画与肩线平行之线，即为"横"；画与重心线平行之线，即为"竖"。用掌时应有四方舒展、万般包容之感，环即在这舒展与包容之中。以掌迎拳，须以"中"着之——以中着拳之"力点"，以横竖所成之环化之于无形，环中之理在这里表现为：以"中"（掌心）迎之万不可失"中"，失中则无环可言，或化之不能，或守之不能；以掌发力，亦须以"中"点对之，以环"势"击之，则必可掷莽夫于数步之外。环中之法，成之于虚静，用之以动势也。概言之，乱环之术实际上就是动静之道在拳上的具体应用。

表象上无规律的乱与实质上有中心的环之间的关系，就是拳道中动与静的关系：以静守己于中正，以动陷敌于乱相；静是动的前提，动是静的应用。无静之动非太极，无动之静非拳道。

第三章 辨刚柔

一

杨氏太极拳的第三代传人杨澄甫曾有言，"太极拳乃柔中寓刚，绵里藏针之艺术"。这句话说得很到家，把太极拳一个重要的属性和特点用一句话做了高度的概括。他告诉我们，太极拳乃柔中寓刚、绵里藏针。柔中寓刚似乎还有点抽象，但他又用了一个"绵里藏针"，将柔与刚喻于实物。以绵之软、针之硬，软为相、刚为质来诠释太极拳道之刚柔。

他还告诉我们，"纯粹太极（就是真太极），是其臂如绵裹铁"。绵—柔，铁—刚，也就是告诉我们铁在里面，绵在外面。刚柔两者的关系，一柔一刚、一内一外，其臂如绵裹铁，柔软而沉重。据说当年，杨澄甫一个胳膊放在这儿，那些徒弟们扛他的胳膊，感觉就像千斤重一样，可是他依然谈笑风生，毫不用力。所以，这也告诉我们，刚和柔在太极拳当中是判断是否为纯粹太极的一个重要标准。

　　关于柔与刚两者的关系，《周易·系辞》中有一句名言："刚柔者，立本者也。变通者，趣时者也。""刚柔者，立本者也"，告诉我们，太极拳能不能在你身上体现出"刚"和"柔"两者之间的这种内在关系，是关系到立不立本的一个重要标志。"变通者"，即"刚柔"两者之间能不能够刚柔相变。"变通者，趣时者也。""趣"，妙趣，就是拳中的妙。拳当中的妙，其实就是刚柔的变通，刚柔变通，刚柔能变转，就能够体现出拳中的那个妙。

　　我们要了解"刚"和"柔"两者之间那种趣妙的内涵，首先就要明晰"刚"和"柔"两个字到底是什么含义，特别是在拳中它的真实含义。我们知道，刚是坚，坚刚。因为拳论中有一句话"极柔软，然后极坚刚"。柔是跟刚相对的，此两者异，它们的属性一个阴一个阳，一黑一白，黑白分明，两个完全不一样，刚就是刚，柔就是柔。如果刚是坚的话，那么柔就是弱，刚是强、硬的话，柔就是软。从拳术的角度说，刚如果是直的话，那柔就是曲，曲和直这二者是完全对立的。刚如果是方的话，那柔就是圆。我们从老子的《道德经》第一章当中就可以看到"有"和"无"，老子用"有""无"来说阴阳、虚实，也就是告诉我们，对立的两个东西相异、不一样，"此两者同出而异名"。

同理，我们也就知道，"刚"和"柔"既然是阴阳属性在拳当中的具体应用和体现，它依然具备"阴"和"阳"属性当中的四个方面：

第一，刚柔对立。也就是说，在拳当中要把刚和柔的对立性分清，即明辨刚柔，刚就是刚，柔就是柔。

第二，刚柔相合。只是把刚柔分开不行，还要把这两者合在一起，也就是既对立又要统一。如果刚是刚、柔是柔，这两者不能统一在一起就会互相分离。我们说要分清，但不能分离。因为刚是相对柔而言，柔是针对刚而说，刚柔相互对应，是分不开的。就如同我们人一样，要把一个人脑袋的后脑勺和脸分开是不可能的。这两者是既不一样，又不能分开的，它们是一体的。所以，刚柔同体。

第三，刚柔转换。柔在刚中，刚就在柔里，刚里有柔，柔中带刚，两者是相含的。就如同我们的太极图，黑鱼里面一定有白，白鱼里面一定含黑。刚里面一定会含着柔，柔里一定要含着刚。

第四，刚柔相济而中。相济而中是什么呢？前文提到过"中""守中""多言数穷，不如守中"之中。我们修为就要处处求中，这个"中"的属性是空、无。关于"中"的属性在前面曾经讲过，"中"是两个对立的东西相交合以后相交的一点，是"空""无"之点。那么刚柔也一样，二者交融以后是空、是无。刚柔相济而中以后就是无刚也无柔，刚和柔都无了。如果前面所说刚柔相对立，是为了分清刚柔、有刚有柔的话，那么刚柔相合就是告诉我们刚柔是一体。刚柔同体、刚柔相含，就是刚中有柔、柔中含刚。而到了刚柔相济，则是告诉我们，由有刚有柔进入了无刚无柔的境界，这才是我们在太极拳修为中所寻求的刚柔的上乘境界。

二

了解了"柔"和"刚"在"阴"和"阳"属性方面体现的四个特点，再看它们是如何在拳中体现出来的。

下面，我们根据杨氏太极拳老谱《太极下乘武事解》，来解读"刚"和"柔"之间的关系。

《太极下乘武事解》开篇第一句："太极之武事，外操柔软，内含坚刚"，即太极拳是什么？它是武事。就是说太极拳是武术，这一点不容置疑。

为什么太极拳这个武事能够行武呢？就是因为它"外操柔软，内含坚刚"。这句话就把"刚"和"柔"的特性在拳当中的内涵概括地提出来了，它是"外操柔软，内含坚刚"。换句话说，柔于外，刚于内，一内一外，第一句话就告诉我们了。如果我们做不到"外操柔软，内含坚刚"的话，那就不符合太极拳对"刚"和"柔"的要求了。因此，这句话是告诉我们内和外、刚和柔之间的关系。

那么，如何做到"外操柔软，内含坚刚"？答曰"非有心之坚刚"。就是说，不要直接用心去练这个坚刚，而是"实有心之柔软也"，以求这个坚和刚。需要先"体会"柔软，即要把我们的心意、功夫下在求柔软上。这句话说得非常清楚明白，太极拳在修为过程当中，要想刚柔相济，要想能够刚柔兼用，就必须"非有心之坚刚，实有心之柔软"，舍此之外别无他途。

接下来《太极下乘武事解》告诉我们难点在哪里："所难者，内要含蓄坚刚而不施外。""不施外"，就是不把坚刚施于外，而是要在内含、蓄、养、化，即内藏坚刚。那"外"呢？外要"终柔软而迎敌"。所以，太极拳接手的特点就在于以松柔迎敌。

松柔可迎敌，但不可能以松柔发人于外。太极拳要发人，没有坚刚是不行的。那么，太极拳是如何以松柔（之相）发敌于外的？首先，要"以柔软而应坚刚，使坚刚尽化无有矣"。"尽化"，就是完全地把对方的坚刚给"化"了，"化"为乌有。

当然，我们首先要认识"柔软"的力量。我们说，水致柔，老子告诉我们"上善若水"，柔弱是水的一个重要特性。但是，滴答滴答的滴水能穿石，它能把坚硬似钢的岩石给穿透了。

太极拳为什么讲"勿忘勿助"，实际上对方来的坚刚能够在我这儿发挥作用的原因，不在于对方的坚刚，而在于我的坚刚（相当于我帮助了对方），相当于我给了对方的坚刚可施的一面。正是因为有我的坚刚，才给对方的坚刚提供了一个作用点。如果对方是坚刚而我是柔化的话，那他这个坚刚就没有可以作用的点了。所以，杨氏太极拳老谱告诉我们，要以柔软应坚刚。为什么呢？就是柔软能把坚刚尽化了。

"以柔软而应坚刚，使坚刚尽化无有矣！其功何以得乎？"为什么这个坚刚碰上柔软能够被尽化了呢？作为太极拳来说，"其功何以得乎"？怎么能得到这种功效呢？"要非粘黏连随已成"，就是必须要粘黏连随，才能够以柔软化尽对方的坚刚。这里提出来的太极拳极为重要的、刚和柔应用的一个具体体现，就是太极拳的粘黏连随。"要非粘黏连随已成，自得运动知觉，方为懂劲"，它是靠粘黏连随，让你自身能够感受到坚刚遇柔而被化尽的那种运动知觉、那种感觉，只有这样方为懂劲。这在拳谱当中，在《太极拳论》上讲"阴阳相济，方为懂劲"，在杨氏太极拳老谱当中又告诉我们什么是"方为懂劲"，就是"以柔软而应坚刚"，把坚刚尽化为乌有，没了。怎么没的呢？非粘黏连随不可。只有这样，才是懂劲。这就把《太极拳论》当中"懂劲"的标准进一步从刚柔的角度具体化，可操作了。因为对于我们来说"阴阳相济"是理论，理性认识更多，但刚和柔在我们身体当中有了进一步的感悟，那种运动知觉就和我们自己贴得更近了，就知道了"阴阳相济，方为懂劲"在拳修当中具体的体现是什么，这个标准就有了。

懂劲以后，才谈得上神而明："自得运动知觉，方为懂劲；而后神而明之，化境极矣！"在拳谱当中，把这个"化"字提到了一个相当高的境界，这是杨氏太极拳老谱当中一个重要的内涵。刚和柔两者只有进入这种化境，才是由懂劲而阶及神明。

在杨氏太极拳老谱《口授张三丰老师之言》一文中云："大而化之者，圣神也"，这是把"化"提到了一个非常高的高度。"化境极矣"，化境，这个境界已非常高，"极"是极致，"极"才是神明。

"夫四两拨千斤之妙"，这是太极拳以弱胜强、以小搏大的一个具体说法。王宗岳的《太极拳论》也告诉我们"察四两拨千斤之句，显非力胜"，太极拳不是靠用大力、蛮力取胜的。《太极下乘武事解》云："夫四两拨千斤之妙，功不及化境，将何以能？是所谓懂粘黏连随。"老谱告诉我们，要想四两拨千斤，功不及化境，将何以能？如果你的功夫到不了这种化境的境界，那怎么能够做到四两拨千斤呢？就是回头来告诉我们，要想"四两拨千斤"，必须进入"化境"的境界，进入刚柔化境当中，方可四两拨千斤。

下面就告诉我们了："功不及化境，将何以能？是所谓懂粘黏连随，得其视听轻灵之巧耳"。懂了"粘黏连随"以后，得到了"视听轻灵之巧"。实际上，《太极下乘武事解》是从刚柔的角度告诉我们，太极拳的神明与轻灵之巧，刚和柔这种趣时化境、趣时灵巧、四两拨千斤之妙，就是要让刚和柔进入这种化境的境界。

在太极拳当中，怎么才能体现出刚和柔这两者的内涵之义，就是要牢牢地抓住这个"化"字。王宗岳在《太极拳论》开篇即云："太极者，无极而生，阴阳之母也。动之则分，静之则合。无过不及，随曲就伸。人刚我柔谓之走"。这个"走"字怎么理解？走就是化。"人刚我柔"为什么是走呢？走，化、走化，走即化。化了就是走了。

在拳论中用"走"字来体现这个"化"，即一定要做到人刚我柔，也就是《太极下乘武事解》当中所说的，以柔软应敌，以柔软去应坚刚，这就是人刚我柔，就是走化。只有这样，才能走而化之。人刚我刚不行。对待外来对手的刚，一定是以柔迎之，这样才能够化，才能够走化。所以，在拳当中的"化"，我们要认真地理解它，而且在拳的修为当中要深刻地体悟它。体悟到"化"，就体悟到了刚和柔这两者变转的趣味。

这个"化"字，在拳当中以及在人们的修为中，都具有很重要的内涵。炼精化气、炼气化神、炼神还虚，都是一个"化"字。实际上，"化"是太极拳一个重要的修为过程。我们经常说变化，就是指能不能由这个状态进入下一个新的状态，这两者之间的变转就是化。在修习桩功阶段，站无极桩或浑圆桩，就是一个自我走化的过程。

关于"化"，当年先父曾比喻：我们的身体如同刚从冰柜里拿出来的一块冻肉馅，被冻得硬邦邦的。这块冰坨子肉馅，既包不了饺子，也包不了包子。我们第一步先要把它化开，使肉粒和肉粒之间松散开了。化开了以后的肉馅还是不能用，因为这个馅儿没劲儿，是散的，需要把它们聚合在一起。怎么聚合呢？不是重新再把它冻回去，而是要搅拌、打黏。经过这一搅一打，令肉馅变得黏稠，搅到肉粒和肉粒又重新合在一块儿了，这一合以后的肉馅就有劲了。本来肉馅是散开的，一搅打、一聚合，肉馅就又成坨状了，这时候才能使用，才能够加上各种调料来包包子、包饺子。这一系列加工步骤就是化的过程——变化。我们说，修为无极桩功前，自己的身体就如同一坨冻肉馅，十八个部位分不开，皮、肉、筋、骨都如同冻在一起分不开。无极桩功首先就是要把身体散开，还要把它们再合在一块儿，成为浑然一气、浑圆一体。这样就要把原来通过无极桩功散开来的身体各个部位，通过浑圆桩功修为往一块儿合，重新合出一个新的状态，就是浑圆态。

从无极桩功到浑圆桩功，我们很清楚就是这么一个"化"的过程。所以，不要把这个"化境"看得很神秘。练无极桩功和浑圆桩功，就是在化。只有通过浑圆桩将身体又合成一个完整的浑圆一体，这时候那浑圆一体才是分开、散开以后重新聚合的，才可用。这个聚合可以产生无穷的后续变化和力量。

这个过程的变化是内里的变化，如同物质的三态变化，水变成冰，冰化成水，水变成水蒸气，实际上就是这样一个变化过程。水还是水，"H_2O"可以呈冰的状态，可以化成水滴，可以形成蒸汽。但是，这变化后的表现可不一样了：冰不具备水的特性——流动不起来。水可以表征至善（所谓上善若水），水可以无形无相，可以流动循环，通过流动才能够把水内在的、蕴含的能量展示出来。长江三峡大坝闸门一开，175米高的水位落差，水流下来才能发电，水的势能可以转化成电能。而水化成蒸汽之后就更无形无相难以把握了。相比于水，蒸汽看不见、摸不着，并且体积可变。

回到我们前面提到的《道德经》，所谓"天地之间，其犹橐籥乎"，天地像一个大风箱，是一个气的运化之所，所以它才能够虚而不屈、动而欲出，这是天地的特性，也应该是太极的特性。我们要以己身修炼太极以效法天道，关键是能否将自己运化于无形——或坚刚、或无形、或至虚而不屈？

这种转变，可以在一定程度上概括为"刚柔"变转，在拳论拳谱上称之为"气之聚散"，气聚为刚，气散为柔，刚是聚而生成的。所以，刚柔之机，即是身体"意""气"运化之机。接敌，是散气以为柔；发敌，是聚气以成刚。刚柔者，相机运化之术也。

太极拳是崇尚柔的。所谓"非有心之坚刚，实有心之柔软"，原因何在？因为太极以柔为体、以刚为用。它的本质与重要的特性是阴柔。因为那个刚强、阳刚是由阴柔而生的，这也是太极拳，甚至可以说是内家拳法不同于外家拳法的重要特点之一——非直接练气求刚，而是练阴柔之气而后凝之成刚。

外家拳法亦讲练气。但与之不同的是，太极拳所练之气是一种"化转"之气，其所追求的是一种"化境"。太极之至刚，也是由至柔"激化"而成的，此"激"乃是一种"势激"，非以强力"击"之而化——绝非人力，系天道规律。换言之，我们太极拳修为只要潜心于"至柔"即可，至于"至刚"，乃是达到至柔之境之后的一种必然结果，并非主观可求。《增广贤文》中说："但行好事，莫问前程。"我们如果在此套用之就是："但修至柔，莫问刚坚。"这也是杨氏太极拳老谱中所说的"非有心之坚刚"的真实含义。

三

关于"刚和柔"的问题，老子已经很明确地告诉我们怎样去找这个"柔"。《道德经》说："专气致柔，能婴儿乎？"也就是说，既然要从柔当中去积这个刚，那就得求柔，要有心而柔。怎样才能"专气致柔"呢？就是像婴儿一样。

首先，要让我们的心像婴儿一样。婴儿的心是怎样的？就是无私无欲、无惧无畏，非常纯真，没有什么想法。欲达到至柔之境，我们须效法之。

其次，是让我们的身体像婴儿一样。我们看，婴儿的身体无僵无碍，特别是刚出生的新生儿，伸胳膊蹬腿非常自然，没有滞碍，没有僵滞。我们成人却不是这样，而是僵化了。太极拳修为就是让我们从心到身返老还童。人不老、不死亡是不可能的，但太极拳修为的确能够延缓之，也就是我们通过拳修可以从身心上达到返老还童的效果。简言之，太极拳有身心双修之效。

那么如何才能"返"呢？就要做到老子所说的"反

者，道之动"，我们就要跟现在的习惯反着来。不是习惯以刚对刚吗？那就通过拳修做到以柔克刚；不是一直在求坚刚吗？那就通过拳修做到无心坚刚，有心松柔。对婴儿状态的归返，对原本生活状态的"反动"是一种"劲"，能够把握这种"劲"、利用这种"劲"，就自然懂得了天道循环、阴阳相济的道理。能以这种"劲"去生活，也就自然能够顺乎于天道，我们的身、心、灵也自然会得到提升。然而，这调剂之道、归返之道的关键，就在一个"中"字上，正如老子《道德经》所言："多言数穷，不如守中。"

综上总述：太极拳之刚柔，乃为阴阳之理在拳中的具体体现和应用。拳之刚柔通贯于阴与阳全部属性。太极拳所言之刚柔，并非仅指有形之实，而是以神、意、气无形无相之刚柔为体。故拳之刚，即为刚毅坚强之神、刚正不屈之意、刚韧浩然之气。此刚，非至柔积成，不可得矣。拳之刚柔，刚即柔，柔亦刚。刚柔同体，刚柔变转，刚柔相济，方为太极拳所言刚柔之真义。

第四章 分虚实

一

动静、虚实以至于刚柔，都是阴阳在拳道中的体现。然而，太极拳并非是求动之拳，亦非求静之拳，其所追求的也不是虚实刚柔中任何单纯的一方。太极拳所追求的是一种平衡，这种平衡是一种"极限的平衡"。对这种极限平衡的追求，也就是太极拳对天道循环的追求（亦可谓"模仿"）。（天）道之下阴阳共存。但是，如果我们不合逻辑地假设：若太极所生之物为纯阴或至阳，那么，万物必不存焉。换言之，太极拳对动静、虚实、阴阳的强调，亦是对"中"的强调。那么，为什么不能直接谈"中"？因为"中"本就不能单独存在。且问直线之"中"（点）在哪里？有"中"（点）的都是线段。在拳道中，我们将动静、虚实、刚柔设为极端，继而方可谈"中"。求中、守中才是最终目的。

我们在"明动静""辨刚柔"的基础上，进一步用"分虚实"来阐述拳道当中的"求中"之论。

　　杨澄甫指出："太极拳术以分虚实为第一要义"（因为虚实为天道动静之机在拳道上的最直接体现）。对初学太极拳者而言，首先要分清虚实。只有分清虚实，才能够体会太极拳中所体现出的道体层面"阴"和"阳"内在的分而合之、合而分之、互为根本、互相变转的义理。

　　关于虚实，陈氏太极拳第八代传人陈鑫有过很精辟的表述："开合虚实，即为拳经""一阴一阳之谓道，一虚一实即为拳"。简言之，拳就是虚实之道，虚实展现阴阳之道。因此，能否领悟、遵循虚实之理，是我们能不能够懂劲，能不能够入门的重要标志。

　　太极拳所言之"中"，卓立于虚实之间。拳能分虚实，心始悟阴阳。能够使对立的二者在拳中相济、持恒，在心中和合运化，这种状态，就是我们所求的那个"中"。

　　何谓虚？何谓实？我们经常说"耳听为虚，眼见为实"，这句话在生活当中没有错，也是我们通常的理解。但是，太极拳中的虚实之理，又有不同的理解和内涵。因为太极拳所说的"虚"和"实"，不同于常人理解的看得见的就是实，看不见的就是虚，而是恰恰相反——看得见的是虚，看不见的是实。

　　正如老子《道德经》说："名可名，非常名"，虽然都是"虚实"二字，但其在生活中和在拳修中却有着不同的含义，这样就需要我们真正理解太极拳论所言之"虚实"的全部真实内涵。只有理解了拳论中所说的虚实真义，我们才能够理解和掌握拳当中的虚实之理。

要了解拳论中所说的"虚"和"实"，必须了解什么是"虚"，怎么理解这个"虚"？我们说"虚实"之虚有如下含义：

首先，我们说"虚"是静，虚静。老子《道德经》中也有："致虚极，守静笃。万物并作，吾以观复。"如此看来，"虚"的意义很大程度上包含于前面所说的"动静之机"中的"静"了。《太极拳论》告诉我们要："动之则分，静之则合。"的确如此，所求"虚"的一个重要要求，必须能够静心，静心方可凝神。但虚静之静并不是完全静止不动，"虚"中所含的静，是平衡的静态，这个静是静中存着动势。

为什么静当中能保有这个动势呢？因为我们所说的静是由虚而静，老子告诉我们要"虚而不屈"，虚不是虚到什么都没有，要虚得有意义——要不屈之虚。所谓不屈之虚，就是要"虚而萌"，萌本身是一种静止的状态，但在这静止状态之中蕴含着生机。当这种虚到达一个极点——"致虚极"的时候，也就是虚到了极致，那就要"守静笃"。之所以要守静，是因为"虚极""静笃"且"吾以观复"。"复"即为"反"，但"复"未必是"反"，因为复当中往往包含了某种循环之意，所谓"反复"。需要注意：虚极之"复"为实，至虚之"复"为至刚；"静"极之复为动，至静之复为大动；大动者，人不可挡之"势"也。即以虚求刚，以静造势。

拳中所言之"虚"，我们还可以理解为无、虚无。老子在《道德经》第一章就告诉我们"无名，天地之始"，"无"是开始。"故常无欲，以观其妙"，这个"无"作为我们拳当中的理解也不是"无"的什么都没有，无到连无的境界都没有。我们要在"拳无"之中感觉到拳的妙处，要在无当中生有，还要让有复归于无，使有无之间形成让人捉摸不定的往复变化。

生"有"既而生万物的"无"在拳中如何体现？答曰，拳中之无虚中求。正因为如此，我们才要反复强调"虚"的内涵。

二

太极拳所言之"虚"，其内涵有三：虚即是柔，虚即是妙有，虚即是通。

虚无的特性在肉体上则展现为"松柔"，或曰能够松柔，所谓虚而能柔。若能做到虚而能柔，就能够由实转虚，从而由虚入无，无中即能生"有"。虚而生出来的那个实有就是刚，所以拳修所求的那个"刚"与"实"，是由虚柔激生出来的。

虚还有一个重要的属性，虚是空、虚空。太极拳所言的"空"是空而不空。所谓空而不空，实际上在拳当中的真义就是虚而不屈。作为我们身体所说的空不是什么都没有，要真空出妙有。那个妙有，就是通过空生出来的真实，也就是说虚而出来真实、虚生出来真的实，就是空而不空。虚要能生出这个真实，空要能够空出一个妙有。这个真实、妙有就是我们所追求的阴阳相济之劲，这个"劲"就是由虚而实、空而有生出来的。所以，太极拳的劲是虚而实之、虚实变转而空出来的那个真实妙有，这样太极的"劲"就出来了。

由虚可达通内劲。太极拳这个"劲"，其通路走向是"其根在于脚，发于腿，主宰于腰，行于手指"，即由脚而腿而腰到手指，如果此路不通的话，那内气内劲就无法运行。怎样才能通呢？答曰："虚而通之。"就是说，我们要想把自己的身体打通，就要让身体虚而空，会虚、能虚就能通。也就是我们常说的，要把有形的身体给它弱化了、虚空了、虚无了，只有这样才能够通、通顺。

所以，我们要理解这个"虚"，不单纯是通常所理解的那个虚。同样，太极拳所说的"实"，也不完全是我们平时眼见为实的实。我们用（天）道的虚实之理来理解、认识拳中的虚和实，就能够清醒地意识到，虚并非"看不见"，眼见的往往也是虚；实也不是眼见的就是实，实、确实、实处、实在、实实在在、落实，并不完全是我们理解的有形的、固定的就叫实。

其实，虚和实这两者是对立的，虚实之理就是阴阳之理，这两者既对立又统一，谁也离不开谁，此两者同出而异名。

三

理解虚和实以及虚实之理有一个最好的切入点，就是杨班侯给我们留下的《虚实诀》。

《虚实诀》把虚和实在拳当中既对立又统一、互为其根、相互变转的关系通过口诀的形式传授给我们，从而让我们知道虚实之理，并让我们运用在拳的修为过程中。

《虚实诀》的第一句话："虚虚实实神会中，虚实实虚手行功。"何为"神会中"？

我们刚刚说过，所谓"虚""实"，并不单纯是有形身体的虚和实，亦不是"虚空"与"实体"。当然，在拳修上，我们的有形身体要分虚实，如肢体的上下、左右、前后，要始终有虚实之分，一方为虚，另一方则要为实。

可是，从太极内功的角度来谈虚实，这个虚实就不单纯是有形身体的"虚"与"实"了，其所指的是虚实之间的变转与运化，以及在这虚实变转与运化当中我们所追求的那个"中"。这种变转与运化，以及在这运动中存在着的近乎玄冥的"中"，对拳修来说是形而上的、永恒的、（近乎）莫测的。这种形上永恒、莫测之物，即是神，即有神意，即需以神意会之。故，虚实变转的关键在以神会中。

"会"也有"合"之意，相合、会合。"会"还有"全、汇集"之意，也就是虚和实和合于一处。会也好、合也罢，它们最终聚于何处？聚于"中"，在"中"而会，也就是虚实相会而中。

这个"中"是一个点。这一点，也就是虚实相交合的点。这一点是虚，也是实，是含动势之虚，是由虚而生之动（势）。因此，这一点既是虚，又是实；既不是虚，也不是实。

实际上，虚实相交合"神会中"以后，就合出来一个空无的太极点。太极点是什么？可以说是有而无。这样它才能够"渊兮，似万物之宗"，它才生出来无穷无尽的变化。虚实相变，变转虚实须留意，就是虚实神会中以后，会出来的"中"这一点，是一个空无渊兮之一点。恰恰是这一点生出无穷的变化，它空而生出来妙有。

在神会虚实之中的基础上，要"虚实实虚手行功"。前文说过，太极拳说"其根在于脚，发于腿，主宰于腰，行于手指"，是拳必离不开手，至少多半是要形于手的，也就是虚实的转换经常要在手（掌）上见功夫，用手来表现它。但在太极拳当中，所谓的手，绝不仅仅指臂端之手，除了我们那双日常之手，还有只"内涵的手"，即无形之手、莫测之手。

太极拳讲求全身松柔、处处松柔。依前文所表述的太极拳逻辑：全身松柔即为全身刚劲，处处松柔即处处可发。因此说，太极拳所言之手，乃是无可擒之手。进攻时，处处可发、处处皆手。当然，这攻防无处不在的手，源自虚实之间的运化。而恰恰太极拳的修为，就是让我们全身从里到外、从上到下、从左到右、从前到后都要做到由虚实到实虚的循环变化，因此才能做到浑身皆手、随处可发，也就是《太极拳经》中告诉我们的，"一处自有一处虚实"。

所以，太极拳不需要像拳击那样以拳击之，太极拳有手和无手是一回事，这就是太极拳修为的特点。如果我们不能够把这个有形的手变成浑身皆手的话，那么这个手就不是我们行功之手了。我们要的是"虚实实虚手行功"，所以太极拳才挨哪儿打哪儿，有感即应，没有一个地方不能手行功。因此一定要改变思维习惯，用太极之理、用虚实之理来理解太极拳当中的虚实、阴阳之道，这样才能够让自己的修为合到这个理上，从而才能够由拳入道。这就是所谓"虚虚实实神会中，虚实实虚手行功"的真义了。

第二句是对前一句的补充，并非是从拳论角度，而是从字义上强调说明"虚实"在太极拳修为过程中的重要作用："练拳不谙虚实理，枉费功夫终无成。"

第三句话是告诉我们，虚实之理在拳当中的具体应用："虚守实发掌中窍，中实不发艺难精。"这里讲的就是虚实之间所蕴含的拳法攻防之理，关键是在守和发。举凡拳法必定是有攻有防，确有许多拳法并无明确的防式，但它们亦是"以攻代防"，因为拳法本就应该有技击、防身之用。但太极拳何以能守？何以能攻？

这个"守"有以下含义："守中"之守，即像"守中"一样。那么，何以守中呢？前文说过，虚才能守，天道规律不被破坏篡改就在于它的虚性，人以"至虚"来模仿天道，则必然会将任何程度的攻化解掉，会使攻方"把火烧天徒自疲"。

我们说"虚心使人进步"，因为只有虚其心，才能够听得见并接受别人的不同意见，吸取和接纳别人好的建议。虚己方可容人。

太极拳接敌之法即是"虚接"，即"虚接敌"。和对方交手要虚接，而不能实迎，以实相迎就不是受——不能够接受，因此也就不能够虚实守中。虚接以后，就是接受了，把对方来的我给接受进来。因为，我要化对方的力，化的前提是包容接受，两种格格不入的事物是无法转化的。我们在习练无极桩功的时候，表现出来的就是一种接受的态势——虚而吞，吞吐相间就是含。如果不接受，那就是顶。接受以后，我便是处在中的状态。所以，虚守的关键是虚能受，以虚受之；虚受的关键是虚接，能够以虚接之。

虚守，还要实发。只有虚守是不行的，虚和实两者同出。遇虚则实，虚就要虚中而生实。虚不能生实的话，这个虚就守不住。虚是守，实就是发。这个实是由虚而生，虚实同在。这样，守和发、防守和进攻这两者也就同时存在了。太极拳的奥妙很重要的一点就在于它的防守就是进攻、进攻就是防守。虚实同体，攻防同源，这是一回事。在"手行功"之后，杨班侯又给了我们"掌中窍"三个字。杨班侯在《乱环诀》中曾经告诉我们，"手脚齐进横竖找，掌中乱环落不空"，也讲到了掌。"掌中窍"的这个掌是手掌，如同刚才说的那个手一样，但是"名可名，非常名"，这个掌不完全是有形的手掌，这个掌还有"掌握"的含义。掌握了虚守实发，我们就能够做到虚实同体、攻防同源，就掌握了拳的玄妙之窍，这个机巧手段就要从"虚守实发"当中体悟和掌握了。

所以，太极拳的诀窍、奥妙就在这儿，太极拳虚实同在、攻防一体的，而且其中没有断续，攻即是守，守即是攻。但太极拳的攻守一体并非是以攻代守，以动态的强烈的进攻来代替防守。太极拳的任何一个动作（包含运动的动作和静止的"动作"）都应该由虚实和合而成，都应该是攻防一体的。而非像许多拳术那样，攻防之间是功能性代替而非浑然一体。所谓"虚守实发掌中窍"，就告诉你虚实是对立的，是谁也离不开谁的，是同出的，是一体，是一回事，这样我们才能够做到攻和守同生同存。

在此基础上，《虚实诀》告诉我们"中实不发艺难精"。首先，我们看到，中实会引发一个结果，就是发。中实就要发，中实你就得发。达到中实之境如果还不发散出来的话，那就很难说是"艺精"了，就没有什么功夫可言了。功夫就体现在中实即发，中实而发是自然状态、是规律，如同人体的精满自溢、神满不思眠一样。那什么是中实、怎么才是中实？这是关键。

四

何谓"中实"？我们可以从以下两方面去理解：

第一，"中实"是告诉我们，虚实神会而中要确实、实在、真的落实虚实的交会而中。"中实"的第一个含义就告诉我们这个"实"是确实、真实、准确、合适，也就是要把"虚实神会中"落在实处。关于"中实"之实，亦如杨澄甫在《太极拳之练习谈》一文中所云："所谓实者，确实而已。"如同《太极拳论》所讲"由着熟而渐悟懂劲"。我们结合"中实"之实义，先来解读一下"由着熟而渐悟懂劲"。何为"着熟"？很多人把这个"着"理解为"招"，因此就理解为拳打千遍，只要把拳的架式招式打熟了，熟能生巧，就能懂得太极拳的劲了。这个理解不够准确，或者说有欠缺。欠缺的原因是"招"和"着"不能够完全画等号。当然我们说"招"有"着"的含义，但是不能等同于"着"。这个"招"念zhāo。这个"着"一字多音，有这个"招"的意思，还念着（zháo）急，还念着（zhuó）落。说这个桌子着实，"着"是指实在，确实，分量重之意；有着落，落在实处了。我们说"招"是指有形的身体，外形的动作，我们管它叫zhāo，它是有形有相的。"招者，式也"，因此这个"招"是"一招一式"，这个"式"指的是外形的动作，我们把凡是有形的、形体上的、看得见的这些动作叫招式。

我们知道，太极拳的修为更主要的不只是停留在看得见、有形有相的外形动作上，太极拳的修为是身心双修，而且是以内为主，因为它是内家拳。所以，我们说太极拳的修为，一定要修为出太极内功。太极拳离开了太极内功，就不是传统意义上的太极拳了。

既然是太极拳内功，以内为主，它就不会只是外形上看得见、摸得着的这个"招"了，它一定会有看不见的、内在的东西，我们管它叫太极的内气、内劲。气也好，劲也好，都是内在的变化、变转，这个内在的变转主要反映在神意气上。所以，拳谱告诉我们"凡此皆是意"（《太极拳经》）、"用意不用力"（《太极拳十要》），同时又告诉我们"变转虚实须留意"（《十三势歌诀》），也就是告诉我们太极拳的虚和实二者之间所存在的内在的、真意的关系，更核心、更主要的是在"意"上的虚实转换。

当然太极拳不是不要外，不是不要有形身体的虚实变化，但是太极拳一定要以内为主。如果我们把有形身体的虚实变化叫"招"的话，那无形的神意、内在的虚实转换就称为"术"。术是内在的、内里的、无形无相的、看不见的部分转换和变化。所以说招是有形的，术是无形的。太极拳有时候也叫太极拳术，也就是说拳的修为是离不开术的。离开术，拳就失去了内在的灵魂，缺少了内在的主宰，就不是我们所要修的拳的真义所在了。

我们在修为过程当中就是要求得招、术，有招还要有术。招是术的外在反应，术是招内里的根基。招如果离开了术，这个招就变成了无根的盲动，如同无源之水、无根之木一样。所以，招必须要有术做根和主宰；术要有招、要有有形的部分作为载体才可用。这两个部分就是我们经常说的招与术是一个有形、一个无形，也就是一个是形、一个是意，要把这两者有机地结合起来，才是我们太极拳修为的关键。

如此说来，虚实变转要以术上内在的虚实变转为核心、为主宰。所以讲"变转虚实须留意"，这句话清楚地告诉我们，虚实的变转要以意上的虚实转换为主，有形身体的虚实变化是服从意、随从意的变转而变转的。我们说有招、有术，合起来才是《太极拳论》中所说的"着熟"。

从这个意义上讲"着熟"，我更倾向于"由着熟而渐悟懂劲"，是指把"招"和"术"二者能够统一在一起，能够把它落实了。只有把"形"和"意"能够落实，有机地分而合之，这个过程就是渐悟懂劲的过程。所以，我们要想懂劲，就要把这两个东西着落、着熟，我们就会不断地、一层一层、一步一步渐渐地知劲、悟劲而懂劲了。

王宗岳生怕拳修者把"着熟"理解为"招熟"，因此在《太极拳论》中很明确地告诉我们关于"懂劲"的真正含义是什么："阴不离阳，阳不离阴；阴阳相济，方为懂劲"。所以《太极拳论》中前后两次谈到"懂劲"的问题，前面的懂劲是告诉我们"由着熟而渐悟懂劲"。为了避免把这个"着熟"理解为"招熟"，后面再次强调，懂劲是阴阳相济，也就是阴和阳、虚和实、形和意、有行之体与无形之神意分而合之，无过不及、相济而中就是懂劲。所以，当我们谈到《虚实诀》"中实"这个问题时，首要的问题是怎么理解"中实"。实际上，"中实"就是"实中"，阴阳相济即中，虚实相伴分而合之就是中。"虚虚实实神会中"，我们要把它有着落，要落实。这是中实的第一个真义。

第二，为什么"中实"就要发？怎么才能是"中实"而发？我们说第一句话告诉我们"虚虚实实神会中"，虚实相交合而中，虚和实相对立地交合以后交出一个"中"。中这个点，既是虚又是实，因为它是在虚实的交点上。那么，既是虚，又是实，虚实这两者对立统一存在于这一点上，这一点呈现出来的属性是空。也就是说，中的属性是空。因为这一点是虚和实两个相对"冲"而生出的，故是空。

既然神会中的这个中是"空"，为什么说"中实不发艺难精"呢？中是空，怎么又变成实了呢？恰恰从中实这一点上告诉我们，虚实是要变转的。我们所求的"中"，即老子《道德经》所言的"多言数穷，不如守中"这个"中"，是虚实相交合、虚实相变转。我们说相交合是空，这句话告诉我们这样一个道理，虚实变转会出现空而不空、空而出实。实际上在告诉我们，"中"的属性是"空"，但是这个"空"若没有不空的话，或者说"空"不能够空出真实的话，那这个"中"是无用的、僵化的、没有生命的中。而我们所言的"中"，要得中、守中、用中。所以说，得中、用中，妙用无穷，拳之妙用，关键是在用这个"中"。这个"中"怎么才能用呢？就是要中实。因为中本身是空，就要空而不空，就要空出真实来。所以我们从这个角度去理解，中实是由空而不空，不空即空出来那个真实。

具体来讲，这个"不空"是一种什么状态、怎么就是"实"了、怎么就空出这个真实了呢？这个不空、空而出的那个真实，就是我们太极拳所求的内气、内劲。这个"劲"，就是空出来的实，是由"中"而出的"实"，也就是说"空"出来的这个真实。

我们说"虚虚实实神会中"，也就是虚和实二者要相交会在"中"上。问题是如果虚实交合以后交合出中是空、是无，那这个实是从哪儿来的？再看"变转虚实须留意"这句中所言虚实变转之理，答案当然是从虚中来。中从何处寻？从两个极端的循环变化中来。故而，中实即从虚实变化中求。欲求至中至实，则要去细细权衡至虚与至实（的范围）；欲得至实至刚，则要求至虚至柔。

虚而能受，虚的是"我"（的僵力），受的是敌（的蛮劲）。也就是说，我这个中的状态是虚空的，我以虚空的状态和对方相接。对手是实的，对手的实被我接而受了。受到哪儿去了？受到我这个"中空"来，这样对手的实被我接到我的中空，我的中空就变成了中实，对手来的实在我接受以后，我的中就由空而转实。

可见，我的实是对手给的，我把对手的实引进来了，把它落实到我中空的地方，我的空便空而有实。这时候，对手的实由于被我接而受，变成了我的空而实，那么对手又变空了，变成虚而空了。也就是说，我由虚空变转而有了真实，对手由实有而变成了虚空，彼我双方发生了虚实变转，恰恰这一变转，我出现了"中实"。概言之，中实即是虚实的转换，而虚实的转换并非只是自身的调整，还在于与对手进行"交流"时而获得。

五

对于《虚实诀》的最后一句："虚实自有实虚在，实实虚虚攻不空"，我们首先需要理解的是"虚实自有实虚在"这句话。虚实交会而中，中实即发，虚实转换，所有这些虚实转换和变化，都是要处在自然而然、自在的状态下的。"虚实自有实虚在"是一种自然而然的转换状态，是告诉我们这种虚实转换不是用人为的、自我的想法去操控它，而是在去除自己为主的意，顺从自然而然的那个状态，才是"虚实自有实虚在"的真义。

这句话是告诉我们，按照自然而然的那个状态，符合天道循环自然而然的规律去变转虚实，也就是老子《道德经》告诉我们的："有物混成，先天地生。寂兮寥兮，独立不改"。这个"独立不改"，实际上老子是在告诉我们那个自然而然是一种客观规律，不以任何人的意志为转移，所以它才卓立不动。因此，我们要令自己处于虚空的状态下，随着自然的需求去变转虚实。这才是这句话的真义。

至于"实实虚虚攻不空"，我们需要注意的就是"攻不空"三字。刚才我们说了"中实不发艺难精"，也就是中实即发。中实即发的中是由"空"而生出来的真实，也就是不空了，那个时候就是发的时间、发的"点"。而那个发的点在哪儿？是攻不空，是不空而攻。也就是中实的时候，就是发落的那个（时间）点。这依然是告诉我们实虚、虚实相互变转、相互转换之理，而这个理是以中空而实为原则的。中实即发、不空而攻，是虚实转换自然而然的、必然的结果，不是人为的主观愿望，是一种虚实转换所产生的自然的状态。我们切记，不要把虚实转换强加在自己的意上。

最后两句话进一步告诉我们，"虚实自有实虚在"，不要人为地去干预它，它是独立不改的。"实实虚虚攻不空"，那种空而不空，是空而实必然的结果。所以说，杨班侯给我们留下的这个《虚实诀》，从虚和实、虚实交会

而中、空而不空、虚实变转须留意来告诉我们，虚和实二
者的属性，就是阴阳相济在太极拳修为当中具体的体现。
我们要想阴阳相济而得中、得中而守中，就要从虚实神会
中、虚守实发攻不空当中去体会、体悟阴阳相济守中的真
实含义。

理法

何谓道
何谓拳
何谓无
何谓中
……

第一章　何谓道

俗话说：学拳不学道，等于瞎胡闹。依师所传，太极拳的修为其实就是一个知道、悟道、修道与证道的过程，自始至终不离一个"道"字。因此，谈拳必先论道——太极拳道。

师云：学拳靠悟。悟什么？悟的就是太极拳之道。而太极拳道所阐释的内容，既不是陈氏太极拳的刚劲脆捷，也不是杨氏太极拳的舒展圆润；既不是吴氏太极拳的绵巧灵活，也不是武氏太极拳的严密紧凑。太极拳道所研究的也绝非是大架、小架、新架、老架、练架、用架，更非是一零八式、八十八式或二十四式等种种套路。太极拳道是从太极拳最基础、最核心的内容入手，用太极的理论去剖析拳中最本质的属性与特征，直追太极拳的真义，从而使练家在太极拳的修为中，找到通往太极圣殿的钥匙，遵道而行，登堂入室，拾级而上，直达极顶。

何谓道？答曰："一阴一阳之谓道。"师云："阴""阳"与"阴阳之间的变转"，此三者就是道的体现。道就是阴阳相济与阴阳变转的规律。如老子《道德经》曰："道生一，一生二，二生三，三生万物。万物负阴而抱阳，冲气以为和。"自然界万事万物均由道生，道为万物之母。"道"字"一"上两点（丷），就是一阴一阳、阴阳合一；下面"自"字，表自然万物皆来自道；合而为"首"字，表领头的、第一的与最先的；再加"辶"，明确地阐释了阴阳对立、统而合一是自然界最根本的运动规律。王宗岳在《太极拳论》中开篇即说："太极者，无极而生，阴阳之母也。"故而，修为太极拳者就是要用太极阴阳的理论去剖析拳中的各个环节，揭示并理解太极拳的真义，每时每刻都要分清阴阳，无时无刻不在关照着阴阳之间的变转。

老子《道德经》曰："为学日益，为道日损，损之又损，以至于无为。"老子的这句名言可以理解为太极拳道的重要纲领。师云：太极真义反向求。太极拳的修为就是要放弃自己几十年时间形成的惯性的理性思维。只有这样，才有可能体会太极拳的拳理，打开太极拳的奥妙之门，揭开太极拳的神秘面纱，打破"太极十年不出门"的枷锁，真正进入太极之道的殿堂。

我们为什么要修炼太极拳？有朋友说练太极拳是为了养生益寿，还有朋友说练太极拳是为了防身技击。这些说法都很好，没有问题。但是，从太极拳道的高度来说，这些都不是修炼太极拳的终极目标。那么什么是修炼太极拳的终极目标呢？我的答案是用太极拳道修炼自我、改造自我，从而返璞归真、复命归根，找回原始的"我"。

宇宙万物无不分阴阳，"我"也不例外。每个人都有两个"我"：一个是现在的"我"，看得见、摸得着、感觉得到的实实在在的"我"，可称之为"实我"或"阳我"；还有另一个"我"，连自己都看不见、摸不着，甚至根本不知道它的存在，这个"我"可称之为"虚我"或"阴我"。这个"阴我"隐藏着无穷的智慧和能量。这种智慧与潜能是人类祖先深深埋藏在我们内心深处的宝贵遗产。只是由于社会的变迁、历史的演变，原本阴阳相济的两个"我"，相互分离隔绝了，破坏了原本和谐的太极人身。因而，"阳我"被扭曲了，"阴我"被遗忘了，其作用也就渐渐地丧失了。我们修炼太极拳，就是用太极拳道改造"阳我"；通过对"阳我"的复原，并逐步地重新了解、认识，最终找回那个神秘的"阴我"，使其发挥本来就具有的巨大力量，从而使完整的阴阳相济的真我重现，这是人生的真正升华！

从这个意义上说，人人都应该修炼太极拳道。杨氏太极拳老谱上清楚地写道："天地为一大太极，人身为一小太极，人身为太极之体，不可不练太极拳。"人们通过太极拳的修为，能够找到宇宙万物的自然规律，从而使自身小宇宙与天地大宇宙和谐相融；由拳入道，拳道合一，"独与天地精神往来"，这是一种多么美妙的境界呀！

老子曰："道可道，非常道"，道对每个人而言，感受是各异的，每个人的感受很难用统一的言语来表达。比如，练拳的人首先要"松"，而松是一种感觉！这种感觉是很难用言语诠表的。松要靠自己悟，只有你真正能松了，你才明白原来松是这样一种感觉。别人再怎么形容描述"松"为何物，自己不真悟就无法体会到真正的松，"如人饮水，冷暖自知"。

第二章　何谓拳

　　练过太极拳套路的人都知道，在行拳走架的过程中，两手的手指在大多数情况下都是展开着，手成掌形。只有在六分之一的架子中，手是屈指成拳形，而且这些手握拳形的式子名称又大凡不是拳，而是捶，如搬拦捶、肘底捶、撇身捶、指裆捶和栽捶（合称太极五行捶）。综观太极拳各式拳架，从起势至收势，无一式称之为拳。对此，会有人发问：太极拳称为太极掌或太极捶不是更贴切吗？为什么要叫太极拳呢？师云：此中确有深意！

　　万物分阴阳，拳也不例外。两手相握而成拳，这个拳称之为显拳或阳拳；同时，还有一种看不见的拳，这个拳称之为隐拳或阴拳，而这阴拳才是太极拳道中要阐述的拳。那么拳是什么呢？师云：拳者，权也！在古代汉语中，"权"字做名词使用时有"秤锤"之意，如《汉书·律历志（上）》："权者，铢、两、斤、钧、石也，所以称物平施、知轻重也。""权"字做动词使用时有"称量"之意，如《孟子·梁惠王（上）》："权，然后知轻重。"师云：练拳其实就是要把自己练成一杆秤；练拳实是练权！

通过几十年太极拳的修炼，我越来越体会到这"练权"的深刻含义。秤有秤盘、秤杆，秤杆上有定盘星，还有秤砣（秤锤）。秤盘不加重物时，秤砣放在定盘星的位置上，提起秤杆，秤呈平衡状态。如果秤盘中放上重物，并不需要增加秤砣的重量，只需要移动秤砣的位置，即可达到新的平衡，同时也就称出了重物的重量。这就是俗语所说：秤砣虽小压千斤。秤平衡后，如拨动秤砣向外稍一移动，秤盘连同重物就会被向上抬起；反之拨动秤砣向里稍一偏移，则秤盘连同重物顷刻向下沉坠。这正是《太极拳论》中所说："察四两拨千斤之句，显非力胜。"

以太极拳在技击方面的应用而言，敌我双方一经接手，即可审敌听劲。"动之则分"，接敌之处为秤盘，百会穴至会阴穴之中线是秤杆，自身之重是随时可调的秤砣；秤盘、秤杆、秤砣悉数分清，各司其职；且"无过不及，随曲就伸""动急则急应，动缓则缓随"，在动中调整秤砣，找到平衡点，即"静之则合。"这种平衡状态达到了"一羽不能加，蝇虫不能落"。平衡的瞬间，即"合即出"，应机贵神速、毫不迟疑，向右或向左稍拨秤砣，重物即被抛起或坠地，敌必败无疑。李亦畬在《五字诀》中说："秤彼劲之大小，分厘不错；权彼来之长短，毫发无差。"这是非常精辟地阐明秤之原理即拳之理，故拳者，权也。

如果有人非要执着地问：拳在何处？我的回答是拳在拳里，更在拳外！拳在心中修拳里之功，拳在拳外得拳外之妙！太极拳的修炼，除了每日的盘拳走架、揉手找劲的行功练拳之外，更是要把拳的修为生活化，行立坐卧无时不拳、无处不拳。只有这样，才能"妙手一挥一太极"而"道法自然"。

当你在车站等车时，是否能双足平松落地与大地相融一体？当你上车后，能否有座位而不坐，内外松沉与车辆相合而行？当你清晨手握牙刷刷牙时，是否能有牙刷虽小重千斤的举轻若重之感……许许多多平日生活中看似与拳无关的大小事，只要心中有拳，都可融于拳中，做到处处有拳、时时修炼。拳只有回归自然而生活化，才能用时做到：敌我双方未触之时，不知何者为用；已决之后，亦不知用者为何。正所谓：有触即发，有感即应；不期然而然，莫知至而至。这时便真正进入了拳的"应物自然"之奇妙境界。

然而，至今太极拳界仍有人沉浸在大架与小架、新架与老架、练架与用架等形式的争高低、论胜负之中。殊不知：拳是先天自然而生，架是后天人为而造，盘架只是练拳的方法之一。太极拳修炼的绝非是有形有相之拳式，而是无形无相、全体透空之神明；修炼太极拳是以有形之手求无形之拳，"有形有相皆为假，拳到无时始见奇"。太极拳由拳而无拳，这才是太极拳修为的真义！正是因为无了拳，才能处处皆拳，才能"发人不见其形""挨着何处何处发"，此时方能见拳之奇、感拳之妙。

况且，无论何种拳架，失掉拳之意、离开拳之魂，均是无用之架，如非要冠以太极之名不可，充其量也只能称其为太极操。只有遵道修为、由拳入道，"至虚极，守静笃"而阶及神明，才会诸形皆无、浑然一拳。此时，何有你我？何有大小？何有快慢？何有拳式？何有太极……这才是无意之意是真意，无法之法是真法，无拳之拳是真拳！

也许有朋友会问：这无拳之拳的意境确实高远，但这或许是练拳几十年以后才能达到的境界，初学者恐怕难以企及，初学者是否还是要老老实实地从盘练有形拳架做起呢？回答：初学者不仅可以盘练有形之架，其实盘架之前还有很多有形之功法要刻苦修炼。但是，初学之人如果不能领会拳无拳之理，只是一味地强化有形之功，那就只是在背离拳道的道路上越走越远，恐怕日后再也无缘去体味阶及神明的意境了。因此，步入太极拳道的第一课，就应该是悟这个无拳之拳的大道，否则失之毫厘，谬以千里！

第三章　何谓无

《太极拳论》开篇即云："太极者，无极而生，阴阳之母也。动之则分，静之则合。"老子《道德经》开宗明义："道可道，非常道；名可名，非常名。无，名天地之始；有，名万物之母。故常无，欲以观其妙；常有，欲以观其徼。此两者同出而异名，同谓之玄。玄之又玄，众妙之门。"这段文字极为震撼地揭示了天地万物皆由无而生有，道生万物，道统万物，万物合道，万物归道之本性。太极成拳，依道而生，拳必合于道、统于道。故修拳必须悟道、修道，循道而入道。拳中之道，即太极拳道。

何谓太极拳道？斗胆喻借老子之言以言之："道可道，非常道；拳可拳，非常拳。无，拳阴阳之未；有，拳动静之机。故常无，欲以观其妙；常有，欲以观其徼。此两者同出而异名，同谓之玄。玄之又玄，拳妙之门。"太极拳道者，拳无出道外，道尽化拳中；拳中道，道中拳。拳道不外阴阳两仪，阴阳两仪不外有无之间矣。故太极拳道立"有"与"无"为拳之妙门。

何谓太极拳道所言之"无"？当阴阳未始、动静未分、内外俱寂、元炁未发、无形无相、无欲无念，此时，特名曰"无"，亦可名之"无极"。

何谓太极拳道所言之"有"？当阴阳始出、神意充盈、炁机即发、形可既迹、象可既寻、百骸随动，此时，特名曰"有"，亦可名之"太极"。

拳中之有，无而有之，无中生之；然无不可终无，无极而必有。有则分阴阳、生动静；有乃阴阳、动静之母也。动则分，分阴阳两仪：有虚有实，有松有紧，有柔有刚，有弱有强，有轻有重，有分有合，有正有反，有内有外，有快有慢，有多有少，有大有小，有上有下，有左有右，有前有后，有曲有直，有方有圆。至此，拳中万象皆由此而生。有，无而有之。阴阳生万象，万象皆愈繁愈衍，愈衍愈广。常有欲，以观其徼。以至大而极，繁而广；无边无际，其大无外矣。此乃无极生太极也。

拳中之无，动极复静，有而返无，静则合，阴阳济，则：无虚无实，无松无紧，无柔无刚，无弱无强，无轻无重，无分无合，无正无反，无内无外，无快无慢，无多无少，无大无小，无上无下，无左无右，无前无后，无曲无直，无方无圆。至此，拳中万象皆由有归无矣。无，有而归之。万有归无，万象复返。万象皆愈损愈精，愈精愈微。常无欲，以观其妙。以至无微无细，其小无内矣。此乃太极复无极也。

拳中之妙，谓之"变"。变者，虚则实，实则虚；动亦静，静亦动；刚亦柔，柔亦刚；分亦合，合亦分；正亦反，反亦正；快亦慢，慢亦快；曲亦直，直亦曲。实乃虚中有实，实中虚；动中寓静，静中动；刚中含柔，柔中刚；分中要合，合中分；正中能反，反中正；快中有慢，慢中快；曲中求直，直中曲；无中有有，有中无。亦有亦无，亦无亦有；无不异有，有不异无；无即有，有即无；即无即有，即有即无；有无不二，有无同一。无极即太极，太极本无极。何谓有？何谓无？此两者同，同即玄，玄即变；玄之又玄，变中又变；无形无相，无穷无极；忽有忽无，忽隐忽现；神鬼难知，变幻莫测。此乃拳妙之门也。

太极拳崇尚无，因为无能生万有。太极拳崇尚无，因为万有必归无。太极拳崇尚无，因为无有循环，无起无止，无始无终，无穷无尽。太极拳崇尚无，因为无有互根，玄同相变，玄之又玄，不变万变。此乃拳中拳，意中意，有意无意是真意。

正是：

掤捋挤按皆非似，拳到无时始见奇。

太极玄通天地外，拳妙尽在有无中。

太极拳者，道中拳；太极拳道者，拳中道。

拳者，道之有；道者，拳之无。拳道与道拳，无而有，有复无；有无互根，无有相变；道统拳，拳归道；道拳无二，拳道合一。此乃太极拳修为之真谛也。

察太极拳之修炼，无论是基础桩功，还是盘拳走架，或是揉手搏打，无不是以有为之拳法诠释无为之拳道，即由有入无，由无生有，有即归无；无极生太极，太极复无极。换言之，太极拳修炼的过程，就是悟道修拳与修拳入道的过程。

观拳之盘架，无论何门，不管何式，其盘拳走架无一例外起势之预备势，均先行立身中正安舒，双手自然下垂，端然恭立，合目息气，心无所思，目无所视，耳无所闻，意无所动，心静神凝，空空寂寂，混混沌沌。此时，身心内外，无内无外，无欲无知，清明空澈，虚实未分，阴阳未判，此即无极也。故预备势亦名无极势。然此无非真无，无中藏妙有也。此无中蕴涵无穷之静力，此无中妙藏无穷之玄化，此无中富有无穷之生机。无至极则生有，静至极则寓动。此刻，身形手足虽未行动，"然端然恭正之中，其阴阳开合之机，消息盈虚之数，已俱寓于心腹之内。此时，一志凝神，专主于敬，而阴阳开合，消息盈虚，特未形耳。时无可名，亦名之曰太极"。此即无极始生太极也。太极势自此而起，即拳架之起势也。太极十三势：掤捋挤按采挒肘靠进退顾盼定，自起势始而化有。

太极拳架之起势，其形其式之简，尽人皆知。然势中之意，未必人人尽然。势中之无极势，盘架者虽恭手站立，身形未动，但并非无极而无，实而即有也。即心中有念，性中有欲，情中有妄，意中有动，身中有滞，骨肉有僵，形中有板，体中有碍。此时，必先调身、调息与调心，以除念、除欲、除妄、除动、除滞、弃僵、弃板、弃碍之。弃除既有，方能入无。至此，心无念，性无欲，情无妄，意无动，身无滞，形无僵，体无碍，心静神凝，通体虚无。此乃弃既有而入无极也。由此可知，起势之无极预备式，虽垂手一站，却涵盖弃有入无、由外入内之拳道真义也。

无极至，则太极始。无而生有，有而始动，动而有起，起而生势。心生意，意行气，气运身，身催形；两臂松缓上起，肩肘慢随下沉，周身顺遂，一动无不动，一静无不静，形起而意气沉。此乃拳之起势也。随起生势，势势绵绵，势势相连；形断势不断，总须完整一气，如长江大河，滔滔不绝。"十三总势莫轻视，命意源头在腰隙。变转虚实须留意，气遍身躯不稍滞。静中触动动犹静，因敌变化示神奇。势势存心揆用意，得来不觉费功夫。"至此，拳架自无极而太极，无而生妙有也。

观拳架中之有，有形有相，有招有式，有进有退，有慢有快。然此有非实有，有中含无也。此无即拳中内固之神，腾然之气；存心揆意，视之不见，闻之无味，搏之不着，无形无相之神意气也。此无实而有之。

观拳架之动，上下相随，步随身转，断而复连，往复折叠，进退转换，动急应缓。此动，即拳中一动无有不动，动如江河。然此动非"执动"，乃动而犹静。此静乃拳中开中有合，变中有常，神舒体静，沉着松静，一静无有不静，静如山岳也。

盘拳架至十字手接收势而合太极，即收手、收目、收身、收形、收意、收神与收心。此时，有而返无，动而归静：心若无思，意若无念；身若无形，体若无象。此乃太极入无极也。

太极拳之盘架自始至终，一分为三：其一，自有入无，弃既有而入无极；其二，自无而有，无极始而太极生；其三，有而归无，太极复归无极也。

以拳观道，拳中有道，有中藏无。拳乃道之用，道乃拳之体。拳道合一，有无不二，形神俱妙，体用两全。

以道观拳，拳亦合道，无而生有。道乃拳之无，拳乃道之有。道拳相统，有无相生，有道有拳，无拳无道。

呜呼！先祖造拳显道，创拳彰道，修拳悟道，由拳入道，以有形之拳证修无形之道，实乃大智、大慧、大圣、大德矣。

此乃：

拳中有道道中拳，道里修拳拳中道。

灵光独耀超千古，阴阳有无通玄妙。

第四章　何谓中

张三丰曰："大道从'中'字入门。"太极拳道之修为也必须从"中"开始。离开了"中"，松、空、无、分、合、变、劲、沉、粘、整、势、机等均无从谈起。不能全面地理解"中"之真义，则无法迈进太极拳道之门。因此，把太极拳的修炼称为"求中"的过程是毫不为过的。"中"实乃拳之法则，求中才能悟道，拳道即中道也！

张三丰还明确指出："所谓'中'字者，一在身中，一不在身中。"由此可见，"中"是分内外、阴阳的。我们把由空间方位而定的、有形的、位置相对固定的"中"称为阳中；相对阳中而言，把无形的、位置不固定的"中"称为阴中。太极拳的修为既要得身中之阳中，更要求不在身中之阴中。如张三丰所言："用身中之中，求不在身中之中。"

什么是太极拳所求的阳中呢？太极拳阳中包括两个内容：第一，以下丹田为人身之"中"，有"一身之中在丹田"之说；第二，以自百会穴至会阴穴这条中线为人身之"中"。依师所传，太极拳修炼者一举动就要"守中制外"，做到"立身须中正安舒，支撑八面""尾闾中正神贯顶""不偏不倚"。只有这样，才能做到与敌交手时周身一家而形不破体，身手齐到破敌如搂草。据传，杨露禅在结束神机营的教拳生涯告老还乡时，临别前语重心长地叮嘱吴全佑："我该教你的东西全教了，以后谨记：占住中线往开里打。"师云：这里"中线"的含义之一就是指身中之阳中。可见，守住阳中是确保自身平衡的重要因素；抢占、控制对手的阳中是克敌制胜的关键之一。因此，在太极拳的修炼中，对阳中的认识和守用是绝对不可以轻视的！

　　什么是太极拳所求的阴中呢？如《中庸》所言"喜怒哀乐之未发，谓之中"，道家所言"冲者中也，中者虚空之体性也"。由此可见，如上所言之"中"，与人身形体无关。太极拳所求之阴中就是这无形之"中"，即神意气之中和。拳中要求的无过无不及，就是求阴中使神意气达致中和的具体体现。《太极拳论》曰："一羽不能加，蝇虫不能落。"鸿毛之轻，加一羽则过；蝇虫之小，落一只则多。这就是神意气在运行中达到的最恰当、最合适、最自然的状态，这也就是守持阴中的状态。

　　阴中与阳中是怎样的关系？师云：离开有形之阳中，

则阴中无求；失去无形之阴中，则阳中无魂。只有阴中与阳中相济而合，则太极拳道所求之"中"得矣！当然，真正悟懂"中"在太极拳道中的真义，还要认真深入地剖析中与定、中与重、中与虚、中与和之间的内在关系。

一、中与定

王宗岳在《太极拳释名》中曰："十三势者，分掤、捋、挤、按，采、挒、肘、靠，进、退、顾、盼、定也。"师云：十三势以中定为主，其他十二势为辅，有中定才有其他各势。由此可知，中定在太极拳修炼中居于极为重要的地位。

有朋友问：中定之中的"中"与"定"是一还是二？如果是二，那"中"与"定"又是什么关系？答曰：中不是定，定也不是中，但中与定有着密切的内在联系。认清中与定的关系，剥开中与定之间的奥秘，确实是太极拳道求中而悟道过程中必须要突破的重要关口。

何谓定？曰："不易之谓定。"可见定是不易，即相对固定而不变。对定而言，中是动态的、可调的、相对不固定的。可以说，定是中的基准，有定才能求中。仍以秤为例：秤之定盘星就是秤之定。秤盘中所称重物的重量发生变化时，秤因不平衡而失中。此刻，应以定盘星为基准，当秤盘中重物加重时，将秤砣向远离定盘星的方向移动；反之，当秤盘中重物减轻时，则将秤砣向靠近定盘星的方向移动，使之再次达到平衡而中。可见，没有定盘星，秤就无法称物使用。同理，在太极拳修炼中是先有定而后有中，以定求中是太极拳道求中的法则之一。

如何定而求中？第一，定其身而求阳中。没有规矩不成方圆，太极拳对修炼者的身形和身法有着极其严格且具体的要求。例如，对人体十八个重要部位就有非常明确的规定：落足、舒踝、扣膝、坐胯、圆裆、敛臀、活腰、空腹、含胸、拔背、挂肩、垂肘、塌腕、展指、叩齿、收颏、竖颈和提顶，无论是盘拳走架，还是打手搏击，在动作和形体发生了变化时，上述十八个部位符合要求的那种意念所产生的感觉，都必须要保持相对的定而不变。这种"形变意不变"，就称之为定，以此定求得了身体的平衡和稳定。这样就做到了"立身须中正安舒，支撑八面""尾闾中正神贯顶"。这就是以定其身而求得身中之中——阳中。

第二，定其心而得阴中。《大学》曰："知止而后有定，定而后能静，静而后能安，安而后能虑，虑而后能得。"有止而定，有定后而静而安而虑而得。得什么？得"喜怒哀乐之未发"，得神意气之中和的那个形而上的阴中。太极拳修炼者在盘拳走架时，身未动必先恭正端然而立，以定其身；同时，凝神调息、静心平气，以定其心。此刻，心中一念不生、一波未起、空空荡荡、心如止水，恍然"心静可以通神明"。此时，有如"无心插柳柳成荫"，阴阳开合之机、消息盈虚之数，已经全然寓于心腹之内。虽不去尽心看什么，却内察外观什么都看到了。这时，外示安静身未动，但内气却腾然而升，内里已跃跃欲动；神意气形之内外合一，一合俱合，合而未发。以此定心而得太极拳所求之阴中。

修炼太极拳者，盘拳走架时，从起势至合太极，动则"如长江大海，滔滔不绝""一举动，周身俱要轻灵，犹须贯串""无使有缺陷处，无使有凸凹处，无使有断续处""总须完整一气"。静则处处得机得势，时时无过无不及。如是定其身而求其阳中，定其心而得其阴中；以定求其中（静中寓动），得中固其定（动中求静），中定相求而太极拳道所求之中得矣。

然而，宇宙万物包括人原本属动。《易经》曰："天行健，君子以自强不息。"行而不息，动而不止，既属天性，也是人性。不息即不定也，因此，不定才是宇宙万物运行之真实。我们生存的空间、逝去的时间，哪有分秒停止呢？既然无止，何有其定？既然无定，何得其中？中定到底在哪里？答曰：存心设定，存意求中！定为设定，其定是不定之定；中为时中，其中为不中之中。太极拳道之中定，就在自己心中！

二、中与重

何谓重？答曰：重者，人体之重心也。师云：不能知重、不会调重，则无法求中而得中。如此重要之重，在王宗岳的《太极拳论》中只提及一处："偏沉则随，双重则滞。每见数年纯功不能自化者，率皆自为人制，双重之病未悟耳。"虽仅此一处，却一语道破太极拳修炼者经数年功夫而不能运化的"死穴"。因此，求中必须先要知重。

天地万物无定不中才是其原本的属性，所以平衡是相对而短暂的，不平衡是绝对而必然的。因此，所求之中也只是瞬间的中，关键是如何在不平衡时找到相对平衡的状态。在不中、失中的瞬间求中而得中，从而达到身心内外合一、立身中正安舒、无过无不及、不偏不倚而平衡稳定，最恰当舒适、最灵变自然之感的意境。能够做到这一点的办法只有一个：调控自身的重心！人体力学告诉我们，人体各个部位都有其重心，但人体的重心是人体各个部位的重心之总和，人体平衡的关键就在于这个总和的重心。太极拳修为就是学习并掌握随时随势调控人体的重心，使自身无论盘拳走架还是打手搏击，都能处于得机得势的状态而得中守中。

　　如何调控人体的重心呢？依师所传，太极拳确有其独特的调控人体重心的功夫（具体功法在太极心法和功法篇中讲述）。在人体正常站立时，人体的重心一般在脐下第三骶椎前方七厘米左右处；而人体的下丹田和人体的中心位置也在这个地方附近。这时，人的重心、中心和丹田在人体中出现了三合一的现象。此刻，人体是平衡的。在人体的重心、中心和丹田这三者中，唯有重心是最不稳定的。一个人的重心不仅随形体、动作和姿势的变化而变，甚至会因为血液的流淌、脉搏的跳动、呼吸的急缓以及气息的聚散而发生改变。求中的过程就是调整这个极不稳定的重心的过程。比如，人在走路时，双腿必须一左一右交替迈步，并且向前迈左脚时要同时向前挥右臂，向前迈右脚时要同时向前挥左臂，如此才能沿着中直路线前行，否则身体就会失去平衡而失中。行走时左右交替的动作，就是保持身体不偏而求中的过程。在这个过程中，人体的重心得到了动态平衡中的稳定，即求中而稳重也。

　　我们知道太极拳所求之中是不中之中，即时中也。而太极拳之重也同样是变中求不变，动中寻稳定。不变的是人体对地心的重力，变的是重心的位置。因此，随时调整自己的重心位置，是求中的不二法门。太极拳修炼者的重心可以上移，也可以下移；可以在身内，也可以在别人"摸不着"的身外。诚然，太极拳修炼者能够这样如此自如地调控自己的重心，是有其独特的功夫的，并不是在身体姿势的高低与扭转中做到的，否则难免堕于双重之病。中心与重心的混淆不辨是造成双重的重要原因，而快慢不分、大小不明以及多少不清等均是双重之病的具体表现。王宗岳在《太极拳论》中对此双重之病开出的灵丹妙方是"欲避此病，须知阴阳"。

综上所述，在太极拳修为中，欲中必知重，求中稳其重，调重守其中，中重相伴，则太极拳道所求之中得矣。

三、中与虚

太极拳人无不把分清虚实为第一要义。拳论云："开合虚实，即为拳经。"因此，太极拳道所求之中，也必然离不开务虚求实。但是，依师所传，太极拳道所言虚实，并不是通常所说的虚实。例如，身体为实，内里为虚；有形为实，无形为虚；上为实，下为虚；前为实，后为虚；左脚为实时，右脚为虚；右脚为实时，左脚为虚……太极拳道所论之虚实，与有形无形没有必然联系。往往是你看到的且能摸到的东西，却要虚；而你看不到、摸不到的，但有作用的无形的东西才是实。这个东西虽无形，却有无比的威力，的确实实在在。这才是太极拳道在求中过程中，展现的"处处总有一虚实"那变化之神奇魅力。

既然太极拳道修为求中必论虚实，那有朋友会问：你谈的是"中"与"虚"，为什么不是"中"与"虚实"？答曰：就虚与实而论，虚是重点；虚为体，实为用。虚为实之基础，为实之母体；而实为虚之外显，为虚之实用。故只需说虚，不必说虚实。

老子《道德经》云："致虚极，守静笃。万物并作，吾以观复。"这句话运用到太极拳道中可以理解为：虚则能受，静则能观。比如，一只空杯子我们才能往里灌水，一个空心皮球我们才能往里充气。太极拳在打手搏击时有一个重要的法则：虚接敌。也就是拳谚云："四梢空接手，接手点中走。"为什么要虚接？因为虚能受，只有虚接才能把对方之来力接受进来；接受了对手本力之后，再经过神意气相融而中和，进而才能使之实化为太极拳的内劲。

婴儿在母体中无私无欲、虚静清明。离开母体来到这个纷杂的世界上，受外在各种现象之干扰，日渐为七情六欲所惑，杂念丛生，真性尽失。所以，只有致虚守静才能复归本性，才能"虚其心则神见"而内观外察宇宙万物之真实，进而才能悟道而得道。太极拳的修为同样必须先求虚静，由虚静而生实有，这个实有才是真实而真有。

太极拳道所言之虚实既然不在有形之体上变化，那又在何处而变呢？答曰：在中而变。即虚实是在求中的过程里完成变转的。正如杨班侯在《虚实诀》中所云："虚虚实实神会中。"所以，中以虚而待称之虚中。只有虚中，才能"先天一炁，自虚无中来""道以虚通为义"。虚则无碍，太极拳修炼中只有虚通，才能节节松开、节节贯串，才能完整一气而周身一家。只有虚中才会与敌相对时，一经接手就将与对手的接触点虚掉，既虚掉自己的本力，也虚掉对方的来力。此刻，对手之来力掉进了我的虚中，中由虚而"填实"，并转换成自己的神意气之中和。这时对手由于失实而虚，我方毫不迟缓地顺势而发，以实击虚，必胜无疑。此乃《虚实诀》云："中实不发艺难精。"正如太极拳前辈所云：太极拳应敌，其最妙处在以虚静胜人。

但是，知虚未必能虚，知虚而能虚绝非易事。难就难在太极拳道的虚实变转不是在有形之体上完成的，如不从神意气之中和去"变转虚实须留意"，便很难达到"虚怀若谷"、虚静无为之神明！

四、中与和

师云：求中必讲和。何谓和？应从以下几方面去理解。

其一，和者，平也。太极拳修为贵在心平气和。有平才和，平和则能真静，真静而通神明。正如张三丰在论平与中的关系时所云："心不起波之谓平，心执其中之谓平，心即在此中也。心在此中，乃不起波。"当练拳者心平定而气顺和时，内心世界开始安静下来，头脑中杂念渐渐排除，外界干扰慢慢消失。此时，虫鸣鸟叫还依然，水音风声仍照旧，但好像逐渐离你而远去，直到听而不闻，开始生出一种感觉：刚才还在的胳膊没有了，继而身体也感受不到了，甚至身体与身外失去了界限。这时，身内与身外万物都恍恍惚惚，空空寂寂，若有似无，直至视而不见。此刻，真静出现了！一切都不复存在，唯一存寄的只有无比聪慧而敏然的灵性，"气遍身躯不稍滞""腹内松净气腾然"。畅通鼓满的内气，聚蓄了雷霆万钧之力，待触欲发，此乃为蓄而未发，平则守中。

其二，和者，谐也。太极拳所言之和谐，就己身而言要做到：有上即有下，有前即有后，有左即有右；一动无有不动，一静无有不静，周身节节贯串，勿令丝毫间断耳。正如《走架打手行工要言》所论："欲要得机得势，先要周身一家。"因此，手与足合，肩与胯合，肘与膝合之外三合，周身上下十八个部位动则俱动，静则俱静，分合有制，统一协调，则周身一家矣。太极拳所言之和谐还要做到：以心行气，务令沉着，乃能收敛入骨；以气运身，务令顺遂，乃能便利从心。即所求之：心与意合，意与气合，气与力合之内三合。内三合之关键在于：心、意、气、力分清其责，先后有序。要做到：心领意、意导气、气运身、身随形；神（心）先意至，气催身随。其先后不可倒置，其职责不容混淆。就敌我而论，太极拳所言之和谐更要做到：内外相合，彼已相谐。彼不动，己不动；彼欲动，己先动。己之先动应是与敌尚未接手，吾之神已渗敌而接，吾之意已透彼骨里。此乃师云："未曾接手分胜负，神接意打定输赢。"

简言之，太极拳修为所求之中和就是无过无不及。但是，如何才能真正做到无过无不及呢？我想就目前拳界存在的认识与修为的误区浅淡两点。

其一，关于"四两拨千斤"。

太极拳修炼者无不把"四两拨千斤"作为衡量太极内功的重要标尺。顾名思义，以己轻巧之内劲即可破敌笨重之本力。然轻巧之内劲何以获得？不少修炼者以为应敌时只用"四两"，而修炼时就只练这"四两"，结果用功数年依然徘徊在太极内劲之门外。究其原因，恰恰误在没有练就这"千斤"。这里需分两层来解释。

首先，太极拳所练之"千斤"，乃非常人所言之千斤。拙力、本力莫言千斤，就是万斤也无用。太极拳所要练的是积柔成刚、无形无相的内功"千斤"。其次，太极内功是千斤为体，四两为用，四两出于千斤。太极内劲如长江之源水，取之不尽，用之不竭。太极内功就是要练就这无穷尽的内劲。专注"轻灵"、只练四两，是当今太极拳修炼的严重误区！如果这个问题不能深究悟道，则今日太极拳演绎成为绵软懈松之太极操就不足为怪了。诚然，四两也好，千斤也罢，无非都是量化之比喻。果能内劲有得，与人打手时，需一斤取一斤，取一斤一两则过；需半斤调半斤，调四两则不及。有"千斤"之体，厚积薄发；用时按需所取，才能时时处处做到"无过不及"。

其二，关于"五阴"与"五阳"。

有朋友说：五阴并五阳就是太极拳所求之无过无不及。《总论拳手内劲歌》云："唯有五阳并五阴，阴阳无偏称妙手。"上述所论，应该不错。然何为五阴与五阳？我的回答：己身之"劲库"假设蓄有千斤，取走一斤还余九百九十九斤，如不补足千斤则不及而失中。具有太极内功的修炼者，既能随需而取，更能适时而补。用一还一，取五补五，此乃五阴并五阳，相济而和用，因需而用，"劲库"无竭，取补随意。这才是太极拳修炼中"五阴五阳是妙手"之真实所在。

实际上，四两千斤与五阴五阳都是太极拳求中和的体现。四两千斤的按需所取，是与人打手时双方关系上的无过无不及，而五阴五阳是自身"劲库"的无过无不及。此二者相辅相成，缺一不可。

综上所述，太极拳道之中和 ，即神意气之中和也。求中必求和，离和则中无求，离中则和无存。如道家所言："除情欲，守中和，是谓知道，要妙之门户。"

关于中，庄子曰："枢始得其环中，以应无穷。"杨班侯在《乱环诀》中云："欲知环中法何在？发落点对即成功。"师云：能得枢纽环中窍，自然动静互为根。

何谓中？神、意、气之中和而无过无不及。

中与定：以定求中，用中固定，中定相求。

中与重：求中稳重，调重守中，中重相伴。

中与虚：虚中能受，中实则发，中虚相因。

中与和：平和蓄中，和谐有节，中和相守。

谈来说去，中定、中重、中虚与中和，原本是一回事儿，还是回归于老子的教导吧："多言数穷，不如守中。"

第五章　何谓空

师云：拳要空。大凡太极拳修炼者都知道，盘拳走架要"手手不空"；而在与人交手时，老师会一再告诫，要"四梢空接手"、要"妙手空空"。李亦畲在《走架打手行工要言》中明确提出，太极拳要"引进落空"。如此看来，"空"在太极拳修炼中有着举足轻重的意义。什么是太极拳所言之空？到底是空还是不空？这就成了每位太极拳修炼者不容回避且必须正确悟懂的重要问题。

何谓空？师曰：虚者，空也。由此可知，虚与空似乎是同体又同义的关联词。人们在日常生活中经常形容有的人内心世界极为空虚，这是批评此人生活无目标、无方向，终日无所事事、无所追求。然而，太极拳修炼者却恰恰在苦苦追寻着空虚。正如太极拳前辈孙禄堂在论及拳之奥秘时所言："心中要有空虚之象。"诚然，此空虚非彼空虚。有朋友问：修炼太极拳为什么要有空虚之象呢？回答：太极拳以分虚实为第一要义。所言之虚与实，即虚为实之体，实为虚之用，实为虚的外在表现。又因为虚者，空也。犹如释家所言：虚空为道本。所以太极拳修炼必定要虚而空之、空而虚之。太极拳要以虚空为本，以虚空为主，以虚空为体，以虚空为重。空即虚，虚即空。能空虚，则能由此虚空生出实有。这种在虚空中由神、意、气之中和所生出的实有，可以理解为太极拳所言之内劲。也可以说，内劲是太极拳修炼中"由虚空寻有力之真实"的产物，由此可以断言：若无虚空，必无内劲。在此借用禅宗一句真言：得力处省无限力，省力处得无限力。此处得力、省力之力，即太极拳用意不用力之有形有相之本力；无限力是由虚空所生之无形无相的有力之真实，即太极拳内劲。求得虚而又虚、空而又空，空空荡荡，一片神行，省弃了本力而得到了无限力。这也正是太极拳修炼中追求虚无的真义所在。

太极拳道所言之空，和其他太极元素一样分阴阳、内外。我们把有形的人身各部分之空，称之为阳空；把看不见、摸不着，无形的那部分空，称之为阴空。当然，人身有形而具体的阳空，也是太极拳修炼中的首要而必要的重要基础内容。比如，拳论要求修炼者"一举动，周身俱要轻灵，犹须贯串"，这就要求修炼者全身各部位，尤其是颈、肩、肘、腕、脊、腰、胯、膝与踝九大关节，能够做到节节松空、节节灵动，各个关节空隙处毫无僵滞，犹如装上轴承般转动自如；全身之筋骨皮均有隙而分，伸缩随意；人体之孔穴关窍，皆能空通无碍。正如杨澄甫在《太极拳术十要》中所言："盖人身之有经络，如地之有沟洫，沟洫不塞而水行，经络不闭则气通。如浑身僵劲充满经络，气血停滞，转动不灵，牵一发而全身动矣。若不用力而用意，意之所至，气即至焉。如是气血流注，日日贯输，周流全身，无时停滞。久久练习，则得真正内劲。"此段论述，甚是经典，明确地告诉我们，修炼者人身之关开窍展、孔空穴通，处处虚空无碍，是内劲有得的重要条件。当然，把有形有相之形体，虚空到无形无相、全体透空，则是太极拳道修为所追求的上乘境界。能把有形之体虚空到若有若无、忽有忽无，则在与人交手时就能做到"四梢空接手"而"妙手空空"。对方明明抓住了我的手，要能够做到说没有手马上就没了，让对方抓住的是空手，而我却能劲藏于内。随机将对方的来力引落入自己的一片虚空之中，在这一虚一空之中，将内藏之劲顷刻爆发于敌。

太极拳修炼中，有形之阳空固然重要，但太极拳之空，绝不仅体现在有形有相之实体上。太极拳道更崇尚、追寻无形而抽象的阴空。无形之阴空又分身内和身外两种。

太极拳道所言身内之阴空，就是要从看不见、摸不着但感觉得到的无形而抽象的神、意、气上去寻、去悟、去求。老子《道德经》说："致虚极，守静笃"。为什么要致虚且致极？就是给自己的内心腾出足够的空间，去除心中存留的各种妄欲杂念，留出最大限度地空白。人之初，性本空。然被世间五花八门的私欲所惑，使本来空灵虚明的内心被妄欲所侵、被私念所占，如同一只本来洁净明亮的空杯子，被污物填满。因此，首先要把杯中的污物逐一清理，杯子才有可能恢复原始的空明，这只杯子才可以放入有用之物。所以，只有"致虚极，守静笃"，才能由虚空而生出有力之真实。比如，太极拳用意不用力是一个不容置疑的法则。可是，很多练拳多年的人，在与人打手时，依然本能地以力手相接。可见，长期形成的用力习惯顽固地占据了人的内心。如何才能变用力为用意呢？办法只有一个：从自己内心入手，致虚守静，让自己内心虚空、清净下来；大胆而坚决地丢弃习惯用力的错误思维，腾出空间，则四梢空接手的正确思维才能在虚空的内心生根。这种心之改变，定会引领自己在不断的修炼中改掉用力的旧习惯，从而"以心行气，务令沉着，乃能收敛入骨；以气运身，务令顺遂，乃能便利从心"。以此，用意而妙手空空之正确习惯，在自己内心的虚空中真实地生根了。

　　如前所述，太极拳道所言之空是分阳空和阴空的。阳空之实质是把有形之体，实而虚之，虚而空之；阴空之实质是把无形之象，空而虚之，虚而实之。太极拳言之阴空，又分为身内阴空和身外阴空。身外之阴空因其与己身的关系更加模糊、更加抽象，而往往被修拳者忽视。可是，身外之阴空在太极拳修炼中却有着极为重要的作用。

何谓身外之阴空？如师曰：天地之间也。究其实质，身外之阴空即人之身外空间。太极拳对于身外之阴空的修为，就是能做到正确而自如地掌控并调整自己与所处之身外空间的关系。好像在海中游泳，无垠的大海即身外空间，能否在波涛汹涌的大海中随波逐浪，除自身的条件外，还必须根据海水的温度、海浪的大小与风向的变化等身外空间的具体情况，随时改变和调整自身的动作、节奏与方向，才能与大海融为一体，乘风破浪，随意畅游。这就是能够在泳池中游泳，却不一定能在海中游泳的根本原因所在。

我们知道，太极拳是内外兼修的。所言之内与外，除指自身的神意气与筋骨皮，更重要的是指自身与身外空间。人如同宇宙万物一样，都是在天地空间中孕育而生，离开身外空间，人将无法生存。因此，能做到调控自己，使之与身外空间相合相融，掌握自我利用空间与驾驭空间的能力，是太极拳修为的重要内容。王芗斋言："离开己身无物可求，执着己身一无是处。"此论一语道破太极拳修炼身外之阴空的奥秘。太极拳之真功，既在身内又不在身内，既在身外也不在身外，而是在己身与身外之间。

我们知道，身外空间似乎触不到、摸不着，空而无物。而太极拳对身外阴空的修为，恰恰要触得到、摸得着，空而有物，从而真正做到虚而实之，空而不空。如师所云：身外有物，手手不空。太极拳老前辈在谈及操拳之感悟时，形象地称其为"好似水中荡舟""犹如空气中游泳"。前辈先贤用荡舟与游泳来阐明身内与身外空间的关系，清楚地告诉我们，在走拳盘架时，一举手即要与空间空气相鼓荡，如此才能感悟到"处处掤劲"之真义。一投足就要犹如立于水中之舟板，似起随浮，这样才能体会到拳中"行舟劲"的滋味。

"身外有物，手手不空"的关键，如师所云："身外须有意。"拳论曰：全凭心意用功夫。我们知道太极拳内功的核心是神意气的中和，而意是神意气之枢纽。这个意，上能通神，下能运气，因此说太极拳内功是"用意不用力"的功夫。身外有物，如庄子云："在己无居，形物自著。"物，即指身外空间之万事万物。我们要与身外之事物接触而产生关系，就要应物自然，就要用自己的意念去感悟外界的变化，与之相合而共鸣。我们通过太极拳修为，当能做到把身内之意与身外之物相合一体时，即能明心见性，以物观物，两两不相伤；如镜映物，了然尽见，物我两忘，浑然一体；人和心尽见，天与意相连。这样在与人打手时，自己与对手相融相合于同一空间，浑然一体，无我无彼，随心所欲，运化自如，以至应物自然。

世间万物，形虽不同，道理如一。美国篮球名将乔丹谈及在篮球场上内心的体会时，他是这样说的："当进入状态时，我感到整个球场是空的，没有了对手，也听不到观众的呐喊，一片空寂无声，只有我和手中的篮球。此时，我可以享受般地随意把球装入筐中。"乔丹在篮球场上的这些感悟，真可谓暗合道妙！当我们迈入拳场时，如能做到身内身外意物合一、不空而空、唯我独行，从而使对手深陷于吾身外意的层层包围之中，以意治之，何须用力，其焉有不胜之理！

太极拳道所言之空，就身内而言，既是空体之阳空，也是空性之阴空。空体，即指有形之体要不空而空，身体处处展关开窍、空通无碍；有形之体如水中月，似镜中像，实而虚之，触而空之，通体虚空。空性，即指无形之神意要空而不空，内心世界空空荡荡，空而无牵，空而不挂，空而不藏；然而却万象皆存，无所不在，此乃"真空生妙有也"。就身外而言，即虚空之性体与身外之空间要相合一气。空内有空，空外亦空；空入空出，内外皆空。此乃："空不空，真空也。"

综上所述，我们知道了空在太极拳修炼中占有极为重要的位置，可以肯定地说，如果不知空、不懂空、不会空、不能空，就无法迈进太极拳的大门。那么，如何修炼太极拳之空呢？当然，从以上论述中已经了解了空有多层含义和内容。为了较为形象而具体地体悟空的内涵，本文仅就空体之修炼简述一二。

太极拳言空，首先要做到有形之体虚而空之。我们知道，人之身体分为上、中、下三盘。空体就要做到：上空手、中空胸、下空脚。如何才能做到手、胸、脚三空呢？师曰："提沉含拔左右散。"即上提下沉，前含后拔，左右散开。比如，练太极拳的人都知道要含胸拔背，而在中节空胸时仅有含胸拔背是不够的。也就是说，除胸部膻中穴有向内虚含之意、背部有后拔之意外，还必须要上提顶与下沉胯，同时自膻中穴向两肩左右散开。如此，胸才有虚空之感。注意：无论是提沉含拔，还是左右散开，都不是肌肉形体的动作，而凡此皆是意。

关于空胸，我想说明一个问题。《太极拳经》曰："其根在于脚，发于腿，主宰于腰，行于手指。" 这里明确地阐明了手、腰、脚各司其职而总需完整一气的重要，但其中并没有谈及胸。为什么要空胸？师曰："腰主宰必空胸。"也就是说，空胸是主宰于腰的必要前提，胸不空则腰不主。

师云："手要空。"关于空手，杨澄甫则要求："掌宜微伸，指要微屈。"空手的关键是手心要空。手心正中是劳宫穴。以劳宫穴为中心画一横一竖呈十字形，中指向上有提伸之意，掌腕向下要有沉拉之意，劳宫穴向内有内含之意，手背向后要有外拔之意，沿十字的一横要有左右散开之意。如此，手心、手背、手掌、手指竖开横散、对拉拔长，手心虚空似有含球之感，不空而空，空而有意。此乃空手也。

同理，脚要空。空脚关键在于：双足平松落地，切忌趾抓地、脚蹬地。而是脚趾松开，脚背有上拔之意；脚心之涌泉穴须有内含之意；脚趾向前提伸，脚跟向后沉拉；以涌泉穴为十字中心，须有向四周自然而均匀散开之意，脚心则有虚含空吸而亲吻大地之感。此乃空脚也。

太极拳修炼中，真正做到空体虚灵，除空手、空脚与空胸外，还要训练自身各点均能虚而空之。在身上任何一点都能"画"出一横一竖的十字形，再由此点沿横竖自内向外，以提沉含拔左右散之意去自然而运化，则此点即为空。这样，在与人打手时，以空手接敌，对方摸到我身上任何一点均能虚而空之；挨着何处何处空，则对手落入我的虚空之中，不知所措，只有拱手认输。这正是拳谚所云："太极无手处处手，周身无处不空灵。挨着何处何处发，一横一竖打天下。"

太极拳的修炼是一层功夫一层体悟，当我们初步认知了空体、空性的内容后，还要进一步体悟空的更深层内涵，即空与中、空与定、空与明等内在的关系。从而沿着太极拳道空而不空、不空而空的阶梯拾级而上，迈进太极拳所言之空的更高阶段——中空之势。

关于空与中，太极拳所言之中，前文已经多有论述，简言之，"无过不及"。当我们进入了空的状态，这时既感觉不到自己的存在，也感觉不到别人的存在。此时哪里有过？何有不及？此刻，体似悬球，在静寂的空中随意飘荡。一切皆空，唯有那种无以言表的轻安舒适之感，此安舒之感即为中。由此可知，空而中，中能空，空即中，中即空，空而不空之不空即中也。正如丹书所云："中者，虚空之性体也。"

关于空与定，我们知道定即虚实变转之瞬间，而空也是在虚实变转之临界点，此点非虚非实、亦虚亦实，非动非静、亦动亦静。此虚实动静变转瞬间为"零"界，即为空。而此点既是止，也是始。对人而言，别人摸不到我任何东西，此为空，空而无物；对己而言，虚实动静起止变转唯我独控，此为定。由此可知，空中定，定而空，空即定，定即空。空而不空之不空即定也。此乃真空生妙有，妙有空而定。

关于空与明，太极拳道所言之明，即拳论中"由着熟而渐悟懂劲，由懂劲而阶及神明"之明。太极拳修炼至以空入拳、以拳入道、拳道通一，才能真正体会到复命归根之意境。此时，空体空性，空而不空，空我忘我，不空而空，这样才能进入太极拳修为无形无相、全体透空、空明虚静、一片神行的最高境界。

第六章　何谓松

一、太极无松

有的太极拳习练者主张练太极拳要大松大柔。太极名家李雅轩亦云："以全心全意地去想松。"有人把"松"称为太极拳的灵魂，或直言为：内功就是松功。许多资深练家毕生追求松功，可是松功却没有上身。究其原因，走错了路，追错了物。太极拳修炼所求之根本，绝非求松，而是求中。

太极拳修炼中的对与错，不在我说你云，亦不在"大师"之言，标准只有一个：太极拳道之本，"一阴一阳之谓道"。《太极拳论》所云："阴不离阳，阳不离阴；阴阳相济，方为懂劲。"老拳谱所述："孤阴不生，孤阳不长；非阴非阳，亦阴亦阳。"此乃太极拳道中衡量正确与否的唯一标准。在太极拳修炼中，不论松与紧，不论刚与柔，不论开与合，都必须遵此道而修。否则，即使称为资深者，仍为不懂拳。

太极拳所言之"松"，是与"紧"密不可分的。松中有紧，紧中有松，松紧相济，松紧同体，就如同太极图中的阴阳鱼。松与紧谁也离不了谁。离开松，没有紧；离开紧，何谈松。如果非要让松与紧分家单过，让松独立门户，那就好比把太极图中的阴阳鱼硬性分割开来，独立出阴鱼和阳鱼，进而修炼孤阴或孤阳。试想，这符合太极阴阳论之根本属性吗？无疑，违背太极阴阳论的理论，便是错误的理论；违背太极阴阳论的追求，更是荒谬的追求。难怪有些资深练家松功不能上身，因为太极拳不可能有离紧之松。

二、太极有松

太极拳所言之松与紧，不是后天修炼所得，而是先天自然而有。《道德经》曰："专气致柔，能婴儿乎？"婴儿离开母体，降生人世，不用人教松，也没有人讲紧，但婴儿却能做到松而不懈、紧而不僵。从同样的高度摔落，婴儿少有受伤，而成年人却少有不伤。但是，在人们后来的成长过程中，产生了惧怕，出现了惊恐，从而失去了原有的先天自然之松紧。尤其是过去三千多年来人类社会的文化影响，造成了人们紧有余而松不足，松少紧多而不平，紧过松缺而失中。正是针对这样的情形，才出现太极拳崇尚松、强调松的现象。正如吴图南所言："凡练太极拳者，皆知松为太极拳之主要条件。"但请注意，吴图南在此把松定为主要条件，而不是太极拳的目的，更不是太极拳的灵魂。

太极拳所言之松，应该为能使紧而不僵的那部分元素。在此，我想有必要澄清一个错误的概念：有些人紧与僵不分，甚至有人认为紧就是僵。其实，紧不是僵，僵也不是紧。在太极拳道中僵是病，紧不是病。因为僵为直挺挺而不灵活也；紧为密切合拢，靠得极近也。太极拳名家常说，要松而不懈，紧而不僵。由此可见，松不是懈，紧不是僵。太极拳所求的是不懈之松与不僵之紧。但是，不少修炼者，练来练去依然非懈即僵。原因何在？答案：不知懈是不紧，僵是不松，松中少紧必懈，紧中缺松必僵。懈之病因——少紧；僵之病根——缺松。因此，欲避僵懈之病，须知松紧：松不离紧，紧不离松；松即是紧，紧即是松；松紧相济而中。此时，太极拳所崇尚之真松有矣。如此，才能真切感悟到太极拳的松中紧与紧中松那妙不可言之感，并由此派生出了太极拳道修为所得之粘、沉、韧、整。正如《十三势歌诀》云："腹内松净气腾然。"李亦畬《撒放秘诀》所论："松开我劲勿使屈。"这其中松净而气腾然与松开而勿使屈，均是松紧适中的具体显现。

师亦云："太极拳之松紧有如拨动之琴弦：过松则无

律，过紧则绷断；松紧适中则可弹奏出美妙的音声。"可以这样说：太极内功所展现的无穷魅力与艺术神韵，就在这一松一紧之中。

综上所述，松之真义已明：何谓松，紧而不僵；何谓紧，松而不懈。那些把松与紧割裂开，专去求松，进而把松目的化、神秘化，这有悖于太极拳道与拳理，是当前太极拳修炼中的一个严重误区。其实，松与紧就如同咸与淡，无非是一种滋味，尝到了，不过如此。修炼太极拳，实际就是在恢复人们原本就有的松紧而中的状态。松紧求中，乃是返璞归真，复命归根，遵道而行，实则不难。

如上所谈，只言松紧之道理。至于松紧求中之具体方法，将在太极心法与功法篇章中详述。

大凡练过太极拳的人都知道，学习太极拳，首先要学会放松。"放松"二字，就成了老师教授学生悟练太极拳时离不开的口头禅。当然，放松并非太极拳专有，其他拳种以及人们的日常生活都离不开放松，每个人都希望每天能轻松愉快地学习、工作和生活。然而，任何事物都存在相互对立的两个方面，在大多数情况下，现实总是背离希望！学习的困难、工作的压力与生活的烦恼等，给人们带来的并非轻松与愉悦，而是紧张与紧迫。因此，轻松就成为人们的追求，学会放松自己的身心，松紧适中与劳逸结合，成为人们生命中的重要课程。而太极拳正是用特有的心法和功法，使练拳的人遵道而修，真正学会调整自我、放松身心，使自己能在学习、工作和生活中保持松紧适中、阴阳持衡的良态佳境。

但是，对于太极拳的"放松"，不能等同于百姓生活之中所理解的放松，它有着更为丰富的内涵。师云："太极拳之放松者，松由放而得也；'放'是太极拳道中得松之关窍。"松如何放？

第一，放入。众多太极拳修炼者经常思考：太极拳是什么？师云："熔炉也。"太极拳实则是上天赐予太极习练者的一座太极拳道大熔炉。许多朋友终日孜孜不倦地盘练拳架，并且自豪地说：我练拳。然而，拳之先天特性决定了：吾练拳一场空，拳炼吾功自生。这"吾练"与"炼吾"的差别，道破了太极拳道修为的天机。松不可能在我练中求得，只有把自我放入太极拳道这座大熔炉里，用拳义与拳理之烈火熔炼自己，大火煮、小火炖，猛火烧、文火焖，历经数年之熔炼，直至把自己有形之身与无形之心均熔于拳中，使原本之我变成太极之"钢"；再将这"钢"放入太极锤机之下，反复锤锻。经过如此脱胎换骨的炼造，松始会有得。此时的"我"，才能真正成为可以精雕成太极作品的有用材料。

放入的另一层重要的含义，就是把自己放入大自然之中。如果有人问：松到底在哪里？我会回答：松就在这生机勃勃的大自然中。人们终日在紧张与紧迫的压力之下奔波劳碌，唯有这大自然依然是花开花谢、和风细雨、蓝天白云、虫鸣鸟唱，好一派轻松安逸、和谐舒适的景象。把自我放入这大自然中，让自己的身心与大自然中的一草一木、一虫一鸟相应相合。因为，这草与木、虫与鸟，松也自然，紧也自然，哪有僵？何有懈？其实，太极拳之松，就在这大自然之活活泼泼、生生不息之中。这才是有心练松松不生，无心求松松自得。正如师云："能自然便能放松。"

第二，放下。关于放松，师亦云："放下才能松。"我在几十年的太极拳修炼中，深深地体会到"放下"二字值得我们反复揣摩、认真求索。大家都知道，练太极拳是从按规矩站桩开始，站一段时间以后，身形要求知道了，拳的规矩熟悉了，但身心依然松不下来。这时，老师大多都会提醒学生：要放松，再放松。可是，老师让放松，而学生却不知道怎么是放松，依然一头雾水，不知所措。当年，我的父亲作为师父，每当此时，他对我不是喊"放松"，而是喊："放下！放下！"父亲对我说，徐岱山随杨少侯练拳时，如果有的徒弟松不下来，杨少侯总是走上去踹他一脚，斥责道："不把你那臭架子放下，能松吗？"因此，父亲在教徒弟放松时，也是不让你端着，而是要求放下。我的体会是心放平、身放下，此乃松也。

放下的更深一层的含义：放下包袱。何谓包袱？拿起来而不能放下的就是包袱。有些太极拳修炼者终身求松而不能松，究其原因，就是把松看得过重、过难，松反而成了沉重的包袱。这违背了"有意无意是真意"的原则，犯了意大而过之忌。"无过不及"是太极拳修炼的不二法则。意过则滞，滞则不松而僵。只有放下求松的包袱，身心才能真正放松。

修炼太极拳，必须把原来拿起来的那些东西都放下，真正做到心中无欲、目中无人，在太极拳的汪洋大海之中潇潇洒洒、轻轻松松、自自然然地随波逐流，与大海共起伏。这才是不放而放，不松而松；能拿得起拳中窍，自然松紧互为根。

第三，放弃。太极拳修炼的过程，就是改变自我的过程。改变自我，就必须学会放弃：放弃原有的观念、放弃原有的思维方式、放弃多年形成的习惯……即《道德经》云："为道日损"。放弃是减法，建立是加法，改变即结果。太极拳的修炼，就是放弃旧有，使之不断减少，建立新有，使之不断增加，其结果才是把自我改变成太极新我。

"放弃"这个法则贯穿太极拳修为的始终，即《道德经》云："损之又损，以至无为。"师亦云："拳无终点，层层可分"，即是"玄之又玄，众妙之门"。这才是太极拳修炼的真义。有朋友问：松到极点为何物？答曰：松极而转紧。又问：紧到极点为何物？答曰：紧极而归松。此乃一层松紧一层通，松松紧紧永无终。

修炼太极拳的过程，就是用太极拳道的阴阳学说改变自我、改造自我，使自我由生活中的常人转变成为太极人的过程。改变自我，首先是改变原有的认知方式和思维观念。如果不能改变，即使每日盘拳数遍，终将仍是徘徊在太极门外，摹练太极体操。

关于松，通常人们认为：有松就没有紧；松与紧是势不两立的两个不同性质的个体。太极拳道则认为：松是松，紧也是松；紧是紧，松也是紧；松与紧是相生相克、相互依存、相互变转的同一个体的两种表象。

有人要说：你不厌其烦地说松即紧、紧即松，那太极拳所言之松开、松散、松柔、松静与松沉等到底是松还是紧？就此问题，这里我想仅以松开、松散和松柔为例来谈一谈。

第一是松开与松散。有些太极拳名家言松必谈松开与松散，他们把松开与松散都归入松的范畴。我的看法恰恰相反，松仅是开与散的前提条件，松开本质在开，松散实则是散。或许有朋友会问：即便如此，松开与松散还是与松有关，紧又在何处？我的回答是松开也好、松散也罢，如果只是一味地开、尽情地散，则必懈无疑。要松而开，且开中有难开之念；松入散，且散时含难散之意。这难开之念即为合，难散之意即为聚。此时，开中有合、散中有聚，则松而开且紧入合，松入散且紧入聚。至此，太极拳所言松开与松散之真义才能由松而得。正如太极拳宗师郑曼青先生所说："太极拳是一种时松时紧而有规律的运动。"就松开与松散，师亦云："如放飞之风筝：脱开绳线，风筝如脱缰之马失控而去；握住绳线，时松时紧，人从风力、风随人意，则风筝放飞自如。"诚然，太极拳的特性决定了松长而紧短、松显而紧隐、松外而紧内。这一长一短、一显一隐、一外一内，即拳谱所云："内固精神，外示安逸。"

关于松开，杨澄甫在《太极拳之练习谈》中提出："习练运行时，周身骨节，均须松开自然。"太极拳要求修炼者，颈、脊、肩、肘、腕、腰、胯、膝与踝，周身这九大关节均要节节松开。节节松开才能节节贯串，节节贯串则内气与内劲畅通无碍。可见，太极拳所言之松开，主要是指人身关节的松开。何谓开？开即是自一点向两端分而有隙。由此可知，松开是有上下、左右与前后方向的。如何才能使关节松而开呢？如果把人身比做太极球，则松开即是沿球之直径向两端对拉拔长，即在挂肩垂肘与松腰落胯的同时必须提顶竖颈，否则沉坠而无向上提竖，则关节向下堆积，人身就会整个懈掉。因此，太极拳之松开，就是向下沉坠必有上提之意，向上悬提定含下坠之意。此乃意上寓下、意左寓右，松中有紧、紧中含松，"对拉拔长横竖找，提顶吊裆心中悬"。

关于松散，太极拳修炼者由松开而进入松散，即由表入里、由外入内，由以筋骨皮为主进入以神意气为主的修炼阶段。太极拳一般把由内向外称为散，把由外向内称为聚。在太极拳道中，散不离聚，聚不离散，散聚实则不二。太极拳的松散与聚合分为许多层次，不同层次有不同的内容。比如，内气的松散与聚合；再高一个层次，还有内劲的松散与聚合。不但有面上的松散与聚合，太极内功修炼到一定阶段，其松散与聚合完全是在点上见分晓。再到更高级的阶段，点也没有了，而是散聚于心，直至无散无聚。总之，气之聚散、劲之聚散与心之聚散，体之聚散、面之聚散与点之聚散，其不同层次的变化之境界，实难用语言来表达。现在，我们只能浅谈一点气之聚散。仍然把人看作一个太极球体，则下丹田为发生内气之气机，气机发动后，"腹内松净气腾然"，如杨氏太极拳老谱所云："发于中，形于外，达于四围。"此时，内气向身体的四面八方松散，气宜鼓荡而四梢，使人身成为一个内气腾然的太极球体。这时才能真正感悟到"以心行气，务令沉着，乃能收敛入骨；以气运身，务令顺遂，乃能便利从心"。此刻，由于内气的松散与聚合，"以气催形"，身形随气之鼓荡而膨腾欲动。太极拳到了这个阶段，便开始了"凡此皆是意，不在外面而在内"的内功之修炼。

第二是松柔。如果说松开与松散只是太极拳修炼中由表及里、由外入内的重要阶梯，那么由松入柔就是太极拳所要达到的境地之一。当然，松柔所言之松，毫无疑问是太极拳之松；而柔则与人们日常生活中所说之柔有着本质的区别。常人所说之柔，就如同杂技表演之柔术，表演者的身体可以随意弯曲、柔若无骨，然此柔绝非太极拳之柔。太极拳的松柔是由松入柔、积柔成刚、紧入于刚，刚复归柔。

太极拳崇尚松柔，是因为松柔是太极拳的根本属性。老子《道德经》关于"柔弱胜刚强"之说，是太极拳道理论的核心内容之一。为什么柔能克刚呢？因为所克之刚，不是太极拳由松入柔、积柔成刚的那个刚，此刚实为用拙力与本力而使周身产生的僵硬之刚。以柔克刚之柔，也绝不是柔术表演所显示的柔弱无力。太极拳的柔是由松入柔、催僵化柔而生成的一种阴柔之内劲。太极拳的刚是"极柔软，然后极坚刚"的刚，是刚柔同体、积柔成刚而产生的一种阳刚之内劲。

我们说松柔是太极拳修炼中积柔成刚的前提条件。为什么？原因就是太极拳松柔之松是松中有紧。这松是自然之松，而这紧则是松到一定程度自然地由松转而成紧。

松入于紧，松积而转紧则柔中入紧。此有紧之柔则积柔可以成刚。因此，太极拳之紧是由松而转，太极拳之刚是由柔积成。所以，松即是紧，紧即是松，柔即是刚，刚即是柔；松松紧紧，柔柔刚刚，松紧变转，刚柔相济。这才是太极拳道所言松柔之真义。

第七章　何谓紧

太极拳修炼者都知道松的重要，但很多人却不知道拳中之紧与松是同等的重要！因此，有些修炼者只练松而不求紧，有的把拳中之紧视为大敌，谈紧色变。有些名家甚至大谈太极拳要松不要紧，从而把众多修炼者引入了松而懈的泥潭。已经松懈了，却仍以为松得不够，还要松。松，松下去，要一松到底！殊不知，正是大求其无紧之松，把当今太极拳"松"得一塌糊涂，把文武兼备的神拳懈成了老人操，把太极功夫演变成了不堪一击的花架子。如此下去，以懈当松，拳将不拳！如《太极拳论》所云："差之毫厘，谬之千里也，学者不可不详辨焉！"

如此之状况，究其原因，实乃松与紧、紧与松之真义不明！细辨之，不明之因有二：

其一，紧与僵不分。把紧误认为是僵。实则，僵非紧，紧非僵，僵紧不一。何为僵？僵者，僵尸也；直挺挺，不灵活也。僵者，二不能合一也。拳修证明：僵则不活，僵为大病！因此，拳修要求：要紧而不僵。

124

何为紧？紧者，紧密、紧张、紧固、紧凑之谓也。紧即不懈。正如拳论所云："先求开展，后求紧凑，乃可臻于缜密矣。"仅求开展，而无紧凑，那就必懈无疑。因此，只有把拳中所求之紧与所避之僵，析分清明，才能知紧、明紧，以至求紧，此实为拳中之紧要。拳中无紧，非太极拳也。

其二，松与紧不清。对松与紧的关系只知其一，不知其二。如只知道松与紧对立，而不知道松紧互根、松紧相生。拳修者须知：松与紧即阴与阳。孤阴不生，孤阳不长；阳不离阴，阴不离阳。同理，孤松不生，孤紧不长；松不离紧，紧不离松；有松必有紧，有紧定有松；能紧才能松，能松必能紧。将松与紧分家，犹如痴人说梦。故要松不要紧之说，或要紧不要松之论，皆非谎即谬也！因此，求紧须知松，紧由松生，松由紧得。知其紧而得其松，知其松方得其紧。松无紧，懈也！紧无松，僵也！如《太极拳论》所言："每见数年纯功不能自化者，率皆自为人制，双重之病未悟耳。"欲避此病，须知松紧。松即紧，紧即松；松中含紧，紧中要松；松紧相含而中，此乃阴阳相济之谓也。故，能知松紧，便知阴阳；松紧而中，阴阳相济，此方为懂劲也。

有朋友会问：盘拳走架是不是内里不要有丝毫的紧张？我的回答：一要有；二无过。

先说要有。说有之前，再次澄清拳中之紧及张，绝非僵滞。要正确悟懂拳中之紧与张之真义，才能真正区分和理解僵与紧之不同。为什么盘拳走架内里要有紧而张之意呢？如《十三势行工心解》所云："内固精神，外示安逸。"内即精气神也；固乃紧也，紧固也。何谓外？何谓安逸？外者，筋骨皮也；安逸者，松也，舒展也。由此可知，内固精神，即内在之神意气紧而固敛；外示安逸，即外在之筋骨皮松而舒展。可见，太极拳盘拳走架一定要做到：无形之精气神紧而张，固而敛；有形之筋骨皮松而安，舒而展。内紧而外松，身松而意紧，此乃真松亦真紧也。反之，神意气紧而张，筋骨皮亦紧而张，此即假紧真僵也；筋骨皮松而散，神意气亦松而散，此乃假松真懈也。此两者同，其病根为一，即双重之病也。师云：能身松意紧者，得太极内功矣。

再说无过。太极拳求内固精神，外示安逸；内紧外松乃拳之真要。然松要恰当，紧须无过。紧多则趋僵，松过则易懈。因此，内意之紧，要"无过不及"而求中。如何才能紧而无过？以松来束缚紧的无限，松使紧从僵的趋势中返回至合理无过的范围；同理，用紧去制约松的无界，紧把松从懈的边缘拉回到恰当适度的轨迹。所以，有紧才能规范拳中之松而不懈，存松才会做到拳中之紧而不僵。松中藏紧，阴中含阳，犹如白中藏黑；紧里存松，阳中有阴，犹如黑中寓白。

众所周知，一支常备不懈的军队，一定要做到团结、紧张、严肃、活泼。如孙子所说"刚中柔外也"。平日，虽劳逸结合，张弛有度，然其应敌之备，一丝不懈；警惕之意，分毫无怠。如此刚中柔外、外松内紧之军，战时才能应敌神速，攻无不克，战无不胜。因此，太极拳修为者犹如一支军队，松其外而紧其内，有松有紧，能松亦能紧，方可与人接手，有感即应，后发先至。

何以求得拳中之真紧，亦求得拳中之真松？须依拳论之要："先求开展，后求紧凑，乃可臻于缜密矣。"必遵拳论所云："劲似松非松，将展未展，劲断意不断。"舍此之途，别无他路！似而非，将而未，即松中求紧，紧里寻松；松在紧里，紧在松中；松即紧，紧亦松；松紧为一，紧松无二。如师云："能松紧者，得内劲矣。"

内固其紧，方可做到"彼之力方碍我皮毛，我之意已入彼骨内"。拳中有紧，方能避却"气势散漫，便无含蓄，身易散乱"之病，从而"务使气敛入脊骨，呼吸通灵，周身罔间"。

紧内松外，紧松而中，方易达到"劲似松非松，将展未展"。与人打手时，即可做到"于彼劲将发未发之际，我劲已接入彼劲。恰好不先不后，如皮燃火，如泉涌出"。

综上所述，拳须有紧；紧，实乃拳中之要。求松不要紧，犹如要阴不要阳，拳之大谬矣。故，拳之修为求其松必求其紧。松在紧里，紧在松中。紧中寻其松，真松矣！松而求其紧，真紧矣！

此正是：

> 松中有紧紧中松，松紧紧松空不空。
>
> 外松内紧绵裹铁，绵里藏针内外通。

第八章　何谓重

在太极拳修为中，不少人问：练太极拳是求其轻，还是求其重？是轻好，还是重好？根据个人多年的感悟，我认为，关于轻与重的问题不但是太极拳修为中具有普遍性的问题，而且是一个根本性的重要关口。不能正确理解、明白、掌握和运用拳中之轻与重的内在关系，是"每见数年纯功不能自化者，率皆自为人制，双重之病未悟耳"的症结所在。因此，欲避此病，须知轻重。

说轻，似乎不存疑问。《太极拳经》开篇即云："一举动，周身俱要轻灵"。《十三势歌诀》中亦云："尾闾中正神贯顶，满身轻利顶头悬。"很多太极拳老师在教拳时，也都告诫学生盘拳走架要松走轻出。由此可见，求其轻，已是太极拳修炼者所共知的重要内容。故而，拳中要轻，不容置疑。

说重，好像心有疑义。王宗岳在《太极拳论》中明确告诫拳修者："双重则滞""每见数年纯功不能自化者，率皆自为人制，双重之病未悟耳"。《十三势行工心

解》中亦一针见血地阐明："精神能提得起，则无迟重之
虞。"有的老师在授拳时，也多是谈轻而避重。可见，重
似乎成了修拳的病根，甚至成为拳中之大忌。

不少拳修者误认为，太极拳修为中既然轻利重弊，
那就求轻而避重。对此，我的答案完全相反！拳中非但要
寻其轻，更要求其重。在拳之修为中，有的不能知其轻、
悟其轻、得其轻而用其轻，其根源恰恰在于不知其重、不
悟其重、不求其重，故不能得其重而用其重。拳之修炼，
凡重其轻而轻其重者，凡求其轻而避其重者，所寻之轻，
必然会导致轻率、轻薄、轻浮，以致轻举妄动之果。换
言之，太极拳所言之轻，恰恰出自拳中之重。有重才能
轻，有轻必有重；重中寓轻，轻中含重；重不离轻，轻不
离重；重轻相济，即为阴阳相济。能重轻相济者，方为懂
劲。故拳之懂劲，须知轻重；知轻重，乃懂劲之妙门。老
子《道德经》曰："重为轻根，静为躁君。是以君子终日
行不离辎重，虽有荣观，燕处超然。奈何万乘之主，而以
身轻天下？轻则失本，躁则失君。"老子所言重为轻根，
乃为太极拳中重轻之道也！读老子，修拳而悟道，会使修
为者内心犹如升起一盏明灯，眼前豁然开朗。一重一轻，
一阴一阳，一合一开，一根一果；无重则无轻，无轻亦无
重；无果因无根，无根定无果。

何谓太极拳道所求之重？师曰："重者，稳重、

厚重、持重之谓也。"一曰稳重。能稳重，则能固本壮根，必无轻佻、轻浮之病。稳而重，实为拳中之根。稳而重，须在拳之基础功修为中"非用力之久，不能豁然贯通焉"。察昔日大师们盘拳打手之影像，稳而不迫，重似山岳；其形其神，令观者畏而起敬，佩而折服。

二曰厚重。能厚重，则能从容沉静，必无轻躁、轻薄之虑。厚而重，实为拳中之本。厚而重，则灵而轻。能厚重，"一举动，周身俱要轻灵，犹须贯串"。"精神能提得起，则无迟重之虞。"观其走架盘拳，"满身轻利顶头悬"，如行云流水，重而不滞，轻而不浮。"周身节节贯串，勿令丝毫间断耳。"

三曰持重。能持重，则能灵活轻快，必无轻率妄动之举。持而重，实为拳中之体。持而有重，则动而有定。能持重者，"立身须中正安舒，支撑八面。行气如九曲珠，无微不利，气遍身躯之谓也。运劲如百炼刚，何坚不摧"。与人打手时，则能做到："形如搏兔之鹘，神如捕鼠之猫。静如山岳，动如江河。"绝无轻举妄动，定能舍己从人，不丢不顶，"彼不动己不动，彼微动己先动"。以静制动，后发先至，无往不胜。

由此可知，稳重则根固叶盛，厚重则沉而不浮，持重则灵变有定，此三重实则拳中之根、之本、之体也。同时，也是人之品格、风度与境界之根基也。

太极拳修为，说重就要说双重。修炼者无不知道双重是拳之大病，"双重则滞"。在行拳走架过程中，无论是顶、抗、丢、匾，还是僵、懈、呆、滞，究其病根，无不出自双重之祸也。

何谓双重？顾名思义，双者，二也；双重，即两个都为重。我们知道一阴一阳之谓道。宇宙万物均由一阴一阳相冲合而生。《太极拳论》亦云："太极者，无极而生，阴阳之母也。动之则分，静之则合。"分则阴阳，合即太极；有阴必有阳，有阳定有阴。同理，有轻必有重，有重定有轻。阴阳者，轻重也。一阴一阳，即一轻一重。有重无轻，双重也。双重即有阴无阳或有阳无阴。因此，也可以说，双重，即双阴或双阳。双阴与双阳均与道相悖。悖道而行，必病无疑。故双重乃拳之大病矣。

《太极拳论》云："欲避此病，须知阴阳。"换言之，双重之病，实为不知阴阳。何谓知阴阳？欲知阴阳，就必深析太极阴阳之三属性：其一，阴阳相对，动之则分；其二，阴阳互抱，静之则合；其三，阴阳互根，相生相变。由此可知，"万物负阴而抱阳，冲气以为和"。阴阳即相互对立之两面，在气的冲和作用下又统而合一；同时，阴中含阳，阳中孕阴，互变互生。

综观拳中双重之病象，不外有二：其一，一不分二，即阴阳不分，虚实不清。杨澄甫在《太极拳术十要》中明

确指出："太极拳术以分虚实为第一要义，如全身皆坐在
右腿，则右腿为实，左腿为虚；全身皆坐在左腿，则左腿
为实，右腿为虚。虚实能分，而后转动轻灵，毫不费力；
如不能分，则迈步重滞，自立不稳，而易为人所牵动。"
在此论中，杨澄甫明晰而具体地告诉学练者：虚实不分，
迈步重滞即为双重；虚实能分，则转动轻灵，毫不费力。
由此不难看出：虚实不分，双重之病象也。分清虚实，实
为修拳之第一要义。

其二，二不合一，即阴阳相离，虚实不合。阴阳虽
判，虚实虽分，但判而离，分而裂，能分不能合，阴阳不
济，虚实不统，则在盘架打手中，必然非顶即抗，非丢即
匾。究其根，依然"双重之病未悟耳"。《太极拳论》亦
云："阴不离阳，阳不离阴；阴阳相济，方为懂劲。"由
此可知，能分不能合，实为双重之另一病象。

如再深究双重上述两种病象之根就会发现：合而不
分，分而不合，虽为两种病象，其根其源一也，即阴阳与
虚实不能变化。《太极拳经》中精辟地阐明："虚实宜分
清楚，一处自有一处虚实，处处总有一虚实。"细读此
论，不难明晰，此论三句话阐述了三层深刻内涵。"虚实
宜分清楚"，依然坚定地提出分清虚实为拳之第一要义；
第三句"处处总有一虚实"，也明确地指明虚实要分而能
合，合而为一的必然性；其关键在于"一处自有一处虚

实"之句，其深层内涵一针见血地剖析了人之身心内外无处不虚实，处处有虚实，这说明虚实分合之根在于变化，能变化者，即能分合；能分合者，即能相济；能相济者，则无双重之虑。

何谓变化？老子曰："有无相生。"无生有，变也；有复无，化也。动则分，变也；静则合，化也。虚而实，变也；实而虚，化也。拳之修为，无出身心二字。心之神意，无象而实有，虚无而真实，神变也；身之形体，有形而归无，实有而返虚，灵化也。故拳之修炼，虚而实之，实而虚之；虚实相变，实虚能化，一实一虚，一变一化，能虚能实，能变能化，焉有双重之病乎？

能变能化之关键，在于黑中有白，白中藏黑。即虚中含实，实中存虚；阴中寓阳，阳中守阴。虚中之实，乃变之种；实中之虚，乃化之基。如《五字诀》所云："左虚则右实，右虚则左实。虚，非全然无力，气势要有腾挪；实，非全然占煞，精神贵贯注。"此即虚中实与实中虚紧要之论也。

以此察拳中之重，《太极拳论》中"左重则左虚，右重则右杳"之论，便清明在心。重必虚，重定杳，实乃拳之真义。反之，重则实，重则现，必致双重之病矣。由此而知，拳中之重，虚也，隐也，内也，藏也，收也，敛也，刚也；拳中之轻，实也，现也，外也，显也，放也，出也，柔也。

　　正如《阴阳诀》所云："太极阴阳少人修，吞吐开合问刚柔。正隅收放任君走，动静变化何须愁？生克二法随着用，闪进全在动中求。轻重虚实怎的是？重里现轻勿稍留。"

第九章　何谓舍

凡太极拳修炼者无不知道，修拳要从知己知彼功夫入手。《走架打手行工要言》更明确阐述："欲要知己知彼，先要舍己从人。"由此可知，能舍己从人，方能知己知彼。

察"舍己从人"之句，"舍"字之义尤为紧要。何谓舍？师言："舍者，弃也；舍者，予也。"回顾自己几十年修拳之路径，吸纳众多同道之经验，不无感慨地发现，拳之修为确有两难：一曰，放弃难；二曰，补虚难。（关于补虚，即认识并补己之虚，另文再述）

此处所言之放弃，就是在拳的修为中，不断地用拳之道与拳之理反观内心，对照己身，清醒地发现并找准自己身心与之相悖的既有习惯，然后逐步地、完全地、彻底地改变并舍弃这些习惯。其要点有二：一是放弃自身多年形成的思维习惯；二是放弃自身长期养成的行为习惯。

改变自己原有的思维习惯，首先是对此要有清晰的认识。例如，有些拳友坚定地把拳之修为认为是"我练拳"，以至坚信拳打千遍其理自明。殊不知，这种认识主旨就是源于以我为主、为中心的习惯思维。是"我练拳"，还是"拳炼我"？是从我为主，还是从拳为主？此二者为不同之思维，从而引导修为者走向谬之千里的路径。

这两种本质不同的思维，究其实质，是"我要"还是"要我"。"我要"之习惯思维，大多不考虑我之外的客观需要，以我之愿望、想法、需求为中心，以"我要"为目的，从而指挥自己的身体按"我要"去行为。而"要我"则恰恰相反。"要我"之习惯思维，时时处处要以我之外的客观需要为中心，以客观需要我怎么做为思维主旨，从而引领自身遵"要我怎样我就怎样"去行为。比如，修拳中双方打手，凡出现硬打硬要、顶抗推搡，究其病根并非推手技法之过，实为"我要"思维习惯之患。故太极拳之修为，放弃自身既有的思维习惯，实属修拳之首要。

通过拳之修为的过程，有悖于舍己的思维习惯不断地得以改变和放弃。在我们内心世界，"阴不离阳，阳不离阴，阴阳相济"的思维习惯渐成主导，进而清醒地认识到，任何事物有阳就有阴，有表就有里，有实就有虚，有松就有紧。现实中所看到的、摸到的那些"实有"，往往并非事物之本质，而是表象。因此，"实有"不一定是真实，很可能是虚假的外象，事物的真实却大多深藏于内。舍弃改变了既有的思维习惯，就不难理解太极拳所求外松而内紧、身松而意紧、柔外而刚中的真切含义。从而在拳之修炼时，就会指导自己由表入里，练外修内，以内主外，内外同修。与人打手时，即能做到舍轻持重，舍环用中，舍形求意，舍外固内，乃至舍己从人。

在拳之修为的过程中，不但要放弃自身原已形成的思维习惯，还必须一步步地、毫不含糊地放弃自己原有的行为习惯，尤其是常年既有的用力习惯。有些拳友年轻力壮，很有力气，习惯于以快击慢，以力胜人。殊不知，如《太极拳论》所言："有力打无力，手慢让手快，是皆先天自然之能，非关学力而有为也。察四两拨千斤之句，显非力胜。"因此，在修拳中，不能彻底放弃用力的习惯，僵力滞身，则周身必不松通。只有做到用意不用力，在盘拳走架时，就能做到"以心行气，务令沉着，乃能收敛入骨；以气运身，务令顺遂，乃能便利从心"。在与人接手时，才能做到舍其力而用其意，精神能提得起，则无迟重之虞。舍其力而顺其气，"意气须换得灵，乃有圆活之趣"。

《道德经》言："为道日损，损之又损。"综观拳之修为过程，实乃不断地放弃既有思维习惯和行为习惯的过程。一分分损，一层层弃；损之又损，弃而又弃。至此，必将距拳之义不远矣！

　　在太极拳的修为过程中，能否做到"舍己从人"，可以说是太极内功是否上身的重要标志。如《走架打手行工要言》所云："欲要引进落空，四两拨千斤，先要知己知彼；欲要知己知彼，先要舍己从人。"由此可知，"舍己从人"是太极内功入门的必然之阶。能舍己从人之关键在于"舍"字。太极拳所言之舍，另一深层含义，如师所云："舍者，予也。"

　　何谓予？予即给，或曰给予。因此拳中之"舍己从人"应理解为：舍得把自己该给对方的部分，放心大胆地、毫不吝啬地给予对方。换言之，在双方打手时，对方要抓我的手，我不是顶抗丢匾，而是顺其意，毫不迟疑地给予对方，抓左手给左手，拿右手予右手。也可以说，对方要我哪儿，我就应该把哪儿给予对方。如果对手要，而我偏不给，就必然出现非丢即顶、非抗即匾。只有舍得给予，才能真正做到"先以心使身，从人不从己。后身能从心，由己仍是从人。由己则滞，从人则活"。如此可知，舍己是为了从人，能舍己方能从人。欲要从人，必要舍己。这样才能做到《五字诀》所言："能从人，手上便有分寸。秤彼劲之大小，分厘不错；权来意之长短，毫发无差。前进后退，处处恰合，功弥久而技弥精矣。"

　　诚然，舍而予并非无原则。有舍必有固，有给必要留。这就要求拳者必须分清：舍什么？固什么？哪些能给？哪些必留？需要清楚地知道：舍外不舍内，舍环不舍中，舍末不舍本，舍梢不舍根。舍与固，给与留要悉数分清。该舍的，一定要舍，且毫不犹豫；该固的，一定要固，且一丝不苟。该予的，一定要大胆地予，且完全彻底；该留的，一定要坚决地留，且丝毫不让。如是，便能如《五字诀》所讲："到此地位，功用一日，技精一日，渐至从心所欲，罔不如意矣！"

要能真正做到舍己从人，不但要知舍、敢舍，更为重要的是要做到能舍。其关键在于"能"字。有些朋友练拳多年，理论上确实知道太极拳必须做到舍己从人，然而在实际操作时，却既不舍己也不从人。太极拳之修为，必须要做到知行合一，拳道不二。如何才能知舍而能舍？如《走架打手行工要言》所云："欲要舍己从人，先要得机得势；欲要得机得势，先要周身一家。"由此得知，能周身一家，方能舍己从人。不能舍己从人，病因在于不能周身一家。因此，在拳之修为中，如何能做到周身一家，便成为登阶入门之关键。

欲要周身一家，必要周身松通，节节贯串，总须完整一气，动之则分，静之则合，心静而神凝，气敛而通活，身灵而劲整。"平日走架，是知己功夫。一动势，先问自己：周身合上数项不合？少有不合，即速改换。走架所以要慢，不要快。打手，是知人功夫。动静固是知人，仍是问己。自己要安排得好，人一挨我，我不动彼丝毫，趁势而入，接定彼劲，彼自跌出。"

太极拳所求舍己从人，其舍己，即舍我；舍我，即无我；无我，即虚我；虚我，必弱我。虚我、弱我就必须舍弃以我为主的自我愿望，就要以彼意为己意。虚我、弱我就必须舍弃自我妄动，必须做到："随人所动，随曲就伸，不丢不顶，勿自伸缩。"如此这样，便能做到：周身一家，舍己从人，引进落空，四两拨千，人不知我，我独知人，知己知彼，百战百胜。至此，方显拳中之妙矣。

老子《道德经》曰："将欲取之，必先予之，是谓微明。"由此悉知，太极拳"舍己从人"之说，正是老子关于"欲取先予"之道的具体显证。拳之修为中，深刻领会舍字之义，凸显重要。引进落空必要从人，从人必先舍己。故知舍、懂舍、能舍、敢舍，就成为太极拳修为过程中的不二法门。

此正是：

能舍能从能知己，粘黏连随须依彼。

引进落空合即出，四两拨千显神奇。

第十章　何谓运

生命在于运动。这句话已经成为人们生活中的一句至理名言，无论童叟，还是青壮，为了健康长寿，选择适合自己的运动方式，已经成为人们生活中的重要内容。但如果细思反问：何谓运动？运与动之间是什么关系？尤其问及何谓运时，其回答就会千秋各异、众说纷纭了。更有不少人把运动干脆认为就是"动"，每天拼命地跑、跳，不停地"动"，把"生命在于运动"这句话等同于人的生命在于"动"。其实这种想法、做法都是误解了"运动"二字的真义。运动不等于单纯的动，离开运之动，不仅于人的生命健康无益，反而有害。

太极拳是中华民族传统武术运动的突出代表。太极拳适合不同层次的各类人群，它是有益于人们身心健康，而且能延年益寿的一种运动。太极拳好就好在：拳中之动，是运而动，不运不动，运不离动，动不离运，运中动，动中运。因此，要学好太极拳，就必须认真地思考何谓拳中之"运"，何谓拳中之"动"，就必须清晰地掌握拳中运与动之间存在的密不可分的内在关系。否则，虽运动良久，却终生无成。

运动之关键在于"运"。运为动根。那么何谓"运"呢？运者，运载、运输、运送之谓也。因此运载、运输、运送必须具备两个方面的条件：一是运之工具；二是运之载体。比如，宇宙飞船载着宇航员通过火箭被运送至太空。飞船和宇航员一起离开地球飞向太空，相对于地球，毫无疑问它们是在动。然而，宇航员与所乘飞船之间却不是动，恰恰相反，它们是相对静止的关系。也就是说，飞船与宇航员之间为运，运即相对之静。可以认为，动离运，即为盲动、乱动、错动，如无源之水，无根之木。因此，运而有动，才是宇宙万物运行的基本规律。运为动根，静为躁君。这才是合道之理。

《十三势行工心解》明确地告诉我们："以气运身，务令顺遂，乃能便利从心。"这句话清晰地阐明太极拳修为中，气与身之间的内在关系是运而有动；以气运身，身由气运，气不运，身不行，身随气动，气运身行，身与气是相对静止的关系。换言之，有形之身的任何一动，均由内气运催而生。只有做到"以心行气，务令沉着"，继而做到"以气运身，务令顺遂"，方可做到拳论中所说："行气如九曲珠，无微不利""运劲如百练刚，何坚不摧？"也才能"气敛入骨，神舒体静""迈步如猫行，运劲如抽丝"。

　　凡修炼太极拳者，无不知道"粘、黏、连、随"是太极拳修为的一个重要法则，更是区别于外家拳的一个根本标志。能做到"粘、黏、连、随"，即视为太极拳懂劲入门。反之，做不到"粘、黏、连、随"，即为仍在太极拳门外徘徊。深究"粘、黏、连、随"四字之真义，不难发现，"粘、连"与"黏、随"实则是运而动的关系。粘与黏即两种物体相互粘黏在一起成为一体，如把邮票黏贴在信封上，邮票与信封黏为一体，邮票与信封之间是相对静止的关系。而当邮票连同信封一起运递出去时，邮票与信封是运而随动。既相对静止，又连随而动。在运而有动中，邮票与信封一直保持着相对的静止状态。以此可以理解拳论所云"静中触动动犹静"，其虽动犹静之内涵。因此，太极拳所言"粘、黏"，体现了运而有静之内涵。"连、随"则蕴涵着运而生动之真义。所以，拳中之粘、黏，可理解为运而有静，即动中之静；连、随则可视为运而生动，即静中寓动。因此而知，"粘、黏、连、随"是互为其根、相互为用的静而生动，虽动犹静，既分又合，互成一体的关系。离开粘黏，何有连随？！不能粘黏之连随，即动中无运，无运之动，即动中无静。如此与人打手，必盲动、妄动、乱动、瞎动，则做不到拳论所云"随人所动，随曲就伸"，必会出现非丢即顶、妄自伸缩、身

144

便散乱、为人所制。拳中之运，无处不在，无时不有，有动必要运，有运方生动。我们不但要做到"以气运身"，更要遵拳论所言："此是以意运气，非以力使气也。"还要做到有形之身，以身运肘，以肘运手，以手运指，以下运上，上下相随；以左运右，左右相连。从而做到：心与意合，意与气合，气与力合，手与脚合，肘与膝合，肩与胯合，内外相合，运而有动，气遍身躯，劲走四梢。与人比手时，即可做到：舍己从人，人运我顺，引进落空，我运人背，运而有动，由己从人。从而展现："静中触动动犹静，因敌变化示神奇。"

当我们真正认识和理解了运动中"运"字的深刻内涵，就不会把运动单纯地误解为动，而是如太极拳所要求的那样：静中寓动，虽动犹静。静为动之体，动乃静之用。静动互根，体用兼备，这既是太极拳所求之真义，更是人类生命运动轨迹的真谛。此乃"生命在于运动"这句至理名言的内涵本义。

第十一章　何谓沉

杨澄甫在论及太极纯功时如是说："太极功夫纯熟之人，臂膊如绵裹铁，分量极沉。"他把"臂膊如绵裹铁，分量极沉"喻为太极纯功的展示。深得杨家两代人教诲、杨澄甫的入室弟子李雅轩在回忆与澄甫公推手的情景时说："杨师练拳时，其全身及两臂又稳又静，又松又沉，又软又弹又灵动""两臂像掉下来一样，沉甸甸、重坨坨的""与人推手时，对方感觉非常恐惧，时时有惊心动魄之感"。由此可知，太极拳修为能否做到沉而极，是衡量太极功夫的重要标准。太极拳修炼者无不把"沉"——出沉、得沉而用沉作为太极拳修为所追求的重要阶段和目标。如师云："能沉方能懂劲。"

何谓沉？沉，乃浮相对之谓也。如果浮为上起而升，那沉则为下放而落。故沉者，放也，落也。关于太极拳所求之沉，师亦曾曰："放下出沉。"由此可知，拳中之沉是落、放的结果。或者说，沉就是在落放过程中产生的一种现象。因此，对于修为者而言，沉是一种滋味，一种感觉，一种状态，并非一种修为的方法。所以，就沉而求沉、习沉，终不得沉也。

在拳论中往往多以结果为论。如"气沉丹田"简单的四个字，如果单从字面意思去解读，大多会理解为"努力把气沉降至丹田"。因此，很多习练者遵字义去修炼，其结果非但气没能沉下来，反而因使力而僵滞满腹。万事万物都有本原之因果，拳修也不例外，这就要求每位修为者要分辨清楚何为因、何为果，切不可把果当作因，或把因作为果。只有抓因，才能结果。

再如拳修所言之"内气"，即"气沉丹田"之气。此气应为人体内原本具足的一种生命能量，它是以阴阳对冲的特性上升下降而相合为一。因此，内气非后天所练得。但由于后天的种种原因，使自身原本"秩序井然，升降和顺，周流不殆"的内气，变得散乱无章、升降不调、运行不畅，是故就有必要通过后天的修为去调整解决。解决的关键是剖析厘清其根本原因，然后对症下药。即抓住正确的修为方法，再下持之以恒的工夫，这样"内气"才会由"散乱"而回归"有序"，由"不调"而成可控，由"不畅"而变顺通。内气之不调、不畅、不通的原因到底是什么？其实并非气的本身。原因恰恰在于身心两滞、形意两僵，心意杂乱不清而滞，身形力绌不松而僵，身心、形意的僵滞造成体内之气散乱而不通，内气散乱不畅是结果，也是表象。只有从身与心、形与意全面入手，以太极功法催僵化滞，于形打通内气运行之通道，于意内固气行聚散之调控，方能做到"以心行气，务令沉着""以气运身，务令顺遂"。若以气言气，以气练气，或仅以呼吸求气，非但不能"气沉丹田"，只能是背道而驰，谬之千里，以假为真，终不得气矣。

由上可知，太极拳所言之沉是放、落的结果。换言之，沉为放（落）之果，放为沉之因。这就要求修炼者以因寻果，由放而求沉。何谓太极拳修为中的"放"？要明确地认知拳中所言之"放"，就要从两个方面去剖析解读。其一，放什么？其二，如何放？

一、放什么

太极拳修为追求身心双修，内外兼备。因此，太极拳所求之放，必然是身心俱放。

首先，要通过拳之修为，做到把自己的心放下，即放心。在生活中，人们将"放心"二字经常挂在嘴边。晚辈对于长辈或下级对上级所交办的事情表态时经常会说："这事交我办，您尽管放心！"在遇到情况不明或结果不定的时候，人们也常会说："这件事我不放心。"如此说来，"放心"就成为人们对事物顺利和成功具有信心的象征。虽然"放心"二字经常在生活或工作中出现，但少有人细究"放心"二字深刻的真义何在。

"放心"二字于人、于事十分重要，作为太极拳修炼者认真思索并体悟"放心"二字尤为重要！如杨氏太极拳老谱《人身太极解》一文所云："人之周身，心为一身之主宰。主宰，太极也。"这句话清晰地告诉我们：人是由身与心两部分组成。但一身之主宰是心，也就是无形之心主宰着我们的有形之身。身所不及，其本因在心。心不能主宰自身，是因为心悬而不在位。心不在位，则心猿意马，心乱如麻，心事重重，心神不定。心能归位，则心安理得，心平气和，心静如水，心明眼亮，心旷神怡。故太极拳修为，修身必先修心，修心重在放心，就是把悬而不放的心，放而能安，安而归位。

心放而归位，方可为主宰。主宰之心即为明心。太极拳修为亦有"性命双修"之说。性者，心也。命者，身也。性由心生，明心见真性。见性之心即为本心，亦为真心。故太极拳即"以拳修心，以心见性，以性修命而性命双修"。正如杨氏太极老谱《口授张三丰老师之言》："予知三教归一之理，皆性命学也，皆以心为身之主也。保全心身，永有精气神也。有精气神，才能文思安安，武备动动。安安动动，乃文乃武。"

综上可知，拳中所言之沉，由放而得，放之首要，在于放心！心能放，即安，即明，即主。心放而沉，则能沉稳、沉静而沉着。如《宋史·岳飞传》云："运用之妙，存乎于心。"

太极拳修为所求之放，在放心的基础上，还必须把有形的身体放下，即放身。《十三势行工心解》云："先在心，后在身。"无形之心，与有形之身如同电脑的软件与硬件，一台性能出色的电脑，软件固然非常重要，但软件所发出的指令，需要由硬件来具体执行完成。故此，硬件性能的好坏，直接关系到电脑能否正常操作使用。可以说，软件与硬件对于电脑而言，同等重要。故此也可以说，作为太极拳所求之沉而言，放身与放心其重要性并无彼薄此厚之分，如师云："身心俱放，方可出沉。"

我们知道，太极拳体用最神妙之处，在于"任他巨力来打我，牵动四两拨千斤"。能做到这一点的关键在于能得机得势。反观太极拳修炼者，无论行拳走架，还是搏击打手，身滞不灵，周身散乱，其病因就在于不得机得势。正如拳论所云："一举动，周身俱要轻灵，犹须贯串""有不得机得势之处，身便散乱"，究其身便散乱和便不得力的病根，则在于"其病必在腰腿求之"。

因此，太极拳修为要做到周身轻灵，进退自如，身不散乱，处处得力，就必须"得机得势"。何以能得机得势？如《走架打手行工要言》云："欲要得机得势，先要周身一家；欲要周身一家，先要周身无有缺陷。"如此说来，解决自己周身的缺陷，使之由有缺陷而周身无有缺陷，就成了达到周身一家进而得机得势的不二法门。既然如此，太极拳修为的关键就在于认知并找准自身存在的缺陷，才能对症下药，功到病除，以达至周身无有缺陷。这也正是太极拳修为的初始入门阶段。杨氏太极拳老谱中将这个阶段称为"先求自己知觉运动"。"自己知觉运动"，其实质是先求知己，即知己功夫，如老谱所云："既不知己，焉能知人。"《四性归原歌》更是明确地吟道："世人不知己之性，何能得知人之性？物性亦如人之性，至如天地亦此性。我赖天地以存身，天地赖我以致局。若能先求知我性，天地授我偏独灵。"由此得知，要知人先求知己，知己就要认识到自己存在的缺陷。综观太极拳初练者，存在着共同的缺陷即"顶、匾、丢、抗"四个字。这四字之病，正是身滞而散乱的具体表现，也是"不能得机得势"的具体写照。

何谓"顶、匾、丢、抗"？对此，杨氏太极拳老谱在《顶匾丢抗》一文中做出专解："顶者，出头之谓也。匾者，不及之谓也。丢者，离开之谓也。抗者，太过之谓也。"据此可知，顶、匾、丢、抗，即非出即离，过犹不及。针对这四字之病，文中更为明确地告之："初学对手，不可不知也！更不可不去此病。" 顶、匾、丢、抗四字之病，实为两类——顶、抗，过也，凸也；匾、丢，不及也，凹也，其均为失中偏倚所为。然而，沉者，中也。如《太极拳论》所云："无过不及，随曲就伸。"如《太极拳经》所论："无使有凸凹处，无使有断续处。"师亦对此病告诫曰："放下己身，自然能沉，能沉则无顶、匾、丢、抗之虑。"如此说来，顶、匾、丢、抗之病在于不沉，能沉者，必无此病，而能沉的关键又在于放下己身。

综上可知，太极拳所求之沉，乃"放下出沉"。放下，就必须做到身心俱放，非如此，沉不可得矣。沉不得，则病不可去矣。

二、如何放

当我们明白了"放而能沉""身心俱放"之理，进而就要解答如何才能放心，以及如何方能放身。

"心为一身之主宰。"首要，是把己心放下，而使之归位。心之位，在何处？我们说：心之位在内，不在外；在己，不在人。反观常人之心，整日游荡在外，飘浮不定。心不在位，则魂不附体，身无主宰，有如群龙无首、军中无主。无主、无首之身，必成"散兵游勇"，遇有情况，必散乱无章，昏然妄动。如拳者与人接手时，手足不合，肩胯不系，肘膝不连，腰腿不顺；或顶、或匾、或丢、或抗，此皆因心不在其位，身无主宰，身便散乱使然。

放心，就是要把在外散漫游荡之心，收回己身之内；把飘浮不定之心，安放归位而守己。人之心原本在位，是因为本该在位静然不动之心受外在干扰诱惑而乱，被自我贪欲放任而动。如何能使茫然纷乱的心回归本位？师以三字告曰："不动心。"

心不动则平。对强者，平稳相迎；对弱者，平等相待；对恶者，平定相对；对善者，平实相交；对成功，平常相视；对失败，平和相应。

心不动则静。心静，在面对纷杂的世事变动时，心始终能保持虚空、清静。

不动之心，则静安其位。如同寺庙中供奉的泥菩萨，每尊菩萨都端然安坐，整日面对善男信女的朝拜，身心俱静，毫不动容。面对朝圣者，无论贫富，无论贵贱，无论强弱，也无论高下，都无情无义，一视同仁。其实，佛在告诫众生，要能修为至此，即脱离苦乐之扰而成仙成佛。然而，我们不是寺中之泥胎神仙，毕竟是凡夫俗子，心是肉心，身是肉身，因此，让凡人不动心，似乎比登天还难。逢穷心动，遇富心依然动。即使那些名门望贵，在名利面前，难免心亦随之而动。据史书记载，著名的大文豪苏东坡与金山寺的住持佛印大和尚，经常聚在一起品茶论道。一日，二人在寺中相聚畅谈后，苏东坡回到江对岸府第，余兴未绝，提笔赋诗一首："稽首天中天，毫光照大千。八风吹不动，端坐紫金莲。"东坡把自己之心，暗喻如同寺中的泥菩萨"八风吹不动，端坐紫金莲"。随即以潇洒笔锋撰写在纸上，派随从过江呈送佛印大和尚。谁知，随从回来时将原稿带回，东坡打开一看，只见上面增添了佛印的两个批字："放屁！"东坡不禁怒火焚胸，急忙坐船过江亲自质问佛印。船行至寺门前时，佛印大和尚早已站在江边恭候。东坡见平生视为知己的佛印面呈笑意却一言不发，更是气不打一处来。他满面怒容地质问佛印："你我可称挚友，我作诗相赠，你不赏识也就罢了，为何要恶语相骂？"佛印和尚听罢，微笑问曰："你我是好友，怎会骂你呢？"佛印话音未落，东坡厉声问道："'放屁'难道还不是骂人吗？"只见佛印和尚哈哈一笑说："你不是'八风吹不动，端坐紫金莲'吗？为何一个屁，就能将你打过江来？"佛印大和尚的一句话，使东坡幡然醒悟，面带愧容，拱手告谢，掉头回府。从此，东坡对"不动心"有了更深的理解。

对于"不动心"，不少人会有疑问：人活着，心能不动吗？是的，人的生命在于运动，当生命终止时，不但有形之心脏停止了跳动，主宰我们血肉之躯的无形之心也会随之不再附着己身。如此说来，人活着，心是要动的。那么"不动心"又如何解释呢？主宰着我们生命的无形之心，到底是该动，还是不该动呢？对此，师郑重告曰："心之不动，乃动而不动；心之动，乃不动之动；动则亡，此动乃无不动之动；动则活，此动乃不动之动；不动则亡，此不动，乃无动之不动；不动则活，此不动，乃动而不动。"由此说来，太极拳修为之"不动心"，实为动而不动。那么，什么是无形之心的动与不动呢？如何做到"不动心"则活？这些问题一直是困扰着修拳者的难点。"不动心"的问题解决不好，就无法放心、安心，亦无法将心放而出沉。

如何心动与不动，师亦明确告之："动意不动心。"简短五个字，可谓道破天机。

要正确地理解"动意不动心"，就必须明确"意"与"心"的关系。何谓意？意即人类对于客观事物的反映，是人类对外部世界所产生的各种心理活动的过程。因此，意是人自身内心世界的感受和愿望。也就是说，意是无形之心的具象，是心的反映。可以说，意由心生。所以，心为意之母，意为心之子。母亲只有一个，孩子可以有众多。或者说，心为国之君，意为国之臣。国无二主，君王只有一人，文武大臣却有百千。君王是一国之统帅，帅不离位，则国定民安。处理国事，文有大臣；抵御外侵，武有将士。如把己之身喻为一国，心即为君王统帅，为一身之主宰，意即为文武百官。因此，文武百官，各司其职，"文思安安，武备动动"，君主则安就其位。

在日常生活中，每天都遇有喜怒哀乐等各种事项需要面对、处理，这就要求我们做到"动意不动心"。心安然小动，不同事项派出不同的意去分析、解决。面对成功，意使我们功成而弗居；遇有挫折，意让我们败不气馁。无论成功还是失败，无论顺利还是困难，心始终静如山岳岿然不动。而作为心的使者，意却忠于职守，动而不倦，如行云流水，逢高就低，随曲就伸，因敌而变。实如拳论所云："凡此皆是意。"太极拳修为就是要做到：心要静，意要动；心要虚，意要实；心要无，意要有；心为意之体，意为心之用。心为意之根，意为心之苗，只有做到心不动而静，意才能做到随动而专。太极拳修为，自己盘拳走架，要做到心不动意动。此时，心静意专，从而做到无敌似有敌。与人打手时，仍然做到心不动而意动。此时，意随人动，从而做到有敌似无敌。面对强大的对手，不动心，则心静沉着，无畏无惧，无贪无欲。意从人动，则意专灵活，有判有断，有胆有识。正如拳论所云："一要心性与意境，自然无处不轻灵。"

由此可知，心不动而意动，则心安理得，心平气和，心明眼亮，心旷神怡；则意气风发，意专志坚，意料之中，意境深远。心静意动，心意相合，动静处中，心则安放归位。心放，则可得沉矣！

　　如前文所述："身心俱放，方可出沉。"放心，须"不动心"。对于放身，师亦以三字告曰："不动身。"何谓"不动身"？拳论云："太极不动手，动手非太极。"关于"不动手"，有人会质疑，无论盘拳走架，还是与人打手，手总是要动的，怎么可能有"太极不动手"呢？我们说"不动手"，是手不自动，亦是手不主动。拳论云："勿自收缩。"换言之，行拳走架，手之所动，是随动、被动。杨氏太极拳传人李雅轩对此如是说："两臂要松得如绳拴在肩上一样，不可稍有拘束之力，如此当稍待，以俟身心稳静下来而后出动。出动时，仍用一点点思想上的意思松松地将两臂拥挑起来，以腰脊之力牵动两臂，稳静地出击，将一趟拳演变出来，非四肢之自动也。每见练者，不知此意用功，浑身扭扭挪挪、零零断断、浮浮飘飘地局部乱动，以为这是太极拳，实则是大错，以至于长时间练不出一点太极拳味来，未免可惜。"李雅轩的这段论述清晰地告诉学子：其一，身心稳静；其二，以意出动；其三，以腰脊主宰并牵动两臂；其四，非四肢之自动。这段论述非常明确地阐释了"太极不动手"的内涵真义。通过这段论述，我们也就不难理解杨澄甫所云："太极功夫纯熟之人，臂膊如绵裹铁，分量极沉。"以及李雅轩谈及杨师时所说："两臂像掉下来一样，沉甸甸的、重坨坨的……"可见，太极功夫纯熟之人，在与人搭手时，两臂两手放在对方身上，之所以让对方感到极沉重，是因为手臂如同掉下来，放在对方身上，勿自收缩而不自动。如拳论所言："彼不动，己不动。"而当"彼微动"时，要做到"己先动"。但此处"己先动"，并非先动己之手臂，而是如拳论所云："我意仍在先。"手臂依然丝毫不自动、不主动，而是"随人所动，随曲就伸，不丢不顶"。对手承载着分量极沉的手臂，总是不得力，千方百计想摆脱困境，但放在身上的沉粘黏如胶，此沉如影相随，急则急应，缓则缓随，甩不掉、脱不开，必然"感觉非常恐惧，时时有惊心动魄之感"。

　　师所云之"不动身"，亦如"太极不动手"之理。对此师曰："太极所言之'手'，'手'非手，太极无手故不动手，太极无手则周身皆手。手即身，身即手。"因此，"不动身"，即有形之身不自动、不主动；不动之身，即平松落放给大地，身才能做到静而不动，不动之身才是松通而沉，虚静而灵。然而，众多太极拳修炼者，对此或舍不得把自身彻底放还大地，或足下用力去蹬踩大地，还美其名为只有足下用力再用力，才能下盘稳固，足下有根。而真太极恰恰相反，是把自己有形之身，有多少放多少，既不能多也不能少。少放一丝则僵，多放一毫则滞。无论体重多少，此重都是大地作用的结果，是大地恩赐给地球生灵的自然之重能。大地如同生养我们的母亲，我们要与大地母亲相融合，就不能与之相抗争，而是把自己全身心地交放给大地。面对大地母亲的慷慨，我们还有何舍不得吗？

中华民族历来以顺为孝。常言道：孝顺、孝顺，顺则孝。对大地母亲依然要顺而从之，丝毫的顶抗即为大逆不孝。许多太极拳爱好者，只知与人接手时，才会有"顶、匾、丢、抗"之病；殊不知，在与大地相接时，依然会有此病。欲避此病，必须放下自身，且无过不及。当能彻底放身时，不但自身毫无僵绌之力而松通，自己有形之身也与大地毫无滞重而顺通。如此，大地所赋予我们的重力之能，方能于己身周流不殆。当我与人接手时，我之身，于下放归大地，于上放从对方，我不但与大地相合，也与对手放而相合，这样，我、大地、对手三位一体相合而一，此时，大地赋予我身的自然之重，经身内之流通而沉于对方之身。

由此可知，放身方能沉，不动身则身放。有形之身，因放而松、而通、而虚、而静、而无、而空。故太极拳所求之沉，于身而言，是松通、虚静、空无的结果。

综上所述，出沉是太极拳修为入门懂劲的重要标志，而沉则是身心俱放的必然。因此，放心则不动心，放身则不动身，"不动身"亦如"不动心"。动乃不动之动，不动则为动之不动；"不动身"是身不自动、不主动。不自动、不主动之身又为何能动？《十三势行工心解》明确地告知："以气运身，务令顺遂，乃能便利从心""行气如九曲珠，无微不利。"《十三势歌诀》亦云："变转虚实须留意，气遍身躯不稍滞。"李雅轩讲："凡是一举一动，是以意为主使，以气来牵引，无论伸缩开合，或收放来去，吞吐含化，皆是以意气的牵引为主动。""在动时，要以心引气，以气运身。""凡一切动作必须由内达外，所以称为内功。"李雅轩的这段论述，清楚而具体地诠释了太极拳不动身之动，是以心导意，以意导气，以气运身，由内达外，以外引内，以气催形之不动之动，亦为动而不动。心不动则意动，身不动则气行，气行则催身动。以心行意，以气运身。身心俱放，以放出沉，此是得沉的不二法门。

诚然，出沉、得沉固然重要，但仅能得沉，并非拳修之重。得沉是为了用沉。能用之沉，方为"真沉"。太极拳之真沉，不是沉而不动；不动之沉即为死沉，亦如僵尸之沉滞。真沉则沉而有浮，沉而不滞，沉厚而浮荡，沉稳而轻灵。因此，拳中之沉，能升能降，可起可落，升中有降，落而有起；是重而能轻，沉而有灵。亦如师云："此乃熊鹰合一。"既有熊的沉厚重稳，又有鹰的轻灵敏捷。

以沉为体，以重为根，沉而出灵，重而得轻，气沉身灵，意重形轻；内隐沉稳，外示轻灵。此沉，乃可用之真沉。能真沉者，真太极也。

或许有人会问：沉于何处？师告之曰："收归丹田。"初始，要周身松通，无丝毫僵滞，则一沉到底，即自百会节节贯串，直沉至脚下涌泉。然而，如果沉至涌泉而不动，必由沉变为重滞。因此落至足下之沉，要反向上提，把此沉提至丹田，即把沉收归丹田处。如此全身之重，沉于丹田，足下则轻灵无滞，周身则活泼无僵。周身一家，有重有轻。重在轻内，以重运轻。如杨班侯在《轻重分胜负五字诀》中所云："双重行不通，单轻反成功。单双发宜快，胜在掌握中。在意不在力，走重不走空。重轻终何在，蓄意似猫行。隔方得相见，千斤四两成。"

第十二章　何谓分

读过《三国演义》的朋友都知道，全书以分合开篇："话说天下大势，分久必合，合久必分。"由此而知，宇宙万物之势无出"分合"二字，况拳乎！

人由动物进化成人，其成因关键就在于分。动物是四肢爬行而不分；人则直立行走而分上下，上肢为手，下肢成足。手足分工各司其职，人因手足分工而能够劳动，劳动使人生智成慧而富于灵性。由此可知，分才能进，分才有化，分乃人类进化之关键。

分而成人，拳也无外。拳者，分而成也。人分手足，手分左右，左右手各分五指。五指分开平伸时称之为掌，五指回屈而蜷时称之为拳。指之伸屈，或掌或拳，其前提是手必分五指。试想人手若五指不分，那还能成手吗？恐怕只能是如鸭之蹼。

由此看来，手之能成手而用，就在于指的屈伸分合变化。指之能分为常、为体，指之能合则为变、为用。指之能分，可依不同需要合出不同之用。如握笔写字，手握钢笔，通常是拇指、食指与中指相合而握。手握毛笔则完全不同，必须要拇指与小指于笔杆之内侧前伸而抵，其他三指于笔杆之外侧向内回屈而收。不同组合，用之不同。无论怎样之合用，指之能分是合用的基本条件。

以手说拳，拳即指之屈伸分合。手指不分，何有拳！宇宙万物各种生灵似乎只有人手分五指，且"屈伸开合听自由"。也可以断言，只有人，才能拳。呜呼，拳者，人也！

分与合互为体用，能分才有合，故分乃合之体，合乃分之用。《打手歌》云：引进落空合即出。此句明确告诉我们，太极拳能将对手击发丈外，这是合的结果。但很多同道以合求合，反而不合。究其原因，实乃合中无分。故知分，能分，以分求合，即分而合，分合如一即成拳修之重。

何谓分？分者，与合相对之称谓，或组成整体的部分。换言之，分就是由局部析整体。故分者，析也。如以人析之，一个完整的人，无一例外，必由完全对立不同的两部分合二为一而成人。一部分为人的有形之身，即筋、骨、皮、肉、五脏六腑等一切看得见、摸得着、能实证其存在的有形的那部分。而组合成人的另一部分，即看不见、摸不着，尚不能以现代科学手段证其有无的无形无相的神、意、气。前者，于哲学称其为身或物质，拳学简称其为形；后者，哲学称其为心或精神，拳学简称其为意。故"人"字之写法，分为左撇、右捺，左高右低，左长右短，左外右内，也就是告诉我们：每个人都由对立的两部分分而合成。

析形析意于人而言，要清楚地认识自己、认识他人，了解自己亦了解他人，如拳论所说"知己知彼"，就必须把自我相对立的两部分分而析之，不但要析形而知身，更要析意而知心。因此，知己就是对我分而剖之，剖而析之，析而知之。当然，于拳而言，"知己知彼，百战不殆"，能知己者能知人，知人亦是知己。正如杨氏太极拳老谱《固有分明法》所云："先求自己知觉运动得之于身，自能知人；要先求知人，恐失于自己。不可不知此理也。夫而后懂劲然也。"由此可知，太极拳修为，归根结底，是以拳析己，以拳修己，以拳知己。拳修之功，其实质是研修自我身与心、形与意之分与合的功夫。

分者，开也，散也；散开也。拳谚云："一开一合，足尽拳术之妙。"《太极拳论》亦云："动之则分，静之则合。"故太极拳所言之分，在拳中是以开或散来具体体现的。杨澄甫在《太极拳之练习谈》中说道："习练运行时，周身骨关节，均须松开自然。"《太极拳经》中亦要求："一举动，周身俱要轻灵，犹须贯串""周身节节贯串，勿令丝毫间断耳。"要做到"周身节节贯串"，就必须做到上至百会，下至涌泉，全身各个关节都松而开。周身任何关节处都能上提下落，上拉下拔，从而做到节节松、节节开。如杨澄甫在《太极拳术十要》中所云："全身松开，不使有分毫之拙劲，以留滞于筋骨血脉之间，以自缚束。"进而使内劲能够在周身所有关节处运行无碍。由此可知，拳中"动之则分"于周身关节而言，即做到开而有隙，转动轻灵，运行无碍，节节贯串。

诚然，拳之分，不仅是有形之体、筋骨之间的松而开，于无形之神、意、气而言，亦要开而能散、聚而能合。如杨澄甫《太极拳术十要》中所讲："架子不外虚实开合；所谓开者，不但手足开，心意亦与之俱开；所谓合者，不但手足合，心意亦与之俱合。能内外合为一气，则浑然无间矣。"此段论述清晰地表明太极拳的虚实开合，于内而言，就是神、意、气的分而散开，合而聚集。故可以说，拳中之分，以神、意、气的散而开为具体体现。

关于拳中气的分而散，《十三势歌诀》云："变转虚实须留意，气遍身躯不稍滞。"亦如《五字诀》云："此是以意运气，非以力使气也。"只有做到"以心行气" 则心为令，继而"以气运身"则气为旗。内气分而散，气遍身躯而达四梢，进而才能合而聚，气如车轮而收蓄发。

分者，清也，分清也。杨澄甫在《太极拳术十要》中关于分虚实云："太极拳术以分虚实为第一要义。"此论述言虽简明，义却深远。先师对此不容置疑地告诉习拳学子，拳之第一要义，即分虚实。不但虚实要分，而且如拳论所云："虚实宜分清楚。" 因此，可以说能否分清虚实，是拳修入门的第一关键。

如何分清虚实？关键有二：其一，必须明确何为拳修所言之虚实；其二，如何才能分清虚实。

何谓虚实，首先要明晰何谓虚，何谓实。太极拳所言之虚实，不完全等同于日常生活中人们对于虚或实的认知。人们常说"耳听为虚，眼见为实"。但是，太极拳所言的虚实却有可能相反。在拳的修为中，肉眼所能见到的，并非一定为实，甚至所触摸到的也不一定是实，反而可能是虚。耳能听到的，不一定就是虚，可能就是实。因此说，太极拳所言之虚实，与眼见、耳听、手摸、身触并没有必然的联系。眼见手摸的，可能是实，也可能是虚。同样，耳听或身触的，可能是虚，也可能是实。那么，到底太极拳道要分清的虚与实如何体悟、解读？

我们知道，太极拳是中华民族传统文化及哲理思想的产物和结晶。尤其道家的思想文化更是太极拳的理论基础，太极拳源于道，修拳就是以拳演道，以拳论道。因此，太极拳所言之虚实，自然可以在道家思想里寻找到解答。太极拳所讲之虚，与老子"致虚极，守静笃"中所言之虚，同为一义。虚极静笃可以说是老子思想的主体，是道家文化的核心，也可以说是太极拳修为的核心。如老子所云："致虚极，守静笃。万物并作，吾以观复。夫物芸芸，各复归其根。归根曰静，是谓复命。"老子的这段名论，旨在告诉世人，宇宙间万事万物，虽然无时无刻不在变动，在生生不息地生发，但究其终极，都无一例外地复命归根。归根，即老子所云："归根曰静。"换言之，能静即归根。我们说，一切生命源于其根，根活则生，根死则亡。因此，能归根即知生死，能静笃即可复命。如何才能归根复命？老子精辟地告知世人："致虚极，守静笃。"也就是说，能虚才能静，虚为静之因，静为虚之果。

自古以来，无论儒释道的修为，还是其他教派的修行，无不以静为所求之境界。太极拳也不例外，《太极拳论》云："动之则分，静之则合。"阴阳两仪，分即阴阳，合则太极；合即静，静则合。可以说，太极拳修为以静为本体，太极拳求静，其重要作用是"以静制动"，因为我们的心灵本体应该是清明寂静的。但是，由于受世俗的侵蚀，为私欲所驱使，而致整日心猿意马，昏昧无序。本来清净的心，受外在各种诱惑的扰乱而杂念丛生，心乱动如麻。太极拳修为实质是修静，因为一切应该的动，均由静极而萌，可以说归静者自然而动。

既然如此，如何能静？老子开出了良方——致虚极，就是说要虚到极致。虚本来就是少实、不实而无实。如果虚到了极致，那就是一丁点儿实都没有了。这是一种什么样的状态？我们可以认为它是虚而无，也可以说虚至极而无。正如明代著名思想家王阳明所言："仙家说道虚，圣人岂能虚上加得一毫实？佛氏说道无，圣人岂能无上加得一毫有？"

由此可知，虚者，无也。太极拳修为，首要是静心凝神。李亦畬在其《五字诀》中云："心不静则不专，一举手前后左右全无定向，故要心静。"而心静必须以虚而无，以无而静。要化有而无，把既有的欲、思、念、妄摒弃，转而为无思、无念、无欲、无妄。太极拳之无极桩功，就是让修炼者在身体处于不动的静态下，去收心、止动。

初始习练无极桩时，心是很难静下来的，虽然人站着不动，心中却念头不断，思绪杂乱。心不静则意不专而散乱，此时硬要把心中的各种杂念去掉是很难做到的。无极桩功则引领大家迈出以有制有的第一步，也就是把散乱的杂念通过意的转移，向功法所要求的周身三盘九节十八部位的意上去集中。当经过久功体悟，能做到以此一念而摒弃杂生的万念时，此刻虽尚不足以入无之境，但身心已能把纷乱无序的杂念沉淀下来，在这个过程中要摒弃的意念越来越虚，要寻求的意越来越实。旧有的"杂意"

实而虚之，新生的意虚而实之。至此，我们的身心内部发生了微妙的变化，照此而习，用功良久，虚了旧意，实了新意，无了杂散，有了聚合。当然，这仍然不是神明灵现的境界，只有当我们的身松通而无一丝滞碍，以至"全体透空"，心静而无一丝念想，才可达至了然明净。拳修至此，则"拳无拳，意无意，无意之中是真意"。在虚而无、无而静的基础上，太极拳修进入了"自入虚无，心乃合道"，从而向"事物之来，随感而应，自然见得高下轻重"的无拳无意、阶及神明之高境界趋近矣。

拳道所言之实，也并非以实言实，是相对虚而言，是虚而实。实出于虚，实为虚之用，虚为实之体，实为虚之外显，虚为实之本原。因此说，太极拳所求之实，没有离虚之实，正如杨澄甫在《太极拳术十要》中所云："如全身皆坐在右腿，则右腿为实，左腿为虚；全身皆坐在左腿，则左腿为实，右腿为虚。虚实能分，而后转动轻灵，毫不费力；如不能分，则迈步重滞，自立不稳，而易为人所牵动。"关于虚实，杨澄甫在《太极拳之练习谈》中更明确地告知："所谓虚者，非空，其势仍未断，而留有伸缩变化之余意存焉。所谓实者，确实而已，非用劲过分，用力过猛之谓。"李亦畲在《五字诀》中亦云："左虚则右实，右虚则左实。虚，非全然无力，气势要有腾挪；实，非全然占煞，精神要贵贯注。"

综上所述，太极拳所言之虚，乃有而无；太极拳所言之实，乃无而有。因此，拳道之虚实即"虚虚实实神会中，虚实实虚手行功。练拳不谙虚实理，枉费功夫终不成。"虚无实有以会神中，虚即实，实即虚，拳之虚实互为其根而生，互为其用而中。此乃虚实之真义也。

在明了何谓太极拳所言之虚实后，就要解决如何才能做到虚实宜分清楚。分清虚实要从两个方面入手：一是分清主次；二是分清轻重。

首先，分清主次。太极拳修拳入道，以拳证道，悟道修拳。故曰"开合虚实，即为拳经"。太极拳重虚，但绝不轻实，因为虚实本为一体，分清是非常必要的，但不可分家。离虚之实无以证实，无实之虚无以言虚。拳中虚实如同老子所言之"有""无"："无，名天地之始；有，名万物之母。""此两者同出而异名。同谓之玄，玄之又玄，众妙之门。"同理，拳之虚实"此两者同出而异名"，虚实同体，相生相克。虽然于理而言，拳之虚实同等重要，但对于拳道修为而言，同等重要并非主次不分。如果不分主次，试想：虚为主，实也为主，两主相争，各不相让，谁也不服谁，各自为政，其结果只能是鹬蚌相争，两败俱伤。正如俗语所说："一山不容两虎，一军不容二主。"虚实不分主次，则如《太极拳论》云："每见数年纯功不能自化者，率皆自为人制，双重之病未悟耳。"

　　如何规避虚实主次不分所致双重之病？《十三势歌诀》给出了良方：若言体用何为准，意气君来骨肉臣。此论清楚地把人之属内的意气与属外的骨肉分为主次。意气为主，把意气称为君主；骨肉为次为辅，把骨肉喻为臣民。我们知道人之意气属内，且视之不见、摸之不得，当然为虚。而骨肉属外在，且看得见、摸得着，固然属实。由此可知，属外属实之骨肉处于臣民而听命服从之地位；属内属虚之意气位居君主之位而主宰发令。换言之，拳道之修为一定要以虚为君、为主，而实为臣、为辅。因此可以说，拳论所云"虚实宜分清楚"，其本质就是要立虚为君主，命实为臣辅，其实践就是以意气为君，骨肉为臣。

　　在拳理上明确了"虚主实辅，意君形臣"的道理后，就一定要在修为上下工夫，从而使属虚之意气登基君位，主宰朝纲。日常修为的一个重要内容，就是使自己的意气能够统领指挥自己的身体，根据外界的情况变化，做出正确的判断和决策，及时地发出准确无误的指令。而为实的骨肉之形体，要被训练成能听命而行、有令则止、绝不盲动、自觉服从的战士。这样，经过太极拳功法的具体修为，把自己的身心内外打造成一支虚实相辅、明君良臣、统一指挥、协调一致、有变有常、能征善战的军队。因此，可以认为，虚实宜分清，以分清主次为分清虚实的第一要义。

其次，分清轻重。虚实宜分清楚，除分清拳中虚实主次外，还必须分清轻与重。如杨氏太极拳老谱《太极轻重浮沉解》中云："若不穷研轻重、浮沉之手，徒劳掘井不及泉之叹耳！"这句论断极形象地告诉学子，不但要研究拳中的轻重浮沉，而且要"穷研"，要穷追不舍、一研到底、探明究竟。否则如同干渴掘井，千辛万苦掘出的是一口枯井，岂不可悲可叹！

分清拳中之轻与重，《太极拳论》云："立如平准，活似车轮。"对此，杨氏太极拳老谱《太极平准腰顶解》亦做出明确的诠释："'立如平准'，所谓轻重浮沉、分厘毫丝，则偏显然矣！"这句论述是告诉我们要做到"立如平准"，就要于自身之轻重浮沉中做到分厘丝毫分清且无偏。

关于拳中所求之轻，拳论中多有阐释。如《太极拳经》中开篇即曰："一举动，周身俱要轻灵，犹须贯串。"杨健侯在其《太极拳约言》中亦云："轻则灵，灵则动，动则变，变则化。"由此可知，"轻灵"二字是太极拳行功走架的重要标志。离开轻灵，拳无太极。如此论拳中之轻固然重要，然而此轻却出于重而不离重。正如《太极拳论》关于"阴阳"的论述："阴不离阳，阳不离阴；阴阳相济，方为懂劲。"而拳中之轻与重，亦如虚与实、动与静，均是阴与阳的具体体现。故拳中之轻重亦是轻不离重，重不离轻，轻重相济，方为懂劲。

对于太极拳之轻重在与人推手的实际应用中，杨澄甫在其《论太极推手》一文中有更精辟具体的论述。他说："纯粹太极，其臂如绵裹铁，柔软沉重。"在这里，先师把拳中的轻重，绝妙地喻为绵裹铁，绵则轻，铁即重，而绵与铁要相裹合一，从而得到极柔软而又极沉重之太极内劲。由此可知，"纯粹太极"之内劲，是极轻与极重相合相济而得。如同"绵裹铁"，绵在其外，铁裹于内，即外要轻，内则重。拳论云："外示安逸，内固精神。"杨澄甫针对实战推手，在《论太极推手》中做了明确的阐释："推手之时，可以分辨。其拿人之时，手极轻而人不能过。其放人之时，如同弹丸，迅疾干脆，毫不费力。被跌出者，但觉一动，而并不觉痛，已跌丈余外矣。其黏人之时，并不抓擒，轻轻黏住，即如胶而不能脱，使人两臂酸麻不可耐。此乃真太极拳也。"在这段论述中，杨澄甫非常细致地把与人推手时"拿人、放人、黏人"三个动作的特点讲述得极为形象而具体。

"拿人之时"，手要极轻。对此，他是阐明与人接手时，手不但轻且要轻至极。我们必须深刻地理解何为"手极轻"。当手轻而至极时，此手即为"四梢空接手"之空手。当然，此空非空而无物，而是要空而不空，空出真实。此真实即绵内裹之铁，轻内藏之重。正因如此，"拿人之时"手虽极轻，但内隐极重。外轻内重，从而做到"人拿我极轻，我拿人极重"，故"手极轻而人不能过"。

"放人之时"，要做到"毫不费力"而"但觉一动"。此处"毫不费力"则要"用意不用力"，手无僵滞拙力，自然轻而不费力。无力之手轻而虚、虚而空，对方之力手触到我极轻而虚空之手，我则顺势借力以蓄足内隐之厚重，对手犹如一颗子弹被我引入、放至已蓄足内劲的枪膛内。此刻，先放入再放出，引进落空，蓄而后发，"蓄劲如张弓，发劲如放箭"。从而但觉一动，对手已跌丈外矣。

"黏人之时""轻轻黏住，即如胶而不能脱"，在此。杨澄甫明确地指出黏人时，要轻轻黏住。因为手极轻，毫不用力，才能听准对方来力之大小、方向，我以无力之手与对方有力之手相接，方能化对方之来力于无。彼我双方接手，以无而相合，我方可做到"动急则急应，动缓则缓随"，无论对方如何动作，我均能如胶似漆，如影相随，对方进不来也走不掉，"即如胶而不能脱"。然而，我却外轻之内藏厚重，此厚重始终主宰着黏人之轻。如老子所言："重为轻根。"对手如同无根之木，我却是以重主轻。此时，对手是被黏住而不能脱，我却以重运轻，轻重合一，随心"丢离"，抬手便发。

依上所知，拳修中要做到"虚实宜分清楚"，分清轻重至关重要。拳中之轻，为外、为显、为形、为虚；拳中之重，则为内、为隐、为意、为实。轻生于重，重主于轻，轻重相济而合，亦有亦无，亦虚亦实。轻似水，重如山。轻则灵，灵则动，"动如江河"；重则稳，稳则静，"静如山岳"。拳修至此，轻重分清，则"虚实宜分清楚"；分清虚实，则"阴阳相济，方为懂劲"。正如杨班侯在《阴阳诀》中所云：

太极阴阳少人修，吞吐开合问刚柔。

正隅收放任君走，动静变化何须愁？

生克二法随着用，闪进全在动中求。

轻重虚实怎的是？重里现轻勿稍留。

第十三章　何谓劲

何谓劲？从字义解，"劲"字之义有二：一曰力气；二曰神态。如果从太极修为的角度去悟"劲"之真义，似乎难以用文字或语言对其做出准确的定义或解读。因此，劲之本义显然不能单从字义上去解，而要从拳之道法、功理上去认知、品味太极拳所求之劲。

古往今来，太极拳修炼者无不把"懂劲"视为拳修入门之槛。如《太极拳论》云："由着熟而渐悟懂劲，由懂劲而阶及神明。"然而，倾毕生精力、财力、物力而仍未懂劲、徘徊门外者不乏其人。故有人把懂劲比做攀蜀道，似乎"懂劲之难，犹如蜀道之难，难于上青天"。事实果真如此吗？依我之见，所谓懂劲，难亦不难。所言之难，难在不懂；所言不难，懂则不难。由此可知，劲本无难易，关键在于懂与不懂。因此，对太极拳所求之劲而言，贵在"懂"字。

如何做到真懂劲？这已成为多年以来挡在修炼者面前的一道难关。大多追求懂劲者，多在"寻懂"的路上急奔迅跑。然而，崎岖的路径却把很多人阻隔在半途中。面对此景，杨澄甫谆谆告诫："知不懂而能懂。"一句良言，引人深思。劲何以难懂？难在何处？只有抓住难点，解开不懂之锁，才能够距懂愈趋近矣！

懂劲之难，关键在于劲与力之不分。分清楚何谓劲、何谓力，明辨劲与力的内在关系，以及劲与力之不同，此乃为识劲、知劲而懂劲之正途，可称为解开不懂、难懂之谜的良方。

劲与力属不同的范畴。然而，由于汉字文化的深奥及人们生活中造就的认知习性，使得众多的人劲、力不分，常把有力说成有劲，把用劲言之为用力，这在一些太极拳的经书论述中也多有出现。如李亦畲所著《五字诀》中所言："彼有力，我亦有力，我力在先；彼无力，我亦无力，我意仍在先。"但随后又曰："能从人，手上便有分寸，称彼劲之大小，分毫不错；权彼来之长短，毫发无差。""于彼劲将发未发之际，我劲已接入彼劲。"又言："虚，非全然无力，气势要有腾挪。"在《走架打手行工要言》一文中亦曰："欲要神气收敛入骨，先要两股前节有力，两肩松开，气向下沉。劲起于脚根……"随后又云："劲由内换""触之则旋转自如，无不得力。""人一挨我，我不动彼丝毫，趁势而入，接定彼劲，彼自跌出。如自己有不得力处，便是双重未化，要于阴阳开合中求之。"王宗岳在《十三势行工心解》中曰："发劲须沉着松净。""曲中求直，蓄而后发。力由脊发，步随身换。""气以直养而无害，劲以曲蓄而有余。"在先辈们的经典拳论中既有"力"又有"劲"，此处言"力"，彼处则说"劲"。当然，拜读先辈们的拳论，不应细抠字眼，应通领真意。据我领会，先辈们在拳论中所言之力或劲，是绝不会混淆其真义的。但对于后学研读之人，难免会产生困惑。尤对尚未懂劲者，就更容易对力与劲产生误解。由此可见，区分劲与力的不同本质，在修为懂劲阶段尤其重要。

劲与力为什么经常容易混用？其原因之一是劲与力是两个近义字，在汉语中近义字往往可以相互混用。作为日常交谈或书写，以力论劲或以劲说力，均无不可。然而，在拳道的修为中，就必须要认真细致地区分二者的本质与内涵。因为在拳的修为中，劲与力是完全不同的两个概念：一个要得，另一个却要舍；一个要蓄，另一个则要化。太极拳修为的一个重要内容就是要化力为劲。

太极拳所求之劲与要化之力，其本义有何不同？我认为，二者不同之根本在于：力的特点是有即有，无即无，有无为二。而劲的特点是亦有亦无，无而有，有而无，有无合一。例如，力有大小之分，力之大小可测可量；劲无大无小，可大可小，亦大亦小，不可测量。力有方向之别，向前之力只有前进，向后之力只能后退；劲全无定向，可前可后，可左可右，前中有后，后中有前。力作用于人，有明显着力点，因此可捉可摸，可顶可抗；劲作用于人，可感可知，却无可捉摸。因此，于人而言，劲无作用点，故无顶无抗。于己而言，对方来力，在我身上亦无着力点，则处处落空。杨澄甫在《论太极推手》一文中说："吾欲以力擒制太极拳能手，则如捕风捉影，处处落空。又如水上踩葫芦，终不得力。此乃真太极意也。"

劲与力之不同，于用而言，力用之则竭，劲则取之不尽。杨澄甫《太极拳术十要》中关于力说道："故有起有止，有续有断，旧力已尽，新力未生，此时最易为人所乘。"文中关于劲亦云："太极拳用意不用力，自始至终，绵绵不断，周而复始，循环无穷。原论所谓'如长江大河，滔滔不绝'，又曰'运劲如抽丝'，皆言其贯串一气也。"此论述清楚地告诉后学者，力有终有始，有断有续，有尽有竭；而劲则无始无终，无断无续，无尽无竭。故杨氏太极拳老谱之《八五十三势长拳解》中云："滔滔不断，周而复始，所以名'长拳'也。"

劲与力在用时的区别：力直而无曲，发而无蓄；劲可直可曲，曲中有直，直中能曲。正如王宗岳在《十三势行工心解》中所云："蓄劲如开弓，发劲如放箭，曲中求直，蓄而后发""劲以曲蓄而有余。"

劲与力于用而言，用力者，"用力则显有力，不用力时，则显轻浮"。用劲者，则静如山岳，动若江河；运劲如百炼刚，无坚不摧。用力者即"概不外壮欺弱，慢让快耳。有力打无力，手慢让手快"。用劲者则"察四两拨千斤之句，显非力胜！观耄耋能御众之形，快何能为"。

劲与力之不同还在于"源头"各异。所谓源头，即力源与劲源。换言之，力从哪里来？劲又出自何处？要清楚地了解并认知劲与力的异同，就要明确知道它们各自的源头。

劲与力的源头到底来自何处？杨氏太极拳老谱对此做出了明确的回答。《太极体用解》一文中清晰地告诉我们："劲由于筋，力由于骨。"这句精辟的论述一针见血地告知后人，劲之源在筋，力之源在骨。如何正确地理解并体悟"劲由于筋，力由于骨"这一论述之真义，是能否区分劲与力之不同、能否由不懂劲而懂劲的关键所在！

劲何以由于筋？力又何以由于骨？我们知道，生命的运行，依赖于获取维持生命运行的能量。而生命能量之源来自阴阳两部分，一部分以有形有相之态存在于人体；另一部分则无形无相。人体内之血即有形之体，无形之体即为气：而血源于骨、生于精，气却行于筋、走于膜。有形之血周流于骨、皮、肉而生力，无形之气则走于筋、膜、髓而成劲。杨氏太极拳老谱《太极力气解》一文中说：

"气走于膜、络、筋、脉，力出于血、肉、皮、骨。故有力者皆外壮于皮骨，形也；有气者是内壮于筋脉，象也。气血功于内壮，血气功于外壮。" 此段论述阐明："劲由于筋"是因为"气走于膜、络、筋、脉"，故而"内壮于筋脉"。因此，可以认为劲是气内壮于筋脉的结果，也可以说劲蕴涵于内象，而力只功于外形。正如杨氏太极拳老谱《太极体用解》所说："如以持物论之，有力能执数百斤，是骨节、皮毛之外操也，故有硬力。如以全体之有劲，似不能持几斤，是精气之内壮也。虽然，若是功成后犹有妙出于硬力者，修身、体育之道有然也。"

当我们能理解并体悟到"劲由于筋，力由于骨"的缘由和内涵，就能清楚地了解并区分劲与力的本质不同，就像《太极力气解》一文的结语所说："行气于筋脉，用力于皮骨，大不相侔也。"

我们知道了太极修为之劲是"行气于筋脉"的结果，就不禁要问："气如何行走于筋脉？"要解答这个问题，一定先要明确筋脉与人体的关系，以及所言之气究竟是什么。

关于筋脉相对于人体的关系。从人体解剖学可知，人的体内有一张完整的筋膜。这张筋膜如同一张网，把体内的器官组织、五脏六腑、骨节皮肉、神经血管等无一例外地关联、覆盖着。假设把人体除筋膜以外的所有组织去除，就能清楚地看到剩下的是一张与人体完整形状相符的筋膜网络。另据人体经络学者研究：人体内的奇经八脉及数百个穴位，均与筋膜相伴随而密布于周身。我们知道，从中医角度讲，人体内气是遵循着穴脉的走向运行的，而穴脉又与筋膜有着同步的密切关系。可以认为：人体之气是沿筋膜而行。太极拳所言"气走于膜、络、筋、脉"，而"劲由于筋"，这一结论是完全正确的。

要明确何谓气。拳道所言之气，到底是什么？一个"气"字，曾让多少修炼者误入歧途，陷于迷茫而落入困境。这是因为：同一个称之为"气"的称谓。确如老子所言："道可道，非常道；名可名，非常名。"也就是说，虽然同称名为"气"，却有着完全不同的含义。

人们通常认为的气，虽然看不见，但能感受得到；虽然摸不着，但能测得出。因为通常所言之气，无论是空气或氧气、氮气、氢气等，均是由化学元素构成的气态物质。然而太极拳所言之气，或与中医所言之气是同一个概念，此气完全不同于前面所言之气。此气是看不见、摸不着，也测不出的（起码现有的科学检测手段尚无法验证），是既无法实证其有，也无法否定其无，它是真实存在于人体并主宰着生命运行的一种现象。我认为，一切真实的存在都应该是物质的。假设存在于人体内的这种气也是物质的话，我们完全有理由认为物质也应分阴阳、虚实及明暗。如果人体潜在的内气是一种尚未被证实的物质，那么一切被宗教信仰、传统文化（包括中医、气功、拳术等）所崇尚或迷信的神奇的"魔力"，就可以得到合道合理的解释了。

当我们清楚地认识了筋脉与人体的内在关系，也明确地认识到体内存在着一种名为"气"的物质，我们必然就会顺理成章地发问：为什么气行走于筋脉会产生劲？气是人体内本原具有的一种能量，它如何能循经络穴位而沿筋脉运行？认真地思索这些问题，并找出正确的答案，才有可能通过功法的修炼，调控自身的内气行走于筋脉，从而实现"劲由于筋"而懂劲、得劲这个每位太极拳修炼者孜孜不倦、梦寐以求的目标。

综上所述，拳道所言之劲，是气行走于筋膜而生成的结果。接下来我们就要回答"气如何行走于筋脉"这一关键问题。

《十三势歌诀》云："变转虚实须留意，气遍身躯不稍滞。"解读这一经典论述，不难得出这样的结论：如要气遍周身、毫无停滞，就必须留意虚实的变转。或者可以说，意的虚实变转，会导致并产生气遍身躯的结果。对这一论述，王宗岳在其《十三势行工心解》一文中是这样诠释的："意气须换得灵，乃有圆活之趣，所谓变动虚实也。"先师的这一论述清楚地告诉我们，变转虚实的实质，即意气的灵换，从而获得拳中的圆活之妙。

那么，意与气是如何变转而灵换的？意与气的内在关系是怎样的？李亦畬在其《五字诀》中明确地指出："此是以意运气。"王宗岳在《十三势行工心解》的开篇即云："以心行气，务令沉着，乃能收敛入骨；以气运身，务令顺遂，乃能便利从心。"在这里，先师把心、气、身三者之间的相互作用及其关系阐释得非常明确，即心引气、气运身、身从心。在此，我们应重点解读"以心行气"的内涵真义。

我们知道，心与意之间的内在关系：意由心生。心抽象、不具体、无可捉摸；而意却是心的具体体现，是意使心由抽象而具体、由不可捉摸变得可调可控。从这一角度来看，可以认为，心为意之母，意为心之子；意即心的代表，心是意的归宿。尤其是太极拳道对心的修为，是通过意的调控而实现的。拳的修为"凡此皆是意"。如此可以说，王宗岳"以心行气"论，即为李亦畬所言"此是以意运气"。对于气而言，"心行"与"意运"说法虽异，其实为一。杨氏太极拳老谱《太极体用解》中也有明确的论述："心、身有一定之主宰者，理也。精、气、神有一定之主宰者，意诚也。诚者，天道；诚之者，人道。俱不外意念须臾之间。"又如拳论所言："势势存心揆用意，得来不觉费功夫"，此论极为精辟地指明太极修为中"存心揆用意"。揆者，掌控之称谓。也就是告诉我们，用意控心、以意修心，这是太极拳修为的一个根本法则。

同理，我们解读"以意运气"，是否也可以认为极为抽象、无法捉摸、不可测量的气，因为可感、可知、可调、可控的意的运化，气即由不可测量变为可调控，由抽象不具体转为具象的虚而实之。换言之，"气的周流即意的运转"；或者说，气即意运行的产物。如杨澄甫在《太极拳术十要》所云："意之所至，气即至焉。"

如此可知，意为因，气为果，故太极拳修为"凡此皆是意"。《十三势行工心解》讲："全身意在精神，不在气，在气则滞。"正因如此，在太极桩功的修为中，我们要坚持求意不求气。尤其是无极桩功，强调的是以形求意，静生动势，即站桩是要心静身亦静，但身内十八个部位的意要流动而运行。在无极桩功中，我们强调要寻求"骨肉分离"之意，从而使意沿着骨肉之间的筋膜流转运行。意之运转能真切实感，筋膜犹如气的鼓荡而腾起。随着意的运转，覆盖全身的筋膜均能弹而腾起。人身犹如一个内气充盈的球体，正如《走架打手行工要言》所云："触之则旋转自如，无不得力，才能引进落空，四两拨千斤。"此乃"劲由于筋"之真义也。对此，杨澄甫在《太极拳术十要》中高度概括、明确指出："若不用力而用意，意之所至，气即至焉。如是气血流注，日日贯输，周流全身，无时停滞。久久练习，则得真正内劲。"在这里，先师一针见血地把得内劲的几个要素和关键点一览无余地揭示出来：①用意不用力；②意至气则至；③日日贯输，久久练习。要得太极内劲，舍弃此路，别无他途。

需注意，杨澄甫在此把太极劲称为"内劲"，把劲限定为"内"是何道理？这并非随意言之，其包含着非常重要的、根本性的原则之义。

对此，师曰："劲，源于气，由于筋，运于内，作用于己而不外发，故称之为'内劲'。"《十三势行工心解》云："蓄劲如开弓，发劲如放箭。"拳论此句论述形象地把内劲的蓄发喻为张弓放箭，其真义就是告诉我们，箭被弓发放出去，是弓之弓背与弦一张一弛、一蓄一发的结果，并非劲随箭去，而是以劲发箭。亦如重物落在弹簧上，被弹出去，是弹簧受到外力作用而本身产生弹性变化施放能量的结果。大成拳王芗斋更为具体地阐明："形不破体，力不出尖。" 其实质是说明，劲即为不出尖之力，劲总是于自身体内作用，故形永远保持完整而不破。

由此可知，在与人打手时，力与劲的区别就在于：力作用于外而出尖，劲作用于内而内含；力发于敌，而劲不向敌发。可以说，发人于丈外的太极内劲，绝非以力发人。恰恰相反，对手被发打丈外，是劲于内作用而产生的结果。故发人于丈外，仅是内劲作用于内的外在表现。

可以说，太极内劲之实质：劲作用于内，而不施于外；劲作用己之内，劲以规范自我为己任，是以自身之意运行。气走于膜，继而筋膜完整一体产生弹性腾起。也正是劲作用于内而把自身规整成一个松通而完整的浑圆体，内劲把散乱于外的气、力凝聚成内外相合、可聚可散、遍体贯梢的完整一气。至此，由得劲而懂劲，由懂劲而用劲，劲把我们打造成了完整一气的浑圆体。这才是太极拳修为"由着熟而渐悟懂劲"的真切含义。

综上所述，劲不是一个单纯的具体物理概念，劲是心与意合、意与气合、气与力合，从而心静、神凝、意专、身松、气通而劲整等诸要素统合而一的结果。诚如《太极拳论》所云："阴阳相济，方为懂劲。"太极拳所求劲字的真义，可理解为：劲字，左为圣，右为力。圣者：阴也、柔也、曲也、内也；力者：阳也、硬也、直也、刚也、外也。劲即为圣与力合，左与右合，曲中求直，刚柔相备，内外相合，阴阳相济，此乃太极拳修为所求内劲之真义。欲求"由着熟而渐悟懂劲，由懂劲而阶及神明"，若不向此推求去，必落得"枉费功夫贻叹息"。

第十四章　何谓势

张三丰在《太极拳经》中指出："向前退后，乃能得机得势。有不得机得势处，身便散乱。"李亦畬在著名的《走架打手行工要言》中亦云："欲要舍己从人，先要得机得势。"我们知道，太极拳历史上曾名为"太极十三势"。《十三势歌诀》更是开门见山地告诫太极学子："十三总势莫轻视"。如此可见，太极拳修为能否知势、认势、得势、遵势而顺势，乃成为太极拳习练能否入门懂劲，以及能否阶及神明的极为重要的分水岭。因此，每位太极拳修为者不可不知何谓太极拳所言之势。

要清晰地理解并体认拳中之势，首先要明白何谓十三势，为什么太极拳亦名"太极十三势"，十三势之真义内涵到底是什么。正确地认识十三势的内涵真义，也就找到了何谓势的答案。对于十三势，《太极拳经》亦做了明确的诠释："十三势者：掤、捋、挤、按、采、挒、肘、靠，此八卦也。进步、退步、左顾、右盼、中定，即金、木、水、火、土也，五行也。合而言之曰十三势也。掤、捋、挤、按，即坎、离、震、兑，四正也；采、挒、肘、靠，即乾、坤、艮、巽，四斜角也；进、退、左、右、中，即金、木、水、火、土也。"

此论述清楚地告诉我们，"合之则为十三势也"。换言之，十三势是合而得之。我们不禁要问：谁与谁合之而得？细研此段论述，不难得出如此结论：十三势是由掤、捋、挤、按、采、挒、肘、靠与进、退、顾、盼、定合而得之；也可以说，是由坎离震兑乾坤艮巽之八卦与金木水火土之五行合而得之。可见，十三势就是由八卦与五行相济合而得之。

然而，八卦与五行并非同一体系，在最完整系统地阐述八卦学说的史上巨著《周易》中也不见五行的内容。那么，太极十三势是如何把八卦与五行统合而一的呢？答案很简单，八卦与五行都源自并植根于上古阴阳之哲理，从不同的角度阐释宇宙万物的基本运行规律，它们是中国古老阴阳学说的两个分支的产物，在此基础上形成了中国历史上的两大思想文化体系，即儒家与道家。在历史的长河中，儒、释、道三教不同程度地影响着中华民族的思想和文化。尽管三教之间纷争不断，但中华民族的思想文化之根基，即阴阳学说及太极文化，始终作为民族文化之魂，主宰着民族思想、文化的发展。我们的先人以无比博大的胸怀、以超越时空的智慧，让民族之魂始终立足于三教文化之交点。

太极拳，以拳的有为形式，将八卦及五行甚至佛学之理融会贯通。太极拳以拳演道，以拳证道。其中之道，是道家之道，也是儒家之道，亦是佛家之道。既然三家同道，那么太极拳既有道家之浑圆一气，也有儒家之浩然正气，兼有佛家的中空禅定。因此，太极拳所修之心，既是道家之净心，也是儒家之正心，亦是佛家之本心。正如杨氏太极拳老谱中所记载《张三丰承留》中张三丰所云："三教无两家，统言皆太极""浩然塞而冲，方正千年立。"《口授张三丰老师之言》开篇所云："予知三教归一之理，皆性命学也，皆以心为身之主也。保全心身，永有精气神也。有精气神，才能文思安安，武备动动。安安动动，乃文乃武。"有人把"太极"二字归为道家专有，把太极拳之文化内涵单一划归道家，我不敢苟同。因为太极拳之文化底蕴是根植在中华民族阴阳学说的沃土上，太极拳不应专属哪一家，而是中华民族根本文化的产物。

对于太极十三势，杨氏太极拳老谱亦做出了精辟、详尽的诠释。杨氏太极拳老谱的首篇《八门五步》中如是说："掤南，捋西，挤东，按北；采西北，挒东南，肘东北，靠西南——方位。坎，离，兑，震；巽，乾，坤，艮——八门。

"方位八门，乃为阴阳颠倒之理，周而复始，随其所行也。总之，四正、四隅，不可不知矣！

　　"夫掤、捋、挤、按是四正之手，采、挒、肘、靠是四隅之手。合隅、正之手，得门、位之卦。以身分步，五行在意，支撑八面。

　　"五行者：进步火，退步水，左顾木，右盼金，定之方中土也。

　　"夫进退为水火之步，顾盼为金木之步，以中土为枢机之轴。怀藏八卦，脚趾五行；手步八五，其数十三，出于自然。十三势也，名之曰：八门五步。"

　　由此得知，杨氏太极拳将十三势名之曰：八门五步。将掤、捋、挤、按、采、挒、肘、靠，对应坎、离、震、兑、巽、乾、坤、艮之八卦，称之为八门；把进、退、顾、盼、定对应金、木、水、火、土之五行，称之为五步。

　　我们对此要深究其理，追根溯源。要究其理，首先要明白何谓八卦之卦，为何杨氏太极拳老谱将八卦称为八门。

　　何谓卦？现代汉语解释"卦"字之义为占卜活动时用的器具。远古时期人们占卜凶吉时用的是蓍草。关于卦，古人云：卦者，褂也。卦为什么是褂呢？据传说，远古时期，我们的祖先起初于野外生存、居无定所，后来逐渐懂得应该寻找能遮风避雨的住处，人类开始寻求住有所居。

发现山洞可以为居后，又发现要更加遮风挡雨、防止野兽入侵，应该把洞口遮掩起来。于是，搬来石头，找来树枝、茅草，把洞口挡住。随后却发现，每天出入洞口都要把石头、树枝搬来搬去很不方便。于是，先人们把树枝、茅草挂在洞口，既能挡风雨，进出也方便了。挂起来的树枝和茅草，就是远古时期人类最早的"门"。后来，先人们用挂在洞口的草进行吉凶的占卜问卦，挂在洞口的蓍草就成了卦。故，卦者，褂也。

人类祖先为生存而搏斗中，发现宇宙万物都存在着如进洞出洞般的规律变化，如每天都会朝来夕去，每年都有寒来暑往。万事万物就像太阳与月亮，月亮落下，太阳升起，白昼至；太阳落下，月亮升起，黑夜来。一个黑，一个白；一个落，一个升，周而复始，颠来倒去。通过观察、积累，先人们发现了自然界的变化，无非是一起一落、一生一死，无一不出于一有一无、一出一入。他们终于通过辛勤的努力，运用高超的智慧，把两个"同出而异名"的变化规律，总结概括为阴阳相变。进而他们发现，如洞口的进与出是有一道门作为来去的分界：走出这道门，是离洞而去；迈进这道门，是入洞而来。正是这道门，决定着是出还是入，是去还是来。

人们认识到，阴与阳、黑与白、来与去、出与入等这类存在两个既对立又依存的因素之间，也会有一道无形之门，把两者既分隔又联系在一起。在长期的为生存而搏斗中，我们的祖先非常渴望能弄清楚自己是从哪儿来的，应该往哪儿去？从而能够辨明生命的方向，掌握自己的命运。当他们发现并揭示了万事万物都存在着阴与阳两者既对立又统一、既生又克、既变又不变的规律后，高度地概括出宇宙间所有事物无不出于这一个理，即老子所言："道生一"，"一"即万物万变之不变的那个道理。后来人们把这个"一"称为一气，也称为太极。把"一"所阐释的道理和规律，归纳为阴阳学说。当然，这个"一"，包含着一阴一阳：阴阳由太极而统、而生。亦如老子所云："道生一，一生二"。一生二之二，即阴阳二气。亦如《太极拳论》开篇所云："太极者，无极而生，阴阳之母也。"我们的祖先在揭示阴阳颠倒相变规律的基础上，又总结出了："易有太极，是生两仪，两仪生四象，四象生八卦"。先祖高超的智慧，在于他们把宇宙间那么复杂、繁乱的万事万物的变化，提炼为两仪、四象、八卦，也就是把所有发生的现象，归类为八个方面。这八个方面代表八种现象，即乾代表天、坤代表地、离代表太阳、坎代表月亮、震代表雷、巽代表风、艮代表山、兑代表水。这八种现象，如同"褂"在八个不同的方位，让人们能一目了然地认清他们所在的方位和变象。乾坤即天地，一上一下；离坎即太阳、月亮，一明一暗；震巽即雷风，雷震而气动，一前一后；艮兑即山水，一高一低。这样，就把万事万物的复杂纷乱归纳成简易明了。同时，他们还总结出了这八个方面之间的变与不变的内在关系——易与不易。因此，《周易》就是遵循着简易、变易、不易的三易原则，研究揭示宇宙间万事万物变化规律的一部巨著。我们的祖先正是遵照"八卦学说"所揭示的阴阳颠倒之理去定凶吉、知未来、辨方向，从而知道了应该朝哪个方位走，也就找到了进出、来去之门。这也正是杨氏太极拳把八卦称之为八门的道理所在。如杨氏太极拳老谱《太极阴阳颠倒解》中所云：

"明此阴阳颠倒之理，则可与言道；知道不可须臾离，则可与言人；能以人弘道，知道不远人，则可与言天地同体。上天，下地，人在其中矣！

"苟能参天察地，与日月合其明，与五岳、四渎华朽，与四时之错行，与草木并枯荣，明鬼神之吉凶，知人事之兴衰，则可言乾坤为一大天地，人为一小天地也。"

当然，我们的祖先不会只停留在认方向、看到门的阶段，还要寻求可行之路。只有找到通门之路，才有可能"推门而入"。通门之路千万条，但每个人该沿哪条路走，这要完全由自我来判定。换言之，方向、方位之门不以个人意志为转移，只遵循自然规律而定；但选对路、迈开步，却是完全在于你自己的选择与掌控，因为路在你的脚下。

　　在八卦、八门的基础上，人们提出了这样的问题：我该如何行走？面对这个问题，我们的祖先又以卓越的大智慧，总结、创生出了"五行学说"，即金、木、水、火、土。这五种物质涵盖了自然界所有物质的性质，同时也揭示出它们之间存在着的相生相克的内在联系。《太极拳经》将五行对应为前进、后退、左顾、右盼、中定。杨氏太极拳更为明确地将五行对应为："进步火、退步水、左顾木、右盼金、定之方中土也"，并称之为五步。以五行相生相克之理，将五步定为："夫进退为水火之步，顾盼为金木之步，以中土为枢机之轴。"在五行学说的指引下，人们知道了在迈步行走之前，先要找准自己所处的位置，即先定位。此定之位，即为"定之方中土也"。此位即为进退枢机之轴，也是左右顾盼之根。换言之，无论前进、后退，还是左顾、右盼，均由中土位为起始之点，即由此点迈步。亦如师云："定中位，找对点。"杨班侯在其《乱环诀》中也明确地告之："欲知环中法何在？发落点对即成功。"杨氏太极拳老谱《对待用功法守中土》（俗名站桩）曰："定之方中足有根，先明四正进退身。"

　　当以八卦明确了门位方向，再以五行确定了自己的中土之位，也就找到了该进则进、当退则退之路。当然，在迈步行进时，所迈出的每一步都应该不离中土位，或者说进退顾盼均是中土之位移。如杨氏太极拳老谱《太极圈》所云："所难中土不离位，退易进难仔细研。"这样，进中才能退，前时方有后，左中包含右，顾时内隐盼。如此太极拳之修为，方可做到进攻有防守，防守即进攻，从而进退如一，攻防一体；方能做到"曲中求直，蓄而后发。力由脊发，步随身换。收即是放，断而复连。往复须有折叠，进退须有转换"，进而实现"任他巨力来打我，牵动四两拨千斤"之神奇妙有。

综上可知，太极十三势之势，应为八门五步对应之八卦五行。八加五，其数十三，合而成势。我认为，太极十三势并非十三种招式，也非仅指十三个势，八门五步即八卦五行合为一势，此势为"一"，故为太极势。或可以说，太极生一势，一势即太极。也由此可知，太极拳之修为，即是以八门五步之拳，证八卦五行之理；以八卦五行之理，修八门五步之拳；以有形之拳，求无形之势；以无形之势，演太极之道。

诚然，太极之势为总为根，万事万物均有其势，但万变不离其宗。此一势总万势，万势归一势。正如《十三势歌诀》所云"十三总势莫轻视"。因此，太极拳修为所求之势，应为八五十三之数，出于自然之总势也。此势或可名曰太极势。

当我们通过"怀藏八卦，脚趾五行"之太极拳修为知势、认势并能顺势而为时，我们会发现，八门五步之拳理、八卦五行之道理，无时无刻不存在于我们的生活环境里、生命轨迹中，它决定着人生的胜负、事业的成败。因此，在人生的旅途中，我们时时处处要把握好三要素：辨明方向，找准位置，行走正路。此三要素为三位一体，缺一不可，是决定成败的关键。

在我们以八卦五行之理修八门五步之势的过程中，会发现得其势的过程离不开理、象、数三个要素法则，即明其理，观其象，握其数。只有明白了事物运动变化的道理，才能透过表象而认清事物变化的内在原因，才不会被表象所迷惑。当我们能够做到由表及里、由外入内时，才可能做到胸有成竹，心中有数。只有做到心有定数，方能做到"能从人，手上便有分寸。称彼劲之大小，分厘不错；权彼来之长短，毫发无差。前进后退，处处恰合，功弥久而技弥精矣"。回忆当年先父在给我讲解并演示"得势而懂劲"之理法时，虽然房间窄小，但他总能躲开桌椅，把我发打到床上，他能预先设定发出一步远，我则被发到了床边；他说发三步远，不多不少我倒退三步，被发打到床上。当时，我确实感觉很神奇。其实，这正是做到了明理观象心有定数，从而手上有了分寸。

太极拳所言之势，在拳的修为中是如何具体体现的呢？对此《太极拳论》清楚地告诉我们："动之则分，静之则合。"可以断言，太极之势是由动静之分合而生得；拳中之静，是静中有动；外静则内动，心静意要动，形静气要动。故拳之静，是静中寓动之静。如太极桩功，作为太极拳的基础功法，桩功就是要静中求内动，静中寓动，则势内蓄而成。当做到蓄势待发时，即做到《十三势行工心解》所云："形如搏兔之鹘，神如捕鼠之猫。静如山岳，动如江河。蓄劲如开弓，发劲如放箭。"仔细观察，猫见到老鼠，虽然身体尚未扑出，但其神之聚、意之专、气之沉、身之松已聚合出一股扑杀之势，正是这神、意、气中和所生之势，使得老鼠早已魂飞魄散动弹不得，只好任凭猫来摆布。

拳中之动，则是外动而内静，是以静主动，虽动犹静。故拳之动，是静为动之根之动，如盘拳走架，抬手投足，倚身移步均要做到动似行云流水。但动中之静，却要稳如泰山，这样方能做到："神舒体静，刻刻在心，切记'一动无有不动，一静无有不静'。牵动往来气贴背，敛入脊骨，内固精神，外示安逸。迈步如猫行，运劲如抽丝。"如此，动中寓静，虽动犹静，蓄静于动则合而势成。

欲求拳中之势，必须具备一个重要的条件，即不同而合。如上述之动与静是完全对立的两个概念，但正是动、静之不同而相异，才能异而同出以生势。物理学中有一个重要的概念——势能。势能是因位置差异或弹性形变所具有的能量，如不同电位产生位差而生成电压，形成电流的流动。再如水力发电，是人为修造水库，拦坝截流，把上游之水蓄存在水库中，从而把水中的能量聚蓄待发。当开闸放水时，水由高位落下，所蓄之能得以释放，经发电机转化为电能。因此可以说，有不同则能生势，存差异则有动力。

因此，太极拳的修为，欲要得势，就要寻差求异。站桩时，如果心身俱静，静中无动，此桩即为枯桩，如同一根枯木戳在地上。故桩功要静中寓动，形静气动，心静意动。盘拳走架，若形意无差，则如行尸走肉，呆板呆滞，毫无生机。故盘拳走架，形与意要做到异而同出，意先形后，意领形随，意主形次。正是形与意动之则分出，先后各异，有领有随，主次分清，此拳架方能做到生机勃勃，充满灵性，而无双重之病，无迟重之虞。

综上所述，太极拳所言之势，是求同存异的结果。如老子所言：万物负阴而抱阳，冲气以为和。亦如"有无相生，难易相成，长短相较，高下相倾，音声相合，前后相随"，也正是"此两者同出而异名"，才成势而得势。因此，势，分合而得之。势，乃万事万物内外相济、表里统合的产物。所以，势是事物内在变化及发展的真实表现。势可造而不可违，可顺而不可悖。俗话说"势不可挡"，太极拳之修为，就是要得其势，不但得势还要得机。得机得势者，则百战不殆。

第十五章　何谓变

《十三势歌诀》云："静中触动动犹静，因敌变化示神奇。"这句歌诀精辟地揭示出太极拳之所以能以慢制快、以弱胜强、以小搏大，其神奇绝妙之处就在于能时时处处因敌而变化。

杨班侯在其《阴阳诀》中亦云："太极阴阳少人修，吞吐开合问刚柔。正隅收放任君走，动静变化何须愁？"杨班侯一针见血地告诫太极学子：世上练太极拳的数不胜数，但知阴阳修拳的人却是少之又少。他也是在告诉后人，修炼太极拳要从知阴阳而修阴阳入手，否则必如《太极拳论》所云："每见数年纯功不能自化者，率皆自为人制，双重之病未悟耳。"亦如杨班侯所说："修到终期艺难精。"从而误入谬之千里的歧途。《太极拳论》告诉我们："欲避此病，须知阴阳。"杨班侯更是明确地指出拳修阴阳、知阴阳，就要从"吞吐开合问刚柔"及"正隅收放任君走"入手。在这两句歌诀中，杨班侯把阴阳在拳中的具体体现，归纳为吞吐、开合、刚柔、正隅、收放、动

静，他极为清晰地告诉我们：它们之间存在着问与走的关
系。开合问刚柔，正隅收放走。这一问一走，就把其中之
变化清楚地展示出来。只要能问明刚柔，收放任走，就一
定会"动静变化何须愁"。因此，杨班侯是以问刚柔、走
收放来阐释拳中的动静变化。只要动静相变，就不会有犯
愁难走之关。因此，可以得出这样的结论：太极拳修，须
知阴阳；而知阴阳的关键在于"变"，变乃拳之魂也。

中国历史上伟大的军事家孙武，其所著《孙子兵法》
和《三十六计》，被世人称为迄今最伟大的军事思想和战
略战术理论巨著。《孙子兵法》共十三篇，孙子把"变"
列为其中重要的一篇，即《九变篇》。在《九变篇》中，
孙子强调能变、善变是战争胜败之关键。他说："故将通
于九变之利者，知用兵矣；将不通于九变之利者，虽知地
形，不能得地之利矣。治兵不知九变之术，虽知五利，不
能得人之用矣。"这段关于九变之论述，清楚地告诉我
们：用兵打仗，将帅能够时时处处在复杂纷纭、瞬息万变
的情况下，因时、因事、因人、因地、因势而以变应变，
这才是真正懂得用兵打仗。如果做不到随机应变，即使是
熟知地利，也不能得到其地之利。带兵作战不能通晓机智
应变之术，即便处于有利的形势下，也无法发挥全军将士
的战斗力来取得胜利。由此可知，"变"不但是拳之魂，
亦是战争取胜之道。

那么"变"在《孙子兵法》中为何成为《九变篇》？这其中变与九变有何关系？答案：九者，大也，多也。在中华民族传统文化中以"九"为数之最大，因为逢九就要归零。因此，自古便有天有九重、地有九层、皇门九道、华夏九州之说。在《九变篇》中，孙子也是以九为大、为多，是在告诉我们，战场上随时随地都在发生变化，也随时可能发生巨大变化，而这些变化是无法用数字来确定的。即使孙子在《九变篇》中列举了几种变化，但他告诉我们那只是典型的代表，关于"变"不要局限于数字和种类。

关于"九"，亦有另一种说法：九者，久也。故"九变"实乃"久变"，其实质是揭示宇宙万物处在永无休止、久久不停地变化中。

何谓变？从字义解读：变者，易也；易者，不同之谓也；故变即与原来之不同。太极拳修为所求之变，亦有它更深的具体的内涵。何谓拳中之变？

一、变者，化也，变化也

我们知道，任何事物的形态或本质产生了新的状态或性质，即发生了变化，或可以简单地称之为走了旧的、来了新的，这一走一来，即称之为变化。如杨班侯所云：

"动静变化何须愁"。这里的变化指：吞吐、开合、刚柔、正隅、收放；一走一来，一去一回。如《太极拳论》所云："人刚我柔谓之走"，就是说，当对手以刚对我，我则以柔相接。刚柔相遇，则刚由有而无，即刚被柔走而化之。杨氏太极拳老谱《太极下乘武事解》中云："太极之武事，外操柔软，内含坚刚。而求柔软之于外，久而久之，自得内之坚刚。非有心之坚刚，实有心之柔软也。所难者，内要含蓄坚刚而不外施，终柔软而迎敌。以柔软而应坚刚，使坚刚尽化无有矣！"如此说来，太极拳以走为化，或可以说拳中之变化，走而化之是其重要的内涵之一。如同生活中，我们通常把有形的、坚硬的或刚性的物体变成了柔性的、流动无形的物质称之为化。例如，冰雪化成了水，水化成了水蒸气（水蒸气比水更柔性而无形），铁矿石化成了铁水，木头化成了木灰等。这些物体的化而变，均是化于自身。

因此，太极拳修为所求变之化，首要是"化我"，即通过修为，使自己渐入"化境"。如杨氏太极拳老谱《太极下乘武事解》所云："自得运动知觉，方为懂劲；而后神而明之，化境极矣！夫四两拨千斤之妙，功不及化境，将何以能，是所谓懂粘黏连随，得其视听轻灵之巧耳！"从而把自我头脑中存留的僵滞意识融化干净，使自己的心意清明而灵动，进而把自身体内充斥的笨拙之力催化为顺柔之劲。在化掉自我身心中不合道之理的既有习惯，以及遵道修拳、以拳练我的同时，一个以太极之心主宰己身的崭新的我便获得了新的生命。

所以，太极拳之变化，首先求自我之化。能化己，方能化人。"人刚我柔谓之走""如浑身僵劲充满经络，气血停滞，转动不灵，牵一发而全身动矣"。在与人接手时，以刚对刚，以力接力，必然出现"顶、抗、匾、丢"之病。当能化己而变，浑身"不使有分毫之拙劲，以留滞于筋骨血脉之间，以自缚束。然后能轻灵变化，圆转自如"，则面对刚硬对手时，方能以我之柔化对手之刚。对手虽力大手快，但我以柔化刚，对手则"如捕风捉影，处处落空。又如水上踩葫芦，终不得力"。因此，太极拳"牵动四两拨千斤"之关键在于"引进落空合即出"，不能合，则无法将对手发打丈外。欲求与人合，能化是根本。化己方能化人，化人仍是化己。能化己化人，则可言人我相合。能合者，方可言"粘黏连随不丢顶"。如李亦畬在《走架打手行工要言》中所云："劲由内换，收便是合，放即是开。静则俱静，静是合，合中寓开；动则俱动，动是开，开中寓合。触之则旋转自如，无不得力，才能引进落空，四两拨千斤。""平日走架，是知己功夫。一动势，先问自己：周身合上数项不合？少有不合，即速改换。走架所以要慢，不要快。打手，是知人功夫，动静固是知人，仍是问己。自己要安排得好，人一挨我，我不动彼丝毫，趁势而入，接定彼劲，彼自跌出。" 李亦畬的这段论述，非常明确而具体地阐释了与人打手时彼我双方开合、动静之变化。这样，即能实现与人打手时杨班侯在《轻重分胜负五字诀》中所说的："生克随机走，变化何无穷"，方可做到"动静变化何须愁""因敌变化示神奇"。

由上可知，太极拳修之变化，除走化之外，尚要做到化而合，即化合。《太极拳论》云："太极者，无极而生，阴阳之母也。动之则分，静之则合。""动静变化何须愁"，即在于分而能合。我们知道，太极分，即阴阳；阴阳合，即太极，因此，太极即阴阳之合。阴阳如何能合而太极？关键就在于阴阳相变而化，或换言之化而合。化学知识告诉我们，有一种化学反应称为化合反应。化合反应是两种或两种以上的物质经化学反应，生成一种新物质的反应。例如，氢与氧化而合成为水。因此，可以说正是不同物质化而合一，宇宙间才不断地派生出许许多多、层出不穷的新物质。甚至可以说，科学之创新发明，大多是化合而成的。如老子云："道生一，一生二，二生三，三生万物。"万物均由三生，而三是由二化合而生之。因此也可以说，能化方有合。太极拳修为要求做到六合，即外三合与内三合。以内三合为例，即心与意合、意与气合、气与力合。首先说心与意合，心与意相合，则要由动入静，由有化无，只有把心化而能静，归无，则所生之意才能灵动而专。意与气合，则心生之意，有而亦无，既有既无。"有意无意是真意"，真意生而引气行，内气方能"气遍周身不稍滞"。气与力合，则化有力入无力，无力方为有气。如拳论云："有气者无力，无气者纯刚。"无力有气，有气则内藏坚刚。无力于外，有气于内，即"内固精神，外示安逸"。然而王宗岳在《十三势行工心解》中又告诫我们："全身意在精神，不在气，在气则滞。"因此，气依然有而化无，然气之无，并非无气，而是"不在气"。不在气，则气不住，方可气遍周身不稍滞。正如拳谚所云："拳无拳，意无意，无意之中是真意。"可以说，拳之真意，不在心，不在意，不在力，亦不在气，而在有无分合变化之间矣。

太极拳修为的最高境界在于"阶及神明"。"阶及神明"即出神入化。欲要出神，必先入化。如儒家所言："大而化之谓之圣，圣而不可知之之谓神。"张三丰曰："大而化之者，圣神也。"关于"化"字，道家亦有明确的修为法则，即炼精化气、炼气化神、炼神还虚。这三炼二化一还虚，明明白白地把人之三宝"精、气、神"之间的内在关系揭示出来，其关键依然在于"化"字，化精而成气，气化而出神。太极拳的修炼，同样以化为修为的核心。据李雅轩回忆，先师杨澄甫曾说："古人练拳，是分四步功夫。"

第一，炼体以固精。这是练架子的功夫。在筋骨方面使其增强弹性；在关节方面使其增强灵活性；在骨骼方面使其坚实，精髓充满。

第二，炼精以化气。这是行功养气之功夫，使其饱满之精髓，化成充实之中气。

第三，炼气以化神。这是养气藏神之功夫。在练得气足精满之后，再朝夕锻炼下去，即会发现神明的灵智。有了这种灵智，无论应用于任何事物，都可以达到适当的状态，不独是打拳推手而已。

第四，炼神以还虚。这是在静极默笃之后，养虚灵之功夫。在练出了神明灵智之后，又将它藏之于内心骨骼之中，含而不露。从表面看来，似乎什么都没有。然而实际上，它是包罗万象的，无所不有，无所不为，无所不然的。如以绢裹明珠，光泽内藏，却能普照一切。

李雅轩这段回忆，充分说明杨氏太极拳作为内家功夫及太极拳的一门重要代表，它注重并强调以下三个方面的内容：

首先，练养合一，内外兼备。外练筋骨皮，以固精强髓；内养精气神，以蓄气藏神。

其次，太极拳以内养为主，精气神之间既相互依存，又以化相变。

最后，太极拳修为的最高境界"阶及神明"是炼神以还虚，化一切有归无，无中养出一虚灵。

综上所述，变而化之，化而变之，是太极拳所言之变的重要内涵之一。变化之关键在于化，化包含两个方面的内容：其一，走而化之。走本身是开、出、放、散、吐、发。然而，走而化之，化而则变合、入、收、聚、吞、蓄。故走而化之，即引进落空，蓄势待发。其二，化而合之。合本身是合、入、收、聚、吞、蓄。然而，化而合之，化而则变开、出、放、散、吐、发。故化而合之，即蓄而后发合击出。

诚然，走而化，化而合，分述为二，其实质一也：走化即化合，化合即走化，走中有合，合中要走。如拳论云："变化影无形，周旋意无意。"如此方能做到"因敌变化示神奇"。

二、变者，转也，变转也

《十三势歌诀》云："变转虚实须留意，气遍身躯不稍滞。"这句歌诀非常明确地阐释出拳中虚实之间在于相互变转。我们知道，太极拳修为"以分清虚实为第一要义"。如张三丰在《太极拳经》中所云："虚实宜分清楚，一处自有一处虚实，处处总有一虚实。"因此可以说，分清虚实且能灵活转换是太极拳修为的核心。故曰："开合虚实，即为拳经。"太极拳修为自始至终不离"知虚实，分虚实，变虚实"这个修拳主旨。即使修至阶及神明，依然是要炼神以还虚。杨班侯在其《虚实诀》中云："练拳不谙虚实理，枉费功夫终无成。"

王宗岳在《阴符枪总诀》中说："实则虚之，虚则实之。"这句歌诀告诉我们拳中之虚实不但要分清，而且要"实则虚之"，即实能变虚；"虚则实之"，即虚能变实。拳中之虚实如果以体用而言，分虚实则为体，变虚实即为用。

虚与实如何做到分而能变？　如《十三势歌诀》云："变转虚实须留意。"这句歌诀清楚地阐明，虚与实变之关键在于"转"字。如此说来，要明确拳中之变，就必须认识并体悟"转"之真义。

何谓转？首先转为多音字，既读作zhuàn（四声），也读作 zhuǎn（三声）。同一转字，读音不同，字义也不尽相同。四声之转，解读为旋转，即以一点为中心，或一直线为轴做圆周运动。如旋转、转动、转圈等。而三声之转，应解读为事物的形态位置或方向等情况发生了改换，多用做转换、转移、转变等。当然，二者在太极拳中都有应用。对太极拳修为者而言，只有正确地区分它们不同的含义，才能真正理解和体悟它们在拳中的不同作用。

我们说"变转虚实须留意"之转字，应为三声之转。这里是转换的意思，也就是拳中之虚与实发生了转换，原来的实转换成虚，即"实则虚之"；原来的虚转换成实，即"虚则实之"。也就是说虚实之间，经相互转换发生了位置、性质的变化，即虚实发生了变转。

例如，在与人打手时，彼我接手，对方摸到我的手是真实的手。如果我的手是挂力之手，对方不但摸到了我的手，也摸到了我手上的力，此手为实手实力；如果手依然是实在的手，但手上的力由实转换为虚，由有转换为无，此时手已由实手实力，变转为手实力虚。手虽有，但已变转为无力之手。这样，双方比手时，对方如以力手擒制我无力而虚之手，会如同杨澄甫在《论太极推手》中所述的："欲以力擒制太极拳能手，则如捕风捉影，处处落空。又如水上踩葫芦，终不得力。此乃真太极意也。"同时，我们会发现，有力之手变转为无力之手，并非有形之手本身的变化，手之外形及动作、位置丝毫未变，而是内在之意发生了虚实转换。如《太极拳经》所云："凡此皆是意，不在外面而在内。"也正是《十三势歌诀》中所云"变转虚实须留意"的内涵真义。王宗岳在《十三势行工心解》中对"变转虚实须留意"这句歌诀亦做出精辟的解读。文中曰："意气须换得灵，乃有圆活之趣，所谓变动虚实也。"他明确告诉我们，变转虚实是"意气须换得灵"的结果。因此，我们完全可以得出这样的结论：拳中所言之变，变者，转也；转者，换也，转换也；变转者，变换也。拳中之变转，在内不在外，变转虚实意，气遍身躯不稍滞。

拳之修为如何能做到"变转虚实"？ 我们说，虚实变转的关键在腰。道理何在 ？《太极拳经》告诉我们："其根在于脚，发于腿，主宰于腰，行于手指。"这句话非常清楚地阐明了腰与手之间的关系，即腰为一身之主宰，而手则是全身形态的表象。换言之，手为腰之形，腰为手之主。因此手之虚实转换，以腰之虚实变转为主宰。如《太极拳经》云："一处自有一处虚实，处处总有一虚实。"此一虚实，即为腰变转之虚实，故杨澄甫在《太极拳体用全书》中关于练法所说的："变换在腰，气行四肢，分清虚实，圆转如意。"《十三势歌诀》云："命意源头在腰隙。"上述所论都非常明确地指出，拳中己身虚实之变转，关键在腰。

那么，腰是如何完成变转虚实的？ 为此，杨澄甫在《太极拳术十要》中做出了回答："虚实变化，皆由腰转（四声）动。故曰：'命意源头在腰隙。'"杨澄甫一针见血地告诉我们皆由腰转动而完成变转虚实。或者可以说，虚实之变转，在于腰的转动。正是这一转（四声）与一转（三声）之间完成了虚实之变。

在杨氏太极拳老谱《太极平准腰顶解》中亦有具体的诠释，文中云："有准顶头悬，腰之根下株（尾闾至囟门也）。上下一条线，全凭两手转（四声）。变换取分毫，尺寸自己辨。车轮两命门，一纛摇又转（三声）。"在这段论述中，杨氏太极拳明确地把腰喻为根株。株者，露出地面的树根。以"根下株"说明拳论所云"其根在于脚"。脚为根，而腰则为"根下株"，即根之根，从而凸显腰为有形之一身之主宰的重中之重。

在杨氏太极拳老谱《太极平准腰顶解》中既出现了四声之转——"全凭两手转"，也出现了三声之转——"一纛摇又转"。在这里，此解把有形之身及无形之意气的虚实变转归纳为"两手转"和"摇又转"。何谓"全凭两手转"？解中告诉我们：人之一身，上顶下腰，上下有如一条直线为轴，贯穿头顶百会穴至尾闾、会阴穴，而腰则为轴之中心。上肢两手与敌相接，要能随敌而灵活转动。故有拳谚"腰为门中轴，手为两扇门"之说。也是说，左右手如同两扇转门，无论如何推拉，均要做到触之即旋转。何谓"一纛摇又转"？王宗岳在《十三势行工心解》中明白地告诉我们说："心为令，气为旗，腰为纛。""一纛摇又转"之一纛，即指腰。何谓纛？纛者，古代军队里最具代表性的大旗或称之为军旗。因此，军旗摇，则全军动。全军将士以军旗为魂，军旗走到哪里，全军将士就会将生死置之哪里。军旗就好比军队的生命，高高飘扬的军旗不倒，就象征着胜利。太极拳将腰喻为纛，极为形象地告知人们，全身四肢百骸皆听命于腰。腰动，则百骸皆动；腰向左摇，则百骸皆向左动；腰向右摇，则百骸皆随之向右动。而推动百骸四肢的源头，在于左右两命门。故杨氏太极拳老谱《太极平准腰顶解》中清楚地告曰："车轮两命门。"就是说，左右命门如两个转动的车轮，腰则为两车轮之大轴，两命门以腰为轴，在气的催动下，如车轮般以腰为轴而自如转动，从而带动四肢百骸随之而旋。正如《十三势行工心解》云："气似车轮，腰似车轴而已""一纛摇又转"，这就清晰而形象地说明，由腰之摇转（四声）而完成了虚实变转。故杨澄甫方云："变换在腰，气行四肢，分清虚实，圆转如意。"亦如《五字要言》中所言："百骸若机轮，旋转有动力。"

杨班侯在其所著《三环九转诀》中对太极拳变转虚实、变化在腰、由腰转动、变如转环等做出了非常形象而具体的阐释，诀云：

太极三环九转功，环环盘在手掌中。

变化转环无定式，点发点落挤虚空。

见实不在点上用，空费功夫何日成。

七星环在腰腹主，八十一转乱环宗。

综上所述，拳中之变，变者，转（三声）也，转念、转移、转换也。变者，转（四声）也，旋转、转环（圈）、转动也。故拳中之变，于无形之意气则虚实宜分清楚；而"变转虚实须留意"于有形之身体，则皆为腰转动，"命意源头在腰隙"。

以常观有，定会发现这有是有范围、有界定的，同时也是可变化的。可以说：拳中所言之大，属有之范畴，因为有小方有大。根据事物的需要大到多少合适，就必须以小定出一个界限。有大必有小，以小比其大，即为老子所言道之常理。以此常理去观察大与小，才能认识、掌握其界限、范围，方可做到大小有度，该大则大，该小则小。同理，拳中所言之大，亦属无之范畴。因为小与大之差为定为常，如小变，大亦随之变：小增多少，大必然加多少；小减多少，大定会少多少，这依然是老子所言道之常理。以这个常理去观察大与小之变化，才能发现小无界，大无边，其小无内，其大无外之玄妙。方可做到大小随变，有变有常，一大一小，忽现忽藏，如此方能尽显拳之神妙。

由此可知，拳中所言之变，即以不变寓其变。如以常生变，以不变而生万变；拳中所言之不变，即以变求其不变，则变中有常，以万变而归其宗。

在明白了变与不变之理后，变与不变在太极拳修为中是如何具体体现的，就成为每位太极拳修为者必须寻求的答案。

　　要寻求这个问题的答案，须先明确拳中变与不变之主体。张三丰告诉我们："心为一身之主。"杨氏太极拳老谱之《人身太极解》亦云："人之周身，心为一身之主宰。主宰，'太极'也。"故太极拳修为，心即为不变之主体，"心为一身之主"是相对恒久不变的道理。因此，道家讲修心，如老子所云"虚其心，实其腹""致虚极，守静笃"，心要做到虚静无为。儒家讲练心，以不动心养浩然之气，以修身养性与天地精神独往来，心则做到正心诚意。佛家讲明心，以"应无所住而生其心""识自本心，见自本性"，心则做到明心见性。太极拳之修为，以心静虚无为主体，即心能静，为不变之常。

　　心为不变之主体，必以变方可存其不变，如形、意、气、劲、神等诸要素均要随之而变。形以松紧为变，意以虚实而变，气以升降而变，劲以轻重为变，神以聚散而变。当然，形、意、气、劲、神变化时，相互之间依然存在着变中有不变、不变中要变的内在关系。即有变有常，忽显忽藏。

　　我们把形、意、气、劲、神之间变与不变的内在关系，归纳为以下具体三个方面。

　　第一，形不变，意变。在《何谓沉》一章中，曾谈到"心不动，意动；身不动，气动"。我们说拳之修为动与不动，亦可理解为变与不变。前面我们已经明确了心为不变之主体，即心在任何时候均应做到静而恒常。在此基础上，要做到形不变而意变。

形不变，即要做到有形之肉身，静而止动。即不主动，不乱动，以保持中正安舒、不偏不倚之形态。此乃形不变矣。

外形静安而不变，但身内之意要活泼灵变，以不变之形，求灵变之意。如提顶圆裆，挂肩垂肘，含胸拔背，空腹坐胯，敛臀扣膝，舒踝落足等，此皆是意动。如此求意之变动，方能保持身体的中正安舒、不偏不倚之不变。意之流动，气即至焉。形不变，意之变方引发气之运行。形不变，意之变，必使心静而神聚，神之凝聚，静而生动势。形不变，则外示安逸；意灵变，则内固精神。太极桩功，就是以桩之理法、心法、功法，修为形不变而意变之功法。

第二，形变，意不变。太极拳进入内功八法等功法修为时，如搓、抻、转、抖、拍、荡、提、揉及盘拳走架等，即进入了形变且意不变的修为阶段。在这个阶段的修为中，有形之体发生了进、退、急、缓、屈、伸等形态的变化。但是，内意却不因举手投足、倚身动步而发生形不变时所求之意的改变。例如，不因举臂抬手而失去挂肩垂肘之意，不因进身迈步而改变敛臀扣膝之意等。换言之，拳中之要，如尾闾中正、气沉丹田等在形体变化动作时，要始终保持不变之意。当然，形变意不变，变中有不变，不变中有可变。比如，在太极桩功里，形不变而要做到手与脚、肩与胯、肘与膝的外三合。在走架提手上势动作时，形体各部位都发生了变化，但在落胯提手向上时，不因手及形体动作的变化而违背外三合之规矩。这样，有形之身方能做到变而不变。

无形之意气依然要做到不变之中有变，即意气君、骨肉臣之主次关系不变。以不变之意引气领形，从而做到气遍身躯，以气运身，这便是以不变之意气主领随变之形，也就是不变之中有变。

第三，形变，意也变。太极拳进入推手演练，即进入形变意也变的修为阶段。在与人打手时，须做到形随敌而变，即舍己之身从人而变。意随敌而变，即弃己之意，以人意为我意，我意即人意，人意变而我意变。故与人推手是习练形与意随敌而变的功夫。

当然，形变意也变，仍要做到变中有不变，以不变而随变。形变中之不变，即应做到不主动变，不盲动变，而"勿自伸缩"。意变中之不变，即做到无己意、舍己意，静而待变。

只有做到不变而变，方能做到"一开一合，有变有常，虚实兼到，忽现忽藏"，进而"先以心练身，从人不从己。后身能从心，由己仍是从人"。太极拳修为做到"舍己从人，由己仍从人"，即展现了"因敌变化示神奇"之绝妙神功。

太极拳所言之变，是因人、因时、因事而无端之万变。本章所述之变，不仅是以变说变，以变阐释变中之不变，而且欲以此解读拳论所云"虽变化万端，而理唯一以贯之"之真义。

当然，拳中之变，万变而无端。又如，变者，通也。即告诉我们在拳之习悟中，通则能变，变而遂通。变者，辨也。即要求习练者要以辨而变。在变中辨清方位，辨明虚实。变者，乱也。因变而乱敌方寸，亦如杨班侯在《乱环诀》中所云："陷敌深入乱环内，四两千斤着法成。"故拳中之变，变化万端矣。然而，万变不离其宗，以不变应万变。不变而万变，谓之真变。

综上所述，拳中之变，变亦变，变亦不变；不变亦变，不变亦不变。此乃"静中触动动犹静，因敌变化示神奇"之真义也。

第十六章　何谓机

拳论有云："察来势之机会，揣敌人之短长。静以待动，动以处静，然后可言拳术也。"此段论述明确地告诉我们，太极拳术之修为，欲得拳术之妙，要做到察机审势，方可有得。王宗岳在《阴符枪总诀》中亦云："以静观动，以退敌前，审机识势，不为物先。"由此可知，拳之修为，以得机得势为要旨。故张三丰在《太极拳经》中曰："向前退后，乃能得机得势。有不得机得势处，身便散乱。" 关于太极拳所言之势，在《何谓势》一章中已有阐述。本章则在《何谓势》内容的基础上，系统诠释太极拳所言之机。

对于"机"，我们并不陌生。生活中常说："机不可失，时不再来""天机不可泄露"等。能否识机、得机，不但是拳术之妙，而且决定着上自国家民族存亡，下至生活事业的成败。故唐代著名道家人物张果曰："体天用道之机，得机者，万变而愈盛，以至于王；失机者，万变而愈衰，以至得失。"

欲说太极拳所言之机，从《阴符经》中去寻求答案，不能不说是一条捷径，更是方便法门。因为《阴符经》虽区区三百余字，却可谓道破"天机"。正因如此，《阴符经》又被称为《黄帝天机经》。

《阴符经》与《道德经》是中华民族传统思想文化宝库中两部并驾齐名的经典，几千年来一直被道家奉为圣典。有人把三百余字的《阴符经》喻为五千言《道德经》的总纲。被清代雍正皇帝敕封为"紫阳真人"的道教祖师张平叔以诗赞曰：

> 阴符宝字逾三百，道法灵文止五千。
>
> 今古上仙无限数，尽于此处达真诠。

由此可见，《阴符经》在中国传统历史文化领域的崇高地位。

据记载，唐代李荃在游山访道途中，于河南洛阳嵩山少室虎口岩石壁中发现了《阴符经》。经文写在白色丝绢上，被封在一石匣中，此后流传于世。关于此经为何名为《阴符经》，李荃曾做出精辟诠释："阴者暗也；符者合也。天机暗合于行事之机，故称阴符。"

对于《阴符经》，张果如是说："心深微而无所不见，故能照自然之性，性深微而能照，斯之谓阴。执自然之行，无所执也，故不执之以手，而执之以机。机变通而无所系，故能契自然之理。夫惟变通而能契，斯谓之符。

照之以心，契之以机，而阴符之义尽矣。"文中张果把心性之观照称之为"阴"，把契合之机称之为"符"，并认为阴符二字说到底，是以心观道，符合契机，即为阴符之真义。

我个人认为，阴符之阴，阴者时也。如人们常说的"光阴似箭"，光阴即时间。亦如清代道人张清夜所云："阴字，昔称分阴、寸阴，乃时字之义也。"故人们也常把时间的宝贵喻为："一寸光阴一寸金，寸金难买寸光阴。"

符者象也，符号也；阴符之符，即阴之符，阴之具象。阴，是暗、是隐、是藏；而符则是明、是显、是现。符，把不可见、不可捉的阴，变转为可见、可捉、可摸的具体之实。如阴为虚，则符为阴之实。阴符可以理解为阴为符之体，符为阴之用；阴符可谓虚实同体，体用合一。

如果符乃阴之实，则符必与阴相契合。契合者，投合，意气相投之谓也。故契者机也。如此说来，阴者时也；符者机也。阴符者，即"时机"之谓也。

故《阴符经》实为一部指导世人如何面对宇宙间万事万物的变化，如何认识、掌握自然运行规律并遵从自然规律行事，在修身、齐家、治国、平天下的待人处事的过程中真正能做到把握时机的经典。"观其时而合其符，察其机而应其事"，必能做到适时而得机。"万变而愈盛，以至于王"，终至取得成功胜利。所以，《阴符经》实际上就是一部"论机"之经。

正因如此，本章将以《阴符经》为主脉，来探求并诠释何谓太极拳所言之机。

一、识时知机

《阴符经》开篇即云："观天之道，执天之行，尽矣。"所谓"观天之道"是告诉人们要认真地观察、认识自然运行的规律。"执天之行"是指明我们要一丝不苟地遵从并把握自然运行的规律，并将此作为为人处事的执行准则。观执天道，已把握兴亡成败的天机，所言"尽矣"。

同理，太极拳之修为也应做到"观拳之道，执拳之行，尽矣"。这也是告诉太极拳习练者，在拳修过程中要做到：看、听、摸、悟，以观拳中动静相生、虚实相变、刚柔相济之变化，而认知、掌握其内在运变之规律，进而体悟拳中阴阳之道。以拳中运变规律之道，来调控在盘拳走架、用工打手时随曲就伸、无过不及、上下相随、急缓相应、意前寓后、身不散乱。如此"观执拳道"，即可悟道修拳，以拳入道，太极拳修为中的"玄机"，足言"尽矣"。

我们知道，天道也好、拳道也罢，观执之道，关键在于时机二字，即要做到识时而知机。

常言道：识时务者，俊杰矣。就是说做任何事首要是识时。何谓识时？识时者，认识时间、分寸也。也就是要求人们做任何事，都要认清、识别什么时候该做，什么时候不该做。能做到这一点，即做到了"识时务"，从而把握了时间、分寸，方能该做的时候去做，不该做的时候坚决不做。其次是要做到知机。何谓知机？知机者，认知机会火候也。当我们仅停留在识的阶断，即便知道什么时候该做或不该做，这仅仅是成功的第一步。在此基础上，还必须清楚地知道什么时候该怎么做，用什么方式、方法做，做到何种程度最为恰当、合适，等等。这就要求我们认准机会，掌握火候。

关于时机，《阴符经》亦云："食其时，百骸理，动其机，万化安。"这就明确地告诉人们：身体百骸，万事万物，要能做到合理而安顺，就必须做到"食其时，动其机"。此文借饮食有时来说明人们做任何事，都要按时而作，择机而行。故古人有云："饮食得其时，则人体得到调养生息；行动符合天机，则万物得以安泰。"也就是说，一切行动止静，合其天道，必须要把握时机。比如，农民种田必须遵春耕秋收之农时，春不种，则秋无收。但种植收获的具体时间，则必须根据当时的天气、地利之变化，择机而定夺。如不识时而种收，或种收之机选择不当，误时失机，必损收成。

在太极拳的修为中，识时而知机，依然是修拳之重。每位习拳者，就是要通过有为之拳法，实修自身识时、知机的能力，从而做到时时处处都能把握时机之变化，掌握分寸之火候。

何谓拳中之识时？拳中之时，即指拳中所言之出入、进退、往来之过程。而"识时"，是对出入、进退、往来过程的识别掌握。亦如杨氏太极拳老谱《太极平准腰顶解》一文中所云："对待有往来，是早或是晚。合则放发出，不必凌霄箭。"或许有人会对文中之"对待有往来"产生不解，尤其是"对待"二字之真义存有疑问。我认为有必要借此之句做出解释，才能更好地理解拳中之识时、知机。

"对待"二字在其他太极拳经文中少有出现，但在杨氏太极拳老谱中却屡见不鲜。综观杨氏太极拳老谱全部篇章，会发现：老谱中各章内容皆以张三丰之经论为核心基础。不但理论阐述，甚至用词用语均与张三丰经文一脉相承。因此，可以认为，自杨露禅辟杨氏太极拳之日起，就已确立了杨氏太极拳的理论基础，即张三丰的太极思想理论。由此可知，作为太极拳大家庭中的重要一员，杨氏太极拳之所以能代代相传，为太极拳的发展传播做出不可磨灭的贡献，其重要原因就是杨氏太极拳并非仅以拳架为修，也绝非仅以发人丈外之功为术，而是有它深远、厚实、系统的理论体系，其理论基础是植根在中华民族太极文化及阴阳学说之沃土上。因此，作为一名杨氏太极拳传人的后代，就应该在不拘泥于门派之见的前提下，认真研读老谱，从体系理论中吸取精华，指导拳修，从而全面继承先人们所开创并遗留下的宝贵太极拳之真髓。

关于"对待"二字，《张三丰以武事得道论》一文开篇即云："盖未有天地，先有理。理为气之阴阳主宰。主宰、理，以有天地，道在其中。阴阳、气、道之流行，则为对待。对待者，阴阳也，数也。"

此段论述，明确地把"对待"二字定义为："阴阳也，数也。"即相互对立的两种事物，无论如何变化，总要保持相对以待之关系而不变。对阴而言，阳总能给予阴，阳中有阴之待遇；对阳而言，阴总能给予阳，阴中含阳之待遇。对此，杨氏太极拳老谱中有一篇名为《对待无病》，文中云："顶、匾、丢、抗，失于对待也，所以为之病者，既失粘、黏、连、随，何以得知觉运动？既不知己，焉能知人？所谓对待者，不以顶、匾、丢、抗对于人也；要以粘、黏、连、随等待于人也。能如是，不但对待无病，知觉运动亦自然得矣，可以进于懂劲之功矣。"

细研此文，不难发现：《对待无病》一文是对王宗岳

《太极拳论》中关于"每见数年纯功不能自化者，率皆自为人制，双重之病未悟耳。欲避此病，须知阴阳：粘即是走，走即是粘；阴不离阳，阳不离阴；阴阳相济，方为懂劲"之论述的具体而形象的诠释。《对待无病》一文把太极拳双重之通病，归结为对待之病，把双重之病具象化为"顶、匾、丢、抗"，并开出"粘、黏、连、随"四味良药。

了解了"对待"二字之真义，再来解读"对待有往来，是早或是晚"这句拳论，就会明确地知道，往与来，即阴阳转化的过程，阴来阳则往，阳往阴必来。亦如杨氏太极拳老谱中《太极正功解》一文中所云："圆之出入，方之进退，随方就圆之往来也。"据此可知，拳中所识之"时"，就是清楚地认识方圆之往来，即圆之出入时，也是方之进退时。换言之，拳中之"时"，即往来变化的过程。识时者，即对往来变化过程的了解、掌握及认识。"对待有往来"论句之义，是告诉我们拳中阴阳属性范畴之动静、虚实、刚柔，以及所表现的松紧、快慢、方圆等，均是以你来我则往、你往我就来而相互对待，这就是太极拳所展现出的每时每刻的变化过程。识时亦是对变化过程中的每时每刻的认识。

何谓拳中之"知机"？拳中之修为，在识时的基础上，还必须要做到知机。即在对待往来过程中，对所出现或存在着或早或晚，或先或后，或急或缓等变化、反应之分寸火候的掌控和认知。

对此，我们再来解读杨氏太极拳老谱《太极平准腰顶解》文中"对待有往来，是早或是晚。合则放发出，不必凌霄箭"这一论句，就非常清楚地理解了此论之真义。"对待有往来"，是告诉我们要在往来中识别、掌握其变化过程，即"识时"。"是早或是晚"，是让拳者在识时中，认知并掌控该早则早、当晚则晚、知机而行、随机应变的分寸火候，即"知机"。"合则发放出，不必凌霄箭"，则是说，当做到了完整地认识并掌握变化往来的过程，同时，准确地把握好进退往来中先后、早晚等机变的火候，即为"识时知机"。在此基础上能做到当机立断、时机相合，则与人打手的过程中，把对手发放丈外便是必然的结果。这样的结果，是时机合则之必然，完全不需要另外寻求所谓的"凌霄箭"。或者可以断言：太极拳发人丈外之神妙，除此之外，并无"凌霄箭"可求、可用。

如此可知，太极拳之修为，乃文乃武、身心双修、内外兼备，无出"时机"二字。故杨氏太极拳老谱《太极文武解》一文关于拳中的"时机"云："夫文武尤有火候之谓，在卷放得其时中，体育之本也。文武使于对待之际，在蓄发当其可者，武事之根也。"

关于"时机"，在众多太极拳经论中都有不同角度的阐释。如《太极拳论》"动之则分，静之则合。无过不及，随曲就伸"之论，就是非常完整地告诉拳者，在动静分合之时，要把握好无过不及之分寸，掌控好随曲就伸火候之机。再如杨班侯在其《十三字用功诀》中所云："来势凶猛捯手用，肘靠随时任意行。进退反侧应机走，何怕敌人艺业精。"在《十三字用功诀》中亦云："遇机得势进退走，三前七星顾盼间。周身实力意中定，听探顺化神气关。见实不上得攻手，何日功夫是体全？"拳论中对拳中之"时机"亦有明确的诠释，如"生克随机走，变化何无穷""神机由内变，调息呼吸气""随屈忽就伸，相互虚实移""接触揣时机，叱咤如雷似"等之论述，不胜枚举。由此可见，识时而知机，在太极拳之体用修为中，具有举足轻重之要。

二、人心、机也

《阴符经》曰："天性，人也。人心，机也。立天之道以定人也。"

这段经文一针见血地把天与人之间本原的关系，以及天人合一之枢纽机关一语道破。其中明确揭示出二重内涵：一是人性即天性，天机即人心；二是天道立则人道定。

　　"天性，人也"，阐释人之性为天所赋，故人性即天性。对此，杨氏太极拳老谱中《张三丰以武事得道论》一文云："故乾坤为大父母，先天也，爹娘为小父母，后天也。得阴阳先后天之气，以降生身，则为人之初也。夫人身之来者，得大父母之命、性、赋、理，得小父母之精、血、形、骸。合先后天之身命，我得而成人也，以配天地为三才，安可失性之本哉！然能率性，则本不失，既不失本来面目，又安可失身体之去处哉！"

　　这段论述是对"天性，人也"经文的精辟诠释。人有大小两重父母，上天为大父母，爹娘为小父母。先天之大父母赋予了命、性、理，后天之爹娘生育了有形之身。正是"合先后天之身命，我得而成'人'也"，所以，人之性即天性。故"天性，人也"。

　　"人心，机也"，这句经文亦明确告诉人们：要做到人性合天性，"复命归根"不失之本，其核心枢纽、机要之关就在于人心。故"人心，机也"。

　　我们知道：太极拳之修为主旨，就是内修心、外修身，内外兼备，身心双修。如拳论云："心为一身之主。"因此，太极拳修为是以内主外，以心主身。亦如《张三丰以武事得道论》文中所言："合之为一，共为太极，此由外敛入之于内，亦自内发出之于外也。"而太极拳身心双修之机，则在于心。《十三势行工心解》有云：

"先在心，后在身。""心为令，气为旗，腰为纛。"李亦畲在《五字诀》中把心静放在首要的位置阐述，云："心不静则不专""要刻刻留意"。

因此可以说，拳修之机在于一心。"拳性，人也；人心，机也。"拳道亦天道，只有循拳之道，修己之心，化人心归天性，拳人通一，则天人合一矣。拳修者，若能明通此修拳之要机，即能做到：循拳道以定天道，天道立则人道定矣。

关于机在乎于一心，《阴符经》亦云："性有巧拙，可以伏藏。九窍之邪，在乎三要，可以动静。""性有巧拙，可以伏藏"是阐明：性者，人之一心也。于人而言，每个人的心性都有巧有拙，世界上没有只巧而无拙或只拙而无巧之人，但对于心性巧拙的认识和把握，却有高下、智愚之分。修为之人应该做到巧拙伏藏。于体而言，即巧在其内而含藏不露，拙显于外而示于人。于用而言，则要做到以拙生巧、去拙用巧。通过修为，使人之性，后天返先天，人性归天性；心机合天机，天人合一，则能做到有巧有拙，亦巧亦拙，内巧外拙，巧拙相变，巧中有拙，拙中藏巧。至此，"心者，机也。"巧拙体用变化之机，存乎于心矣。亦如老子所言："大智若愚，大巧若拙""和光同尘""光而不耀"。

太极拳修为所言之机，亦如上述经文所言之巧拙，其

机即在于巧拙相变之时。拳中巧拙之机绝非投机取巧，而
是在动静屈伸中、于刚柔开合时，应变生机、随机而变。

　　拳中若能做到"巧拙随机走，动静枢纽待"，可视
为懂劲矣。亦如杨氏太极拳老谱《懂劲先后论》所言：
"胡为'真懂'？因视听无由未得其确也。知瞻眇顾盼之
视觉，起落缓急之听知，闪还撩了之运觉，转换进退之动
知，则为真懂劲！则能接及神明；及神明，自攸往有由
矣！有由者，由于懂劲，自得屈伸动静之妙；有屈伸动静
之妙，开合升降又有由矣！由屈伸动静，见入则开，遇出
则合；看来则降，就去则升。夫而后才为真及神明矣！"

　　以上拳论，对王宗岳《太极拳论》中关于"由着熟而
渐悟懂劲，由懂劲而阶及神明"做出了具体的阐释，对拳
中之何谓真懂劲、何谓阶及神明之真义做了详解。

　　文中所言真懂劲，是要做到：知视、觉听；知运、觉
动。"知觉运动"四字，可以说是贯穿于杨氏太极拳老谱
始终的对阴阳变化之机认识和掌控的具体体现。换言之，
杨氏太极拳把拳之修为概括为"知觉运动"。在老谱《八
门五步用功法》一文中，对"知觉运动"如是说："八卦
五行，是人生成固有之良，必先明'知觉运动'四字之本
由，知觉运动得之后，而后方能懂劲；由懂劲后，自能接
及神明矣！然用功之初，要知知觉运动虽固有之良，亦甚
难得之于我也！"文中把知觉运动视为太极拳修为由懂劲

而阶及神明的核心关键。

何谓"知觉运动"？杨氏太极拳老谱《固有分明法》一文做出了具体的诠解："盖人生降之初，目能视，耳能听，鼻能闻，口能食。颜色、声音、香臭、五味，皆天然知觉固有之良；其手舞足蹈于四肢之能，皆天然运动之良。思及此，是人孰无？

"因人性近习远，失迷固有。要想还我固有，非乃武无以寻运动之根由，非乃文无以得知觉之本原。是乃运动而知觉也。

"夫运而知，动而觉；不运不觉，不动不知。运极则为动，觉盛则为知。动知者易，运觉者难。先求自己知觉运动得之于身，自能知人；要先求知人，恐失于自己。不可不知此理也。夫而后懂劲然也。"

这篇论述，对"知觉运动"四字给出了具体的答案，阐明了人本原就有目视、耳听、鼻闻、口食之天然知觉，手舞足蹈于四肢之能也皆为天然运动之良方。然而，由于后天的习性，使原本固有的天然知觉运动迷失了。太极拳修为就是使知觉运动回归固有之天然。

文中清楚地告之，"不运不觉，不动不知""运极则为动，觉盛则为知"，"知觉运动"四字之实义，即为拳之身心双修、内外兼备、文武兼得之概括、总和。《阴符经》亦云"九窍之邪，在乎三要，可以动静"，是阐释人之一身有九窍，即目、耳、鼻、口及二阴，此九窍皆为人体与外界相通的门户，它直接关系人身心之邪正。而九窍之关键在目、口、耳三要，察人之固有本原，其三要目能视、耳能听、口能食，本无偏邪。亦如上述杨氏太极拳老谱《固有分明法》文中之言："皆天然知觉"，但"因人性近习远，失迷固有"，使得其三要目多观而神伤、耳多听而精散、口多言而气耗。此三要窍盲动而妄动，则精、气、神俱损。若要"得知觉之本原"，保精、养气、安神，就必须做到三要窍静笃而善用。正如老子曰："塞其兑，闭其门，终身不勤。开其兑，济其事，终身不救。"

做到"在乎三要"，方可言动静之机，随心所欲。如拳论云："能得枢纽环中窍，自然动静互为根。"

三、盗者，机也

《阴符经》云："其盗机也，天下莫能见，莫能知。君子得之固躬，小人得之轻命。"

此段经文，关键在于对"盗机"二字的解读。有人依唐代李荃译本释解为：形成事物变化之机，隐含在事物的反面，并在暗中于不知不觉间悄然向反面转化。因其"莫能见"而微妙，因其"莫能知"而难晓，故谓之盗机。

亦有人释读为：盗者，道也。而大道可意而不可言，可循而不可见。大道之运行亦如《阴符经》所云："天地，万物之盗；万物，人之盗；人，万物之盗。三盗即宜，三才即安。"天地生化万物，而万物生长要盗夺天地之气；万物滋养着人灵，而人的生存要盗夺万物之精；万物在天地之中被天灾地难无情摧杀，万物被天地盗灭；人在万物的滋养中被五色所迷，被五味所伤，被五音所惑，以至早衰早亡，而人又被万物所盗杀。如此说来，天地、万物及人相生相克，互盗互用。此三盗若能做到和谐平衡，则天、地、人三才方可安泰。

这两种解读，我认为各司其理，无可无不可。似乎将两者统合，更合其义。因为，万事万物大道运行的本原规律，即是阴阳互根、相反相成。而物极必反，"反者，道之动"，故事物的发展变化之机，就存在于一反之中。

太极拳修为心法之核心，即为"反向修义"。阳中寻其阴，阴中求其阳；松时要有紧，紧中必要松；外柔内要刚，刚内柔其外。当我们在太极拳修为中能做到"反向修真义，反中夺其机"，才能如王宗岳在《太极拳论》中所云："阴不离阳，阳不离阴；阴阳相济，方为懂劲。"

同时，万事万物之大道运行规律，亦是阴阳消长，相生相克。"此两者同出而异名"，故阴克阳，阳制阴，方可阴平阳秘，相平相对，异名而同出。可见事物发展变化之机，就存在于相生相克之中。

　　太极拳修为心法之基础，即为"层层修分"。万事万物均不离阴与阳相互对立的两个方面冲合而成。如老子所云："万物负阴而抱阳，冲气以为和。"虚与实即拳中之阴阳属性，"动之则分"则必须做到"虚实宜分清楚"，且如《太极拳经》所云："一处自有一处虚实。"因此，只有做到"层层修分"，方可做到"处处总有一虚实。"如此，方能"有上即有下，有前即有后，有左即有右"。上下左右前后均要"无使有凸凹处，无使有断续处"，就必然做到：向上时，以下克制向上之过。亦如拳经所言"如意要向上，即寓下"。同理，向前时，用后制约向前之多。向左时，则右能约束左之不及。这样，上下、前后、左右均能互克互用，即可做到如《太极拳论》所云："静之则合。无过不及，随曲就伸。"

　　当然，万事万物变化运行之相反相成、相生相克，都是在事物内部于不知不觉中悄然渐进而变化。拳中虚实变转之机，亦在内不在外，"凡此皆是意，不在外而在内"。如古人云："慎于秘，不著于象；行于密，不显于机。"则盗于机，机亦于盗。如鬼谷子云："彼此不觉知，但谓之神。"这样，方可做到《太极拳论》所言："人不知我，我独知人。英雄所向无敌，盖皆由此而及也。"故，盗者，机也；盗机者，神机也。

四、节之以气，制之以机

张三丰在其《太极拳经》中关于"得机得势"曰："向前退后，乃能得机得势。有不得机得势处，身便散乱，其病必在腰腿求之。"细读这段论述，得出其中两层含义：第一，得机方能得势，失机必定失势；第二，不得机得势，身便散乱。拳经把得机得势具体归结为"周身节节贯串，勿令丝毫间断耳"。可以说，"勿令丝毫间断耳"即为得势，"周身节节贯串"即为得机。换言之，欲要得机，就要做到"周身节节贯串"。周身如何能节节贯串？《太极拳经》明确告之："其根在于脚，发于腿，主宰于腰，行于手指，由脚而腿而腰，总须完整一气。"我们知道，人之周身，脚踝、膝、髋、骶、腰、胸、肩、肘、腕是由下而上的主要枢纽关节，太极拳将人身之九大关节枢纽称为九曲珠。拳中所言"节节贯串"，是指要做到拳论所云："行气如九曲珠"，以身中之内气把各关节枢纽贯而串之，继而做到"总须完整一气"。

深研上述拳之经文，必然得出如此结论：拳中之机，即在节节贯串、完整一气中得之。进而可以清楚地认识到，节节贯串，即必须节节分开。恰如《太极拳论》所云："动之则分"，完整一气即是"静之则合"。因此可以断言：拳中之机，即在分合之间。

如此说来，若要得机，就要节节分、一气合，那就必须明确节与气之内在关系。首要在于知节。何谓节？从字义解读：节者，物体各段之间相关联处。可以说，物体段与段之间均有关口或间隙，节即存在于关口间隙处，或称之为关节。于人体而言，颈、脊、腰、肩、肘、腕、胯、膝、踝九大关节，各关节均能"动之则分"，则周身圆活不滞；做到节节分而灵动，则内气运行顺遂无碍。如此，方可言得机。于自然气象而言，依据地球在运行轨道中与太阳相对位置的变化，我们先人定出二十四个点位，每一点均为一天，将这一天称为节，因为这一天是上节与下节的连接点，也是转折点。从这天开始，天地之间天气将发生转折变化。这二十四个点位，即是人们熟知的"二十四节气"。我们的祖先就是根据节气来掌握农田作物的种收藏储的时机。几千年来，我们的祖祖辈辈都熟知通晓于时节天气变转之中，应机而做。也可以说，节为相对之不变，气即为周流无始、变动不居。以不变之节，合不居之气。所求之机，即在这不变而变、变亦不变中而得。

综上可知，拳中之机，即在节与气之变与不变之中。对此《阴符经》有云："禽之制在气。"对这段经文的诠释，有两种不同版本。其一是以唐代道士李荃为代表的：世间之飞禽鸟兽之所以能飞翔于天地之间，是因为天地之间存在一气；万物之生杀旺衰也关乎这一气；人灵的存亡康健依然取决于这一气。正如中医所讲，人之疾病，皆由阴阳二气不能平和运转，五脏之气不能升降有调所致。能做到"真气从之，精神内守，病安从来？"气亦是中国传统文化之核心理念，孟子曰："吾善养吾浩然之气。"老子曰："专气致柔，能如婴儿乎？"对于天地之间之此一气，老子亦曰："天地之间，其犹橐籥乎？虚而不屈，动而愈出。"

其二是以唐代道人张果（即八仙之一的张果老）为代表的："禽物以气，制之以机，岂用大小之力乎？"他认为经文之中"禽"应通"擒"，不应解释为禽鸟。禽者，抓住、捉拿之谓也。故"禽物以气"，是说要掌握和抓住事物变化的规律，就要从把握一气之运行变转入手。而要能牢牢握住并运用一气运行之变化规律，就必须"制之以机"，即准确无误地控制好运行中每时每刻的时机变化及火候分寸，而这一切均与用大小之力无关。

对于上述两种诠释版本，如从太极拳修为的角度去悟读，似乎依然是无可无不可。太极拳之道学，即太极阴阳学说。阴阳学说认为：分则为阴阳二气，合即为一气太极。故太极即一气，一气亦太极。拳中即要求"以心行气""以气运身""心为令，气为旗""牵动往来气贴背""气如车轮"，从而做到"腹内松净气腾然"。

　　"禽之制在气"一句经文，在太极拳的修为中应反夺其意，即"禽之制在意不在气"。如王宗岳在《十三势行工心解》文中所云："全身意在精神，不在气，在气则滞。有气者无力，无力者纯刚。"这段论述之真义，其实是让太极拳修为者明白，拳之修为，谨遵"凡此皆是意"之主旨，全身意在精神，而"精神能提得起，则无迟重之虞"。亦如杨澄甫所云："若不用力而用意，意之所至，气即至焉。"然而，许多太极拳修炼者却反其道而行，把心思用在练气上，其结果非但没有"气遍身躯不稍滞"，反而使全身僵滞满腹。因此，可以断言：欲太极拳修炼内劲、内气有得，只此华山一条路，非"凡此皆是意"而不可达。

　　"制之以机"则告诉太极拳修为者：拳中所要得之机，是隐含在阴与阳、动与静、虚与实、刚与柔、松与紧、急与缓、曲与伸、轻与沉、提与落等相互对立、相互变转、相互制约的变化过程中的。如在与人搏击打手时，彼我双方未接手时，要做到"彼不动，己不动"，但此时己之不动，要做到身松心静，全身要虚空以待，意要专而不懈，气要周流鼓荡，周身要一空到底。此时如脚下用力扎根站死，则全身无灵动而言。双方接手，无论是触、摸、拿、扶，我均要做到极轻、极松、极柔、极软，如无力无骨之人。但此刻"彼之力方碍我之皮毛，我之意已入彼骨里"，从而做到拳论所云："彼微动，我先动。"然我之先动为意，而非动形。正是彼之微动，为我送来"我之意已入彼骨里"之先机，能将我之意入彼之骨，必须做到如师所云："心静身松手极轻，意专气沉虚灵空。"以我之虚静，擒捉对方之动机。此时，我虽身形未动，但虚实开合之机，动静盈虚之数，却已俱在我掌控中。

在与对方打手中，我要做到舍己从人，"由己则滞，从人则活。能从人手上便有分寸，称彼劲之大小，分厘不错；权彼来之长短，毫发无差。前进后退，处处恰合"，此乃心静身灵，"向不丢不顶中讨要消息"，从而在听劲中寻灵动之机、发劲之机。切记不是硬拿硬要而来，而是合彼意，顺彼力，人刚我柔、引进落空，而我则"擎起彼劲借彼力，引至身前劲使蓄"。这时，被引进落空之对方，已在不察不觉中将其被发的时机送到我的手上，而我则趁机而入，"于彼劲将发未发之际，我劲已接入彼劲。恰好不先不后，如皮燃火，如泉涌出"，此时把拿人之时所提之沉，要一落而放，一沉到底。发人之时，要做到机贵神速，如古人云："心如火药手如弹，灵机一动鸟难逃；身似弓弦手似箭，弦响鸟落显神奇。""起手如闪电，电闪不及含眸；击鼓如迅雷，雷发不及掩耳。"即放人之时，要做到极快、极冷、极脆、极刚、极沉。

与人打手，可分三节：彼我未触时节、接手听劲时节，以及乘机发放时节。只要我们于每节及节节相接中，均做到静得其时，动得其机，适时而为，得机而变，不失机不待时，则一气呵成，百战不殆。

当然，在太极拳修为中，要做到心静身松意专气沉，就必须在日常修炼中，习求对自我之身心节而有制、制而有约的功夫，亦如儒家经典《中庸》所云："喜怒哀乐之未发，谓之中；发而皆中节，谓之和。中也者，天下之大本也；和也者，天下之达道也。致中和，天地位焉，万物育焉。"拳之修为，就要在发而未发时，做到心中平静淡然，身上松通无碍，此时之身心可谓"处中"。然而，如同生活中喜怒哀乐为人之常情，不能不发；拳"动之则分"，前进、后退、左顾、右盼为拳之常态，不可不动。但在发时，要做到"发而皆中节"，发而有节，则依然合其中，即谓之中和。行拳打手时，做到虽动犹静，处处有节，时时有度，不偏不倚，无过不及，此刻之身心可谓"执两用中"矣。（孔子评价舜"执其两端，用其中于民"。）

太极拳修为者，能做到时时处中、处处用中，则拳中之机，在得中用中妙用无穷的过程中必得无疑。

太极拳之修为，是以拳证道、以拳演道、以拳入道的过程。因为拳乃道之用，道乃拳之体。拳可修，道不可违。如《阴符经》所云："是故圣人知自然之道不可违，因而制之至静之道"。此经文阐述了圣人清醒地知道大道不可违背，因而制订了至静之道，以修养己身，体悟大道，从而得道入道。如老子在《道德经》中所云："致虚极，守静笃，万物并作，吾以观其复。夫物芸芸，各复归其根。归根曰静，是谓复命。"

太极拳的先祖列宗，亦是在知自然大道不可违而开创了拳修之道，借以修身养性，性命双修，文武兼备，以拳悟道，以拳得道而入道。在拳修的过程中，我们也由悟道而知机、得机、随机、乘机而修为出把握时机的内功。天有天机，地有地机，人亦有人机。通过太极拳道之修为，能做到"观天之道，执天之行"，就能得心机以静笃，得生机以勃发，得气机以盈实，得灵机以活泼，得神机则神明莫测以明心见性。

第十七章　何谓应

太极拳是武术，武术就要能防身技击。失去防身自卫作用的太极拳，不是真正的太极拳。然而，自卫防身就必然要与人接手应敌。如何正确应敌？这是太极拳修为过程中的一个重要课题。

许多人在修炼太极拳的过程中，孜孜不倦地去寻求克敌之招法。也有不少人热衷于从拳架中以式拆招，想通过拆解招式，寻求以此招克彼招、以彼招破此招的应敌之术。我认为，仅从招数或技法中寻求应敌之术，乃是一条不通之路。如果陷入招式技法的形式中，那如何能达到无形无相、全体透空、人不知我、我独知人，乃至"由着熟而渐悟懂劲，由懂劲而阶及神明"的拳之高境界呢？

有人会问：既然如此，拳架中的招式对应敌技击有用吗？对此，我是这样解答的：首先，我想强调，我从不否认盘拳走架的重要作用，拳架中的每一招式在技击应敌时都能发挥作用。然而应该说明的是，招式的作用并不在外形动作上，重点是每招每式都蕴含着拳的内在真义。无论何招，无论何式，其应敌之作用，均不在其外在形式动作，而在内里之拳意。如《太极拳论》所云："虽变化万端，而理唯一贯。"由此可知，拳之修为，不深究内在的唯一之理，仅从招式技法的万变中追寻拳中应敌之妙是不可能贯通而阶及神明的。

故拳之应敌，不在动作招法，而在理之贯通；不在外之形式，而在内之神意。其关键在于如何理解应敌之"应"。如何知应、和应、运应，以至在接手应敌时，能应对正确，应从适宜，应和合理，应变自如。太极拳所求之应，我以为应该分为两层：其一反应；其二感应。

一、反应

太极拳所言之反应，应该是由表及里、由外而内、由形求意的阶段。纵观拳之修为，无出形意二字。太极拳是以神意为主宰的内功拳，但绝非轻视有形之身，更不排斥身形之修炼。恰恰相反，身心同修，内外兼备，形神俱妙，才是拳修之真义。离开己身的修为，不合乎拳之规律。因此，太极拳所求之应，首先要通过有形之身的修为，使之做到：随曲就伸，分合自由，节节贯串，周身一家。进而做到：动急则急应，动缓则缓随；反应迅捷，完整一气。

　　要做到己身在应敌接手时反应灵敏、得机得势，就必须做到：无使有缺陷处、无使有凸凹处、无使有断续处，而身无散乱。要做到身无散乱，就必须做到以气运身，务令顺遂。要做到运身顺遂，就必须做到周身松通，有形之身要实而虚，通而空，有而无。在平日站桩练功时，要把实体站虚，己身站空，有形站无。在盘拳走架时，要以心行气，以气运身，空手摸拳，虚体走架。在与人揉手时，要虚应敌，空接手。从而做到拳诀所云：四梢空接手，接手点上走。察与人接手应敌时，凡以力手相接，以实相抗，则"浑身僵劲充满经络，气血停滞，转动不灵，牵一发而全身动矣"。能做到虚应空接，则无顶、抗、丢、匾及迟重之虞。

　　诚然，在由表及里、由外而内的以练形求意的修炼阶段，身与心、形与意绝非顾此失彼、内外分家、形意割裂的，而是以形求意、由有入无、实中求虚。练形不是目的，而是练形以求意，练体以固精，使形弱化、柔化、虚化、空化，以至无形无相。

　　综上得知，太极拳所求之反应，不是拆招求法，而要反求诸己，要实实在在地苦练根本，能做到实体虚化，空手接敌。在应敌打手时，方可使对手找不到实处，摸不到重心，使其捕风捉影，"任他巨力来打我，牵动四两拨千斤"。

二、感应

太极妙手在应敌接手时，能做到人不知我，我独知人，不期然而然，不知至而至，发人丈外。其神奇绝妙处，无不出太极拳三大要旨：其一，以静制动；其二，以柔克刚；其三，后发先至。

太极妙手在与人打手时，看似静如山岳岿然不动，然发劲时，却如饿虎下山，力压千钧；看似柔若秀女、弱如无骨，可顷刻间犹如鹰鹞扑食，刚猛无比；看似缓慢后置，迟钝被动，但刹那间恰似电闪雷鸣，电闪不及合眸，迅雷不及掩耳。在对手毫无反应时，胜负已决。

太极妙手接手应敌，时时处处总能做到后发而先至，仅靠有形之体灵敏快捷的反应，是不可能达到的。如《太极拳论》所云："斯技旁门甚多，虽势有区别，概不外'壮欺弱''慢让快'耳。有力打无力，手慢让手快，是皆先天自然之能，非关学力而有为也。察四两拨千斤之句，显非力胜！观耄耋能御众之形，快何能为？"李亦畬对太极拳之后发先至亦有精辟论述，他在《五字诀》中如是说："于彼劲将发未发之际，我劲已接入彼劲。恰好不先不后，如皮燃火，如泉涌出。前进后退，无丝毫散乱。曲中求直，蓄而后发，方能随手奏效。此所谓'借力打人''四两拨千斤'也。"

　　"以静制动""以柔克刚""后发先至"应作为太极拳的三大要旨，也可以说是太极内功的三大特征。杨澄甫在谈及太极内功时曾说："巧内功不能胜大力者，何必练拳？千斤落空不能用矣。"

　　拳诀亦云："手慢手快皆非似，拳到无时始见奇。"如此说来，太极拳与人接手时，要做到后发先至，绝非靠有形之体快慢的反应。那又如何能做到后发而先至呢？师曰："有感即应。"也就是说，做到有感即应，方能后发先至。这就要求太极拳修为者清楚地理解"感应"二字之真义。

　　何谓拳修所言之感应？用太极拳道之阴阳理论解读，必然得出如此答案：感与应互为因果，感为因，应为果，有感才有应，应由感生发。换言之，感为应之体，应即感之用。感与应即为体用之关系。

　　如此说来，要清晰地体悟拳修之感应，就应该从剖析"感"入手。首先，要明确何谓太极修为所求之感、用什么感、如何才能感等一系列疑问，并寻求正确的解答，乃为认知并体悟拳之感应的关键。

　　关于感，常人一般的理解：感者，知也，感知也。即"客观事物通过感觉器官在人脑中的直接反映"。因此，常人之感是通过手摸、身触、眼观、耳听，并在大脑中产生反映而认知。如用眼可以看到苹果的大小与颜色，用鼻可嗅到苹果的香气和味道，用手可以触摸苹果的质地和温度。

然而，太极拳修为所求之感，则如师曰："三不用。"即不用手、不用眼、不用脑。有人会说如此三不用，岂不有违常理？又如师云："太极拳修为如与常人无异，何必练拳！"也有人会问"三不用"的道理何在？其理有二：一是在与人接手时，手所摸到的"有"并非真有，眼所见到的"实"并非真实。而常人常理都是手摸"有"，即认为真有；眼所见之"实"，即认为真实。把通过手、眼之感，传递给大脑，大脑根据此信息发出相应的指令。如此，只会导致我们的身体做出不合真实的反应。二是当我与对方接手时，以眼观、手触之感，必然要待对手身体已发生变化、做出动作后，方得眼见、手感，所感之信息才能传递到大脑，再经过大脑处理后，方能向身体做出反应的指令。如是，在与人接手应敌时，只能是滞后于敌。

也许有人会说："我就以提高眼、手、脑的反应速度来弥补后至的不足。"当然，如此摹练经久，身手之反应会越来越快。但于太极拳而言，"依然是门外汉"，因为它有悖于太极拳之道理。"'壮欺弱''慢让快'耳。有力打无力，手慢让手快，是皆先天自然之能，非关学力而有为也。"故奉劝固执此见的朋友，不必练太极拳，因为虽下数年纯功，定不能运化，"所谓差之毫厘，谬之千里也，学者不可不详辨焉"。

或许有人会提出质疑：如此"三不用"，岂不造成手、眼、身体反应迟钝以至退化？对此，我的回答是否定的。师所曰之"三不用"，并非绝对不用。我们在太极拳修为中，一定要用太极思维去分辨及理解拳中之理。用阴阳之理去剖析用与不用，那样答案自明。拳之修为所言之不用，是不用之用，亦是用其不用。具体而言，眼、耳、手等所有有形之感官，虽然可视、可闻、可摸，但均不具备对所见、所听、所触之象分清表里、辨识真伪的功能。那我们一定不要"强其所难"，非要用其不能，否则，结果只能是贻误真见。因此，"三不用"是不用眼、耳、手之不能。

有人会接着发问："不用脑又如何解释呢？"我们说不用脑，是不让脑受眼所见、耳所闻、手所触之感的干扰和诱导。太极拳修为就是要做到把眼、耳、手等有形之身直通于脑的通道闭塞，把一切可能给脑传递错误信息的路径统统关掉，让脑只连接且接受表里如一、真伪分明信息的唯一通道。正如老子所云："塞其兑，闭其门，终身不勤。开其兑，济其事，终身不救。"

古人称，作为人之出入门户的九窍，眼、鼻、口为其中三要窍。耳通于精、眼通于神、口通于气，若此三要窍盲动而妄用，会伤精耗气、心神不安，或因所见、所听、所说而招灾致祸。亦如《阴符经》云："动则外漏，静则内藏。"太极拳之修为，能使人做到"内固精神，外示安逸"，眼、耳、口三要窍静养而善用，则可安神、保精、养气，方可实现："欲天下豪杰延年养生，不徒作技艺之末也。"

明晰了"三不用"之理，顺理成章地会思索并发问：接手应敌不用眼、不用手、不用脑，那要用何而接，以何而感呢？能否在塞闭兑门后建立一条通道，把由表及里、虚实分清、真伪相辨的信息，能够最准确、最快捷地传递到吾之心、人之脑呢？对此，师曾一针见血地回答："神感意接。"

通过太极拳修为，悟道而明理，使我们清楚地知道了心与神、心与意所存在的内在关系。人之心，如杨氏太极拳老谱《人身太极解》文中开篇所云："人之周身，心为一身之主宰。主宰，'太极'也。"因此，太极拳修为的本质是心的修为。然而，心不可捉、不可摸、不可知，亦不可见，如此说来，修心岂不成了一句虚言？太极拳修为并非如此。拳之修为正是把看不见、摸不着、无法掌控的心，通过求意出神来把心的修为变得可为、可控、可具体操作。因为"神出于心"，意由心生，"心为一身之主，正意诚心"。可以说：神与意为心的两大使者，神为心之外显，意为心之内用。故神即心，所谓心神也；意即心，所谓心意也。只有神与意把外在的真见真识毫无保留、完整真实、一丝不苟地通达于一心，此时之心才能有而无、空而虚，神凝心空，意动心静。

在应敌接手时，神接、意感就要做到未曾接手而接"手"。当彼我双方手未接、身未触时，我之神已覆盖于敌，对手之身、心、形、意全部被我之神重重包围覆盖。我之意于己身之内，以意运气，有形之体已虚空松通。"变转虚实须留意，气遍身躯不稍滞。"

同时，意由内而外，由己入彼；我之意渗透对手之内，与对手之意恰合为一。即彼之意亦我之意，我之意亦彼之意，彼有意我无意，彼意动我意静，彼意之动静完全被我掌握。如此，方可达至"人不知我，我独知人"。此时，对手于外则陷入我之神势覆盖的围困中，于内已被我之意黏随掌控，对手必困兽犹斗，做出不得已的反应。当彼动意萌生，"彼之力方碍我皮毛，我之意已入彼骨内""于彼劲将出而未发之际，我劲已接入彼劲""我不动彼丝毫，趁势而入，接定彼劲，彼自跌出"，方能随手奏效。

如此可知，太极拳与人接手应敌，就必须做到内接外应。于外而言，有形之身要做到如《太极拳经》所云："一举动，周身俱要轻灵，犹须贯串。""向前退后，乃能得机得势。"亦如《走架打手行工要言》所云："欲要得机得势，先要周身一家；欲要周身一家，先要周身无有缺陷。"有形之身能做到周身一家，无有缺陷，方能做到与敌打手时"动急则急应，动缓则缓随"。于内而言，心为一身之主宰，接手应敌就要做到神聚意专而心静。身形未动，神意先行。彼我双方未曾接手，我之神意早已覆盖渗透。双方未动，我之神已与敌接，我之意已透彼骨，我之身已"气遍身躯不稍滞"虚空以待，做好应敌之备。如此，方能"万事俱备，只欠东风"，"彼不动，己不动；彼欲动，己先动"。

太极妙手在与人搏击接手时，总是处在以逸待劳、以静寓动、有感即应而后发先至的状态。

太极妙手接手应敌，未接而接；形未动，手未出，则胜负已定，好似当年诸葛亮未出茅庐已定三分天下。

太极妙手应敌接手，如同打一场现代化的信息战，由过去的刺刀见红、拼命厮杀，转入只见硝烟不见人的战争阶段，其神妙处更在于硝烟未见，成败已决。这就是无影无踪、无枪无炮的信息战，当我方能侵入、渗透到对方的信息指挥中心，对手的丝毫举动均在我的掌控之中，而对方却如盲人摸象。如能至此，敌我双方未见一枪一弹，未动一兵一卒，其胜负却已成定论。

综上所述：应敌接手是太极拳修为的重要课题，拳之修为亦如《太极拳论》所云："由着熟而渐悟懂劲，由懂劲而阶及神明。然非用力之久，不能豁然贯通焉。"阶及神明，是每位太极学子孜孜不倦追求的目标。而在与人接手时，能做到应变自如，有感即应，后发先至，处处先机，是迈向阶及神明的关键台阶。如前辈所云："事物之来，随感而应，自然见得高下轻重。"拳之神明，无招无式，无形无相，无影无踪。亦如孙子兵法《虚实篇》所云："故善攻者，敌不知其所守；善守者，敌不知其所攻。微乎其微，至于无形；神乎其神，至于无声。"此乃拳之应敌之妙也。

文献辑录

一、杨氏徐门《太极拳谱》手抄本

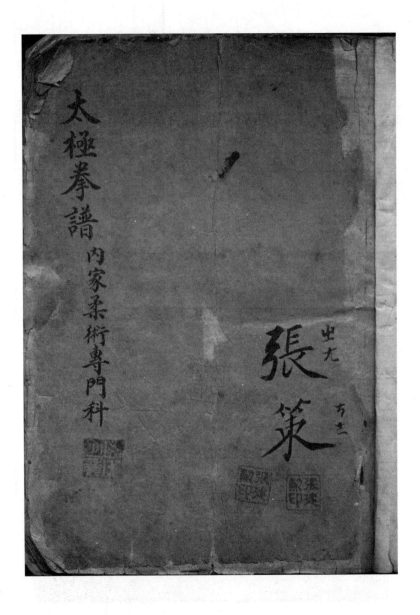

太極拳後天法論

王宗岳先生拳論

張三丰祖師遺論

十三勢歌訣

十三勢行工心解

推四手歌訣 三則

十三勢名目

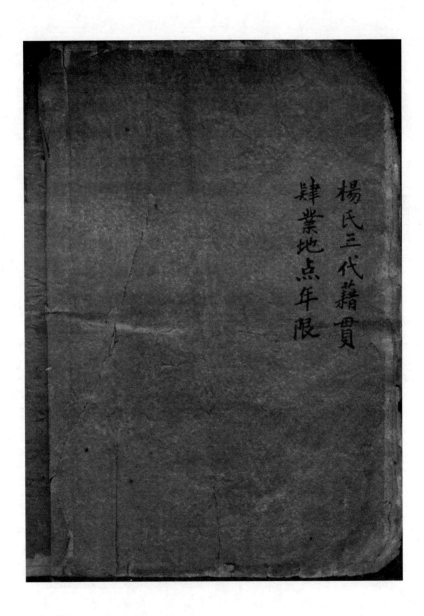

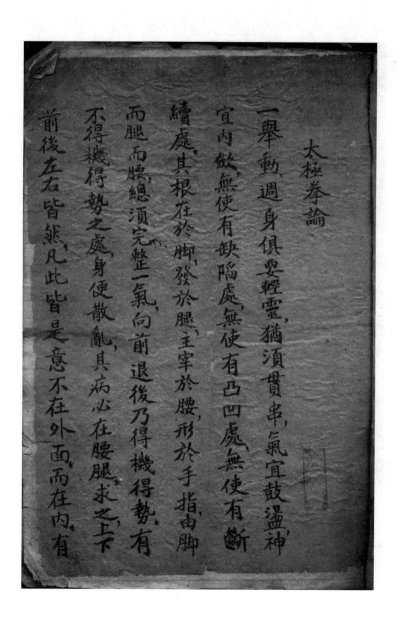

太極拳論

一舉動、週身俱要輕靈，猶須貫串，氣宜鼓盪，神宜內歛，無使有缺陷處，無使有凸凹處，無使有斷續處，其根在於脚，發於腿、主宰於腰，形於手指由脚而腿而腰總須完整一氣向前退後乃得機得勢，有不得機得勢之處身便散亂，其病必在腰腿求之上下前後左右皆然凡此皆是意不在外面而在內，有上即有下，前即有後，有左即有右，如意要向上，即寓下，意若將物掀起而加以挫之之意，斷其根，自斷乃懷之速而無疑，虛實宜分清楚，一處自有一處虛實，處處總有一虛實，週身節節貫串，勿令絲毫間斷耳。

山右王宗岳先生太極拳論一名長拳，十三勢，太極者，無極而生陰陽之母也，動之則分，靜之則合，無過

不及，隨曲就伸，人剛我柔謂之走，我順人背謂之粘，動急
則急應，動緩則緩隨。雖變化萬端，而理為一以貫之由
著熟而漸悟懂勁，由懂勁而階及神明，然非用力之久
不能豁然貫通焉。須領頂勁，氣沉丹田，不偏不倚，忽
隱忽現，左重則左虛，右重則右杳，仰之則彌高俯之
則彌深進之則愈長，退之則愈促，一羽不能加蠅虫
不能落人不知我，我獨知人，英雄所向無敵蓋由

此而及也。斯技傍門甚多，雖勢有區别，概不外乎壯欺弱、慢讓快耳。有力打無力，手慢讓手快，是皆先天自然之能，非關學力而有為也。察四兩撥千斤之句，顯非力勝，觀耄耋能禦眾之形快何能為。立如平准，活似車輪，偏沉則隨，雙重則滯，每見數年純功不能自化者，率皆自為人制雙重之病未悟耳。欲避此病，須知陰陽，粘即是走，走即是粘，陰不離陽，

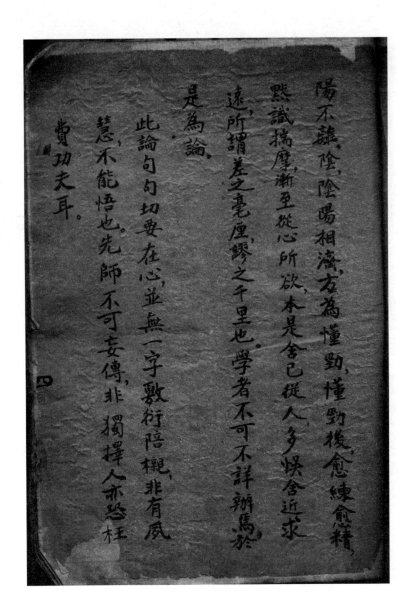

陽不離陰，陰陽相濟，方為懂勁，懂勁後，愈練愈精，

黙識揣摩，漸至從心所欲，本是舍己從人，多悞舍近求

遠，所謂差之毫厘，謬之千里也。學者不可不詳辨焉。於

是為論。

此論句句切要在心，並無一字敷衍陪襯，非有夙

慧不能悟也。先師不可妄傳，非獨擇人，亦恐枉

費功夫耳。

右係五當山

張三丰、祖師遺論欲天下豪傑延年養生，不徒作技、藝之末也。長拳者如長江大海滔滔不絕、十三勢者掤、攦、擠、按、採、挒、肘、靠、此八卦也。進步退步、左顧、右盼、中定即金木水火土也五行也合而言之曰十三勢也、掤、攦、擠、按、即坎、離、震、兌、四正也、採、挒、肘、靠、即乾、坤、艮、巽、四斜角也、進退五右中即金木水火土也。

十三勢歌訣

十三總勢莫輕視，命意源頭在腰隙，變轉虛實須
留意氣遍身軀不少癡，靜中觸動動猶靜因敵
變化示神奇勢勢存心撥用意得來不覺費工
夫刻刻留心在腰間，腹內鬆淨氣騰然尾閭中正
神貫頂滿身輕利頂頭懸，仔細留心向推求屈伸
開合聽自由入門引路須口授工夫無息法自休若言

体用何为准意气君来骨肉臣伺推用意终何在益

寿延年不老春歌兮歌兮百四十字字真切义无遗,

若不向此推求去枉费工夫始叹惜。

十三势行工心解

以心行气务令沉着乃能收敛入骨以气运身务令

顺遂乃能便利从心精神能提得起则无迟重之虑,

所谓顶头悬也意气须换得灵乃有圆活之趣,所谓

變動虛實也。發勁須沉著鬆淨，專主一方，立身須中正，

安舒支撐八面，行氣如九曲珠無微不利，氣遍身軀

之謂也。運勁如百練鋼，何堅不摧，形如搏兔之鶻，

神如捕鼠之貓，動似江河，靜如山岳，蓄勁如開

弓，發勁如放箭，曲中求直，蓄而後發，力由脊發，

隨身換收即是放，斷而復連，往復須有摺疊，進

退須有轉換，極柔軟然後極堅剛，能呼吸然

后能灵活，气以直养而无害，劲以曲蓄而有余，心为令，气为旗，腰为纛，先求开展，后求紧凑，乃可臻于缜密矣。

又曰：先在心，后在身，腹松气敛入骨，神舒体静，刻刻在心，切记一动无有不动，一静无有不静。牵动往来气贴背，敛入脊骨，内固精神，外示安逸。迈步如猫行，运劲如抽丝，全神意

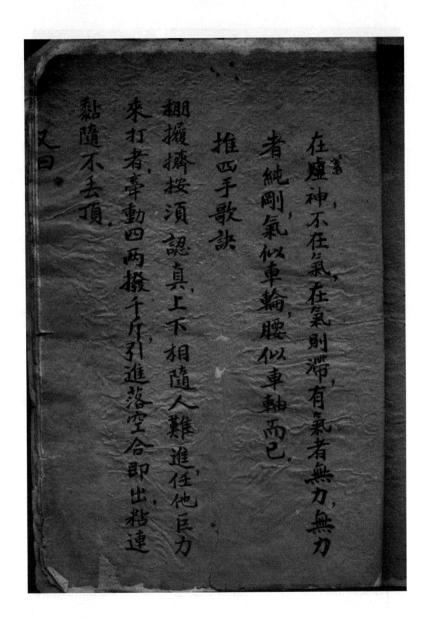

在虛神不在氣，在氣則滯，有氣者無力，無力
者純剛氣似車輪，腰似車軸而已。

推四手歌訣

掤攦擠按須認真，上下相隨人難進，任他巨力
來打者，牽動四兩撥千斤引進落空合即出粘連
黏隨不丟頂。

又曰：

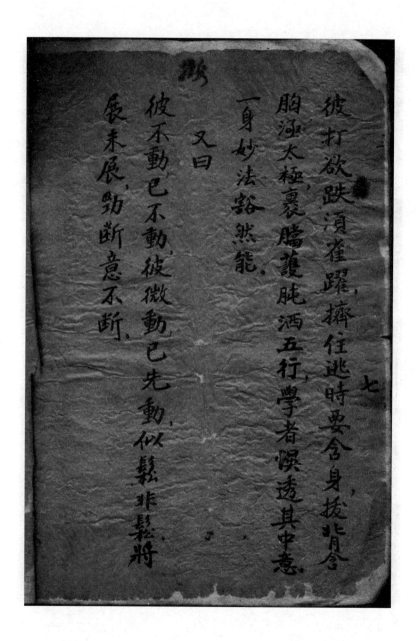

彼打欲跌須雀躍，擗住逃時要含身接非肖舍

胸涵太極裹膽護肫灑五行學者唤透其中意。

一身妙法豁然能。

又曰

彼不動巳不動，彼微動巳先動，似鬆非鬆將

展未展，勁斷意不斷。

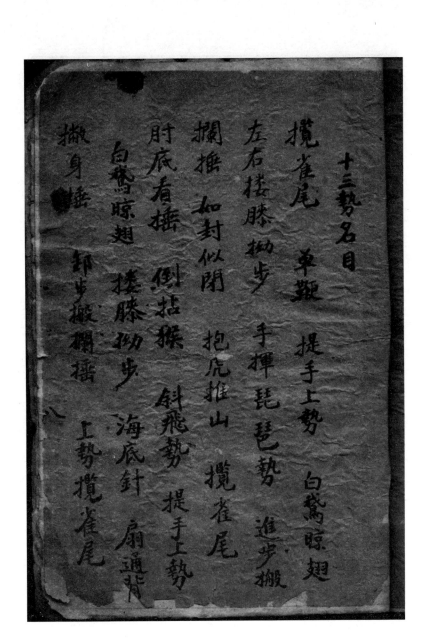

十三勢名目

攬雀尾　單鞭　提手上勢　白鷺晾翅

左右摟膝拗步　手揮琵琶勢　進步搬

攔挫　如封似閉　抱虎推山　攬雀尾

肘底看捶　倒拈猴　斜飛勢　提手上勢

白鷺晾翅　摟膝拗步　海底針　扇通背

撤身捶　卻步搬攔捶　上勢攬雀尾

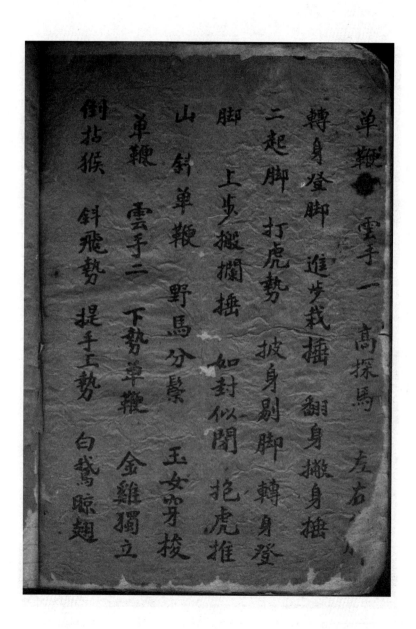

単鞭〇　雲手一　高探馬　左右

轉身燈脚　進步栽捶　翻身撇身捶

二起脚　打虎勢　披身剔脚　轉身燈

脚　上步搬攔捶　如封似閉　抱虎推

山　斜單鞭　野馬分鬃　玉女穿梭

單鞭　雲手二　下勢單鞭　金雞獨立

倒拈猴　斜飛勢　提手上勢　白鵞晾翅

274

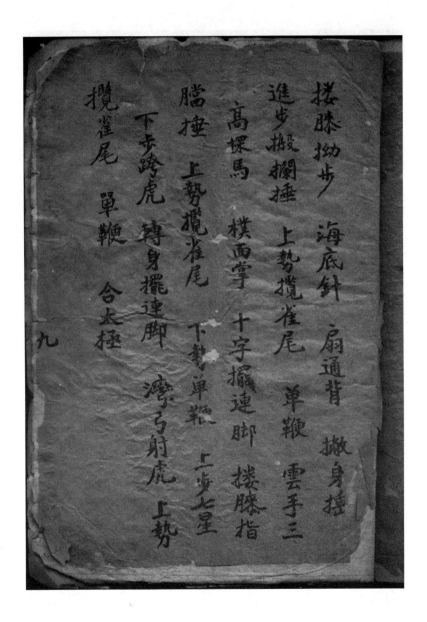

搂膝拗步　海底針　扇通背　撇身捶

進步搬攔捶　上勢攬雀尾　單鞭　雲手三

高探馬　撲面掌　十字擺連脚　搂膝指

膽捶　上勢攬雀尾　下勢單鞭　上步七星

下步跨虎　轉身擺連脚　灣弓射虎　上勢

攬雀尾　單鞭　合太極

九

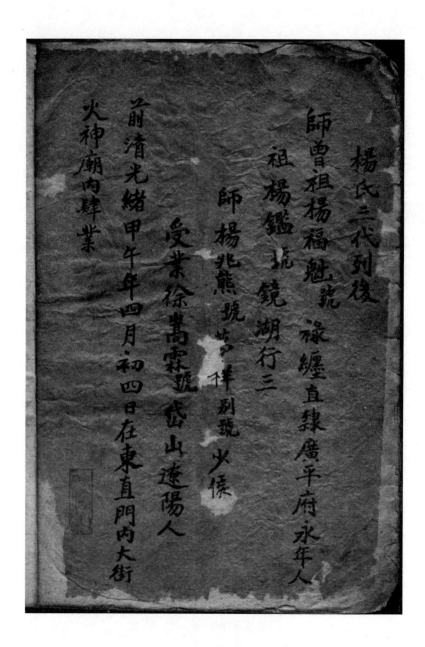

楊氏三代列後

師曾祖楊福魁號　祿纏直隸廣平府永年人

祖楊鑑號　鏡湖行三

師楊兆熊號梦祥别號少侯

受業徐壽霖號岱山遼陽人

前清光緒甲午年四月初四日在東直門內大街

火神廟內肄業

二、张三丰著述

太极拳经

一举动，周身俱要轻灵，犹须贯串，气宜鼓荡，神宜内敛，无使有缺陷处，无使有凸凹处，无使有断续处。其根在于脚，发于腿，主宰于腰，行于手指，由脚而腿而腰，总须完整一气，向前退后乃得机得势。有不得机得势之处，身便散乱，其病必在腰腿求之，上下前后左右皆然。凡此皆是意，不在外面而在内，有上即有下，有前即有后，有左即有右。如意要向上，即寓下，意若将物掀起而加以挫之之意。斩其根自断乃怀之速而无疑。虚实宜分清楚，一处自有一处虚实，处处总有一虚实。周身节节贯串，勿令丝毫间断耳。

长拳者，如长江大海滔滔不绝。十三势者：掤、捋、挤、按、采、挒、肘、靠，此八卦也。进步、退步、左顾、右盼、中定，即金、木、水、火、土也，五行也。合而言之曰十三势也。掤、捋、挤、按，即坎、离、震、兑，四正也。采、挒、肘、靠，即乾、坤、巽、艮，四斜角也。进、退、左、右、中，即金、木、水、火、土也。

原注云：此系武当山张三丰祖师遗论。欲天下豪杰延年养生，不徒作技艺之末也。

三、王宗岳著述

太极拳论

太极者，无极而生，阴阳之母也。动之则分，静之则合。无过不及，随曲就伸。人刚我柔谓之"走"，我顺人背谓之"粘"。动急则急应，动缓则缓随。虽变化万端，而理为一以贯之。由着熟而渐悟懂劲，由懂劲而阶及神明。然非用力之久，不能豁然贯通焉！

虚领顶劲，气沉丹田，不偏不倚，忽隐忽现。左重则左虚，右重则右杳。仰之则弥高，俯之则弥深。进之则愈长，退之则愈促。一羽不能加，蝇虫不能落。人不知我，我独知人。英雄所向无敌，盖由此而及也！

斯技旁门甚多，虽势有区别，概不外乎壮欺弱、慢让快耳！有力打无力，手慢让手快，是皆先天自然之能，非关学力而有为也！察"四两拨千斤"之句，显非力胜；观耄耋能御众之形，快何能为？！

立如平准，活似车轮。偏沉则随，双重则滞。每见数年纯功，不能自化者，率皆自为人制，双重之病未悟耳！

欲避此病，须知阴阳：粘即是走，走即是粘；阴不离阳，阳不离阴；阴阳相济，方为懂劲。懂劲后愈练愈精，默识揣摩，渐至从心所欲。

本是"舍己从人",多误"舍近求远"。所谓"差之毫厘,谬之千里"也,学者不可不详辨焉!于是为论。

太极拳经歌诀(七言四句六首)

其一

顺项贯顶两膀松,束烈下气把裆撑。
胃音开劲两捶争,五趾抓地上弯弓。

其二

举动轻灵神内敛,莫教断续一气研。
左右宜有虚实处,意上寓下后天还。

其三

拿住丹田练内功,哼哈二气妙无穷。
动分静合屈伸就,缓应急随理贯通。

其四

忽隐忽现进则长,一羽不加至道藏。
手慢手快皆非似,四两拨千运化良。

其五

掤捋挤按四方正,采挒肘靠斜角成。
乾坤震兑乃八卦,进退顾盼定五行。

其六

极柔即刚极虚灵，运若抽丝处处明。

开展紧凑乃缜密，待机而动如猫行。

四、杨氏太极拳老谱

八门五步

掤南，捋西，挤东，按北；采西北，挒东南，肘东北，靠西南——方位。坎，离，兑，震；巽，乾，坤，艮——八门。

方位八门，乃为阴阳颠倒之理，周而复始，随其所行也。总之，四正、四隅不可不知矣！

夫掤、捋、挤、按是四正之手，采、挒、肘、靠是四隅之手。合隅、正之手，得门、位之卦。以身分步，五行在意，支撑八面。

五行：进步火，退步水，左顾木，右盼金，定之方中土也。

夫进退为水火之步，顾盼为金木之步，以中土为枢机之轴。怀藏八卦，脚跐五行；手步八五，其数十三，出于自然。十三势也，名之曰"八门五步"。

八门五步用功法

八卦五行，是人生成固有之良，必先明"知觉运动"四字之本由，知觉运动得之后，而后方能懂劲；由懂劲后，自能接及神明矣！

然用功之初，要知知觉运动虽固有之良，亦甚难得之于我也！

固有分明法

盖人生降之初，目能视，耳能听，鼻能闻，口能食。颜色、声音、香臭、五味，皆天然知觉固有之良；其手舞足蹈于四肢之能，皆天然运动之良。思及此，是人孰无？因人性近习远，失迷固有。要想还我固有，非乃武无以寻运动之根由，非乃文无以得知觉之本原。是乃运动而知觉也。

夫运而知，动而觉；不运不觉，不动不知。运极则为动，觉盛则为知。动知者易，运觉者难。先求自己知觉运动得之于身，自能知人；要先求知人，恐失于自己。不可不知此理也。夫而后懂劲然也。

粘黏连随

粘者，提上拔高之谓也。黏者，留恋缱绻之谓也。连者，舍己无离之谓也。随者，彼走此应之谓也。

要知人之知觉运动，非明粘、黏、连、随不可。斯粘、黏、连、随之功夫，亦甚细矣！

顶匾丢抗

顶者，出头之谓也。匾者，不及之谓也。丢者，离开之谓也。抗者，太过之谓也。

要知于此四字之病，不但粘黏连随之功断，且不明知觉运动也。初学对手，不可不知也！更不可不去此病。所难者粘黏连随，而不许顶匾丢抗，是所不易也！

对待无病

顶、匾、丢、抗，失于对待也，所以为之病者，既失粘、黏、连、随，何以得知觉运动？既不知己，焉能知人？所谓对待者，不以顶、匾、丢、抗相对于人也；要以粘、黏、连、随等待于人也。能如是，不但对待无病，知觉运动亦自然得矣，可以进于懂劲之功矣！

对待用功法守中土（七言十句）
——俗名"站桩"

定之方中足有根，先明四正进退身。
掤捋挤按自四手，须费功夫得其真。
身形腰顶皆可以，粘黏连随意气均。
运动知觉来相应，神是君位骨肉臣。
分明火候七十二，天然乃武并乃文。

身形腰顶（七言六句）

身形腰顶岂可无？缺一何必费功夫！

腰顶穷研生不已，身形顺我自伸舒。

舍此真理终何极？十年数载亦糊涂！

太极圈（七言十句）

退圈容易进圈难，不离腰顶后与前。

所难中土不离位，退易进难仔细研。

此为动功非站定，倚身进退并比肩。

能如水磨催急缓，云龙风虎象周旋。

要用天盘从此觅，久而久之出天然。

太极进退不已功（七言九句）

掤进捋退自然理，阴阳水火相既济。

先知四手得来真，采挒肘靠方可许。

四隅从此演出来，十三势架永无已。

所以因之名"长拳"，任君开展与收敛，千万不可离太极。

太极上下名天地（七言八句）

四手上下分天地，采挒肘靠有由去。

采天靠地相应求，何患上下不既济？

若使捌肘习远离，迷了乾坤遗叹惜！
此说亦明天地盘，进用肘捌归人字。

太极人盘八字功（七言四句三首）

其一

八卦正隅八字歌，十三之数不几何！
几何若是无平准，丢了腰顶气叹哦！

其二

不断要言只两字，君臣骨肉细琢磨。
功夫内外均不断，对待数儿岂错他！

其三

对待于人出自然，由此往复于地天。
但求舍己无深病，上下进退永连绵。

太极体用解

　　理为精、气、神之体，精、气、神为身之体。身为心之用，劲力为身之用。心、身有一定之主宰者，理也。精、气、神有一定之主宰者，意诚也。诚者，天道；诚之者，人道。俱不外意念须臾之间。

　　要知天人同体之理，自得日月流行之气。其气意之流行，精神自隐微乎理矣！夫而后言乃武、乃文、乃圣、乃神，则得矣。若特以武事论之于心身，用之于劲力，仍归于道之本也，故不得独以末技云尔！

劲由于筋，力由于骨，如以持物论之，有力能执数百斤，是骨节、皮毛之外操也，故有硬力。如以全体之有劲，似不能持几斤，是精气之内壮也。虽然，若是功成后犹有妙出于硬力者，修身、体育之道有然也。

太极文武解

文者，体也；武者，用也。文功在武用于精气神也，为之体育；武功得文体于心身也，为之武事。

夫文武尤有火候之谓，在卷放得其时中，体育之本也。文武使于对待之际，在蓄发当其可者，武事之根也。故云：武事文为，柔软体操也，精气神之筋劲也；武事武用，刚硬武事也，心身之骨力也。文无武之预备，为之有体无用；武无文之侣伴，为之有用无体。如独木难支，孤掌不响。不惟体育，武事之功，事事诸如此理也。

文者，内理也；武者，外数也。有外数无文理，必为血气之勇，失于本来面目，欺敌必败尔！有文理无外数，徒思安静之学，未知用于采战，差微则亡耳！

自用、于人，文武二字之解，岂可不解哉！

太极懂劲解

自己懂劲，接及神明，为之文成。而后采战身中之阴七十有二，无时不然。阳得其阴，水火既济，乾坤交泰，性命葆真矣！

于人懂劲，视听之际，遇而变化，自得曲诚之妙形，著明于不劳，运动知觉也。功至此，可为攸往咸宜，无须有心之运用耳！

八五十三势长拳解

自己用功，一势一式，用成之后，合之为"长"；滔滔不断，周而复始，所以名"长拳"也。万不得有一定之架子，恐日久入于滑拳也，又恐入于硬拳也，决不可失其绵软。周身往复，精神、意气之本，用久自然贯通，无往不至，何坚不摧也！

于人对待，四手当先，亦自八门五步而来。站四手，四手碾磨，进退四手，中四手，上下四手，三才四手。由下乘长拳四手起，大开大展，练至紧凑、屈伸自由之功，则升至中、上成矣！

太极阴阳颠倒解

阳：乾、天、日、火、离、放、出、发、对、开、臣、肉、用、器、身、武、立命、方、呼、上、进、隅。

阴：坤、地、月、水、坎、卷、入、蓄、待、合、君、骨、体、理、心、文、尽性、圆、吸、下、退、正。

盖颠倒之理，"水、火"二字详之，则可明。如：火炎上、水润下者，水能使火在下而用水在上，则为颠倒。然非有法治之则不得矣！

譬如：水入鼎内，而置火之上，鼎中之水得火以然之，不但水不能下润，藉火气，水必有温时。火虽炎上，得鼎以隔之，是为有极之地，不使炎上之火无止息；亦不使润下之水永渗漏。此所谓水火既济之理也，颠倒之理也。

若使任其火炎上、水润下，必至水火分为二，则为水火未济也。

故云：分而为二、合之为一之理也。故云：一而二、二而一，总斯理为三，天、地、人也。

明此阴阳颠倒之理，则可与言道；知道不可须臾离，则可与言人；能以人弘道，知道不远人，则可与言天地同体。上天，下地，人在其中矣！

苟能参天察地，与日月合其明，与五岳、四渎华朽，与四时之错行，与草木并枯荣，明鬼神之吉凶，知人事之兴衰，则可言乾坤为一大天地、人为一小天地也。

夫如人之身心，致知格物于天地之知能，则可言人之良知、良能。若思不失固有，其功用浩然正气，直养无害，攸久无疆矣！

所谓人身生成一小天地者，天也、性也、地也、命也、人也、虚灵也、神也，若不明之者，乌能配天地为三乎？然非尽性立命、穷神达化之功，胡为乎来哉！

人身太极解

人之周身，心为一身之主宰。主宰，"太极"也。二目为日月，即"两仪"也。头像天，足像地，人中之人及中脘，合之为"三才"也。四肢"四象"也。

肾水、心火、肝木、肺金、脾土，皆属阴；膀胱水、小肠火、胆木、大肠金、胃土，皆阳也，兹为内也。颅丁火、地阁、承浆水、左耳金、右耳木，两命门土也，兹为外也。

神出于心，目眼为心之苗。精出于肾，脑肾为精之本。气出于肺，胆气为肺之原。视思明心动神，流也。听思聪脑动肾，滑也。

鼻之息香臭，口之呼吸出入。水咸、木酸、土辣、火苦、金甜，及言语声音，木亮、火焦、金润、土塕、水漂。鼻息、口呼吸之味，皆气之往来肺之门户。肝胆巽震之风雷，发之声音，出入五味。此言口、目、鼻、舌、神、意，使之六合，以破六欲也，此内也。手、足、肩、膝、肘、胯，亦使之六合，以正六道也，此外也。

眼、耳、鼻、口、大小便、肚脐，外七窍也。喜、怒、忧、思、悲、恐、惊，内七情也。七情皆以心为主，喜心、怒肝、忧脾、悲肺、恐肾、惊胆、思小肠、怕膀胱、愁胃、虑大肠，此内也。

夫离：南正、午、火、心经；坎：北正、子、水、肾经；震：东正、卯、木、肝经；兑：西正、酉、金、肺经；乾：西北隅、金、大肠化水；坤：西南隅，土、脾化土；巽：东南隅、胆木化土；艮：东北隅，胃土化火。此内八卦也。外八卦者，二、四为肩，六、八为足，上九、下一，左三、右七也。坎一、坤二、震三、巽四、中五、乾六、兑七、艮八、离九，此九宫也。内九宫亦如此。

表里者，乙肝，左肋，化金通肺；甲胆，化土通脾；丁心，化木中胆，通肝；丙小肠，化水通肾；己脾，化土通胃；戊胃，化火通心，后背前胸，山泽通气；辛肺，右肋，化水通肾；庚大肠，化金通肺；癸肾，下部，化火通心；壬膀胱，化木通肝。此十天干之内外也。十二地支亦如此之内外也。

明斯理，则可与言修身之道矣。

太极分文武三成解

盖言道者，非自修身无由得成也。然又分为三乘之修法。乘者，成也。上乘，即大成也；下乘，即小成也；中乘，即诚之者成也。法分三修，成功一也。

文修于内，武修于外。体育内也，武事外也。其修法内外、表里成功集大成，即上乘也。由体育之文而得武事之武，或由武事之武而得体育之文，即中乘也。然独知体育之文、不知武事而成者，或专武事、不为体育而成者，即小成也。

太极下乘武事解

太极之武事，外操柔软，内含坚刚。而求柔软之于外，久而久之，自得内之坚刚。非有心之坚刚，实有心之柔软也。

所难者，内要含蓄坚刚而不外施，终柔软而迎敌。以柔软而应坚刚，使坚刚尽化无有矣！

其功何以得乎？要非粘黏连随已成，自得运动知觉，方为懂劲；而后神而明之，化境极矣！

夫四两拨千斤之妙，功不及化境，将何以能是所谓懂粘黏连随，得其视听轻灵之巧耳！

太极正功解

太极者圆也，无论内外、上下、左右，不离此圆也。

太极者方也，无论内外、上下、左右，不离此方也。

圆之出入，方之进退，随方就圆之往来也。方为开展，圆为紧凑。方圆规矩之至，其孰能出此以外哉！

如此得心应手，仰高钻坚，神乎其神，见隐显微，明而且明，生生不已，欲罢不能矣！

太极轻重浮沉解

双重为病，干于填实，与沉不同也；双沉不为病，自尔腾虚，与重不一也。

双浮为病，祇如缥缈，与轻不例也；双轻不为病，天然轻灵，与浮不等也。

半轻半重不为病；偏轻偏重为病。半者，半有着落也，所以不为病；偏者，偏无着落也，所以为病。偏无着落，必失方圆；半有着落，岂出方圆？

半浮半沉为病，失于不及也；偏浮偏沉，失于太过也。

半重偏重，滞而不正也；半轻偏轻，灵而不圆也。

半沉偏沉，虚而不正也；半浮偏浮，茫而不圆也。

夫双轻不近于浮，则为轻灵；双沉不近于重，则为离虚，故曰"上手"。轻重半有着落则为"平手"。除此三者之外，皆为"病手"。

盖内之虚灵不昧，能致于外之清明，流行乎肢体也。若不穷研轻重、浮沉之手，徒劳掘井不及泉之叹耳！

然有方圆四正之手，表里精粗无不到，则已极大成，又何云四隅出方圆矣！所谓方而圆、圆而方，超乎象外，得其寰中之"上手"也。

太极四隅解

四正，即四方也，所谓掤、捋、挤、按也。初不知方能始圆。方圆复始之理无已，焉能出隅之手矣！缘人外之肢体，内之神气，弗得轻灵方圆四正之功，始出轻重浮沉之病，则有隅矣！

譬如：半重偏重，滞而不正，自然为采、挒、肘、靠之隅手，或双重填实，亦出隅手也。病多之手，不得已以隅手扶之，而归圆中方正之手；虽然至底者，肘靠亦及此以补，其所以云尔。夫日后功夫能致上乘者，亦须获采挒而仍归大中至正矣！是四隅之所用者，因失体而补缺云云。

太极平准腰顶解（五言二十句）

顶如准，故云"顶头悬"也。两手即平左右之盘也。腰即平之根株也。"立如平准"，所谓轻重浮沉、分厘毫丝，则偏显然矣！

有准顶头悬，腰之根下株。（尾闾至囟门也）

上下一条线，全凭两手转。

变换取分毫，尺寸自己辨。

车轮两命门，一纛摇又转。

心令气旗使，自然随我便。

满身轻利者，金刚罗汉炼。

对待有往来，是早或是晚。

合则放发出，不必凌霄箭。

涵养有多少，一气哈而远。

口授须秘传，开门见中天。

太极血气根本解

血为营，气为卫。血流行于肉、膜、络，气流行于骨、筋、脉。筋、甲为骨之余，发、毛为血之余。血旺则发毛盛，气足则筋甲壮。故血气之勇力，出于骨、皮、毛之外壮；气血之体用，出于肉、筋、甲之内壮。气以血之盈虚，血以气之消长。消长盈虚，周而复始，终身用之不能尽者矣！

太极四时五气解图

太极力气解

气走于膜、络、筋、脉，力出于血、肉、皮、骨。故有力者皆外壮于皮骨，形也；有气者是内壮于筋脉，象也。气血功于内壮，血气功于外壮。要之，明于"气血"二字之功能，自知力气之由来矣！知气力之所以然，自能知用力、行气之分别。行气于筋脉，用力于皮骨，大不相侔也。

太极尺寸分毫解

功夫先炼开展，后炼紧凑。开展成而得之，才讲紧凑；紧凑得成，才讲尺、寸、分、毫。

由尺住之功成，而后能寸住、分住、毫住。此所谓尺寸分毫之理也明矣！

然尺必十寸，寸必十分，分必十毫，其数在焉！故云：对待者，数也。知其数，则能得尺寸分毫也。要知其数，必密授，而能量之者哉！

太极膜脉筋穴解

节膜、拿脉、抓筋、闭穴，此四功由尺、寸、分、毫得之后而求之。

膜若节之，血不周流。脉若拿之，气难行走。筋若抓之，身无主地。穴若闭之，神昏气暗。

抓膜节之半死，申脉拿之似亡，单筋抓之劲断，死穴闭之无生。

总之，气血精神若无，身何有主也？如能节、拿、抓、闭之功，非得点传不可。

太极字字解

挫、揉、捶、打于己、于人，按、摩、推、拿于己、于人，开、合、升、降于己、于人，此十二字，皆用手也。

屈、伸、动、静于己、于人，起、落、急、缓于己、于人，闪、还、撩、了于己、于人，此十二字于己气也，于人手也。

转、换、进、退于己身也、人步也，顾、盼、前、后于己目也，人手也，即瞻前眇后、左顾右盼也，此八字关乎神矣！

断、接、俯、仰，此四字关乎意、劲也。断接关乎神气也，俯仰关乎手足也。

劲断意不断，意断神可接。劲、意、神俱断，则俯仰矣！手足无著落耳！俯为一叩，仰为一反而已矣！不使叩反，非断而复接不可。

对待二字，以俯仰为重。时刻在心，身、手、足不使断之无接，则不能俯仰也！

求其断接之能，非见隐显微不可。隐微似断而未断，见显似接而未接。接接断断，断断接接，其意心、身体、神气极于隐显，又何虑不粘黏连随哉！

太极节拿抓闭尺寸分毫解

对待之功，既得尺寸分毫于手，则可量之矣。然不论节拿抓闭之手易，若节膜、拿脉、抓筋、闭穴，则难！非自尺寸分毫量之不可得也。

节，不量，由按而得膜；

拿，不量，由摩而得脉；

抓，不量，由推而得筋；

拿闭，非量而不能得穴。由尺盈而缩之寸、分、毫也。

此四者，虽有高授，然非自己功夫久者，无能贯通焉！

太极补泻气力解

补泻气力于自己难，补泻气力于人亦难。补自己者，知觉功亏则补，运动功过则泻，所以，求诸己不易也。补于人者，气过则补之，力过则泻之，此胜彼败，所由然也。

气过或泻，力过或补，其理虽亦然，其有详夫过补为之过上加过，过泻为之缓他不及，他必更过，仍加过也。

补气泻力于人之法，均为加过于人矣。补气名曰"结气法"。泻力名曰"空力法"。

太极空结挫揉论

有挫空、挫结，有揉空、揉结之辨。挫空者，则力隅矣！挫结者，则气断矣！揉空者，则力分矣！揉结者，则气隅矣！

若结揉挫则气力反，空揉挫则气力败。结挫揉则力胜于气，力在气上矣！空挫揉则气盛于力，气过、力不及矣！挫结揉、揉结挫皆气闭于力矣！挫空揉、揉空挫皆力凿于气矣！

总之，挫结、揉空之法，亦必由尺寸分毫量，能如是也！不然，无地之挫揉，平虚之灵结，亦由何而致于哉！

懂劲先后论

夫未懂劲之先，长出顶、匾、丢、抗之病；既懂劲之后，恐出断、接、俯、仰之病。然未懂劲，故然病出；劲既懂，何以出病乎？

缘劲似懂未懂之际，正在两可，断接无准矣，故出病；神明及犹不及，俯仰无着矣，亦出病。若不出断接俯仰之病，非真懂劲，不能不出也！

胡为"真懂"？因视听无由未得其确也，知瞻眇顾盼之视觉，起落缓急之听知，闪还撩了之运觉，转换进退之动知，则为真懂劲！则能接及神明；及神明，自攸往有由矣！有由者，由于懂劲，自得屈伸动静之妙；有屈伸动静之妙，开合升降又有由矣！由屈伸动静，见入则开，遇出则合；看来则降，就去则升。夫而后才为真及神明矣！

明也，岂可日后不慎行坐卧走、饮食溺泅之功？是所为及中成、大成也哉！

尺寸分毫在懂劲后论

在懂劲先，求尺寸分毫为之小成，不过末技武事而已！所谓能尺于人者，非先懂劲也。如懂劲后神而明之，自然能量尺寸。尺寸能量，才能节、拿、抓、闭矣！

知膜、脉、筋、穴之理，要必明存亡之手；知存亡之手，要必明生死之穴。其穴之数，安可不知乎？知生死之穴数，乌可不明闭而不生乎？乌可不明闭而无生乎？是所谓二字之存亡，一闭之而已尽矣！

太极指掌捶手解

自指下至腕上，里者为"掌"；五指之首为之"手"；五指皆为"指"；五指权里，其背为"捶"。

如其用者，按、推，掌也；拿、揉、抓、闭，俱用指也；挫、摩，手也；打，捶也。

夫捶有"搬拦"，有"指裆"，有"肘底"，有"撇身"，四捶之外有"覆捶"。掌有"搂膝"，有"换转"，有"单鞭"，有"通背"，四掌之外有"串掌"。手有"云手"，有"提手"，有"合手"，有"十字手"，四手之外有"反手"。指有"屈指"，有"伸指"，有"捏指"，有"闭指"，四指之外有"量指"，又名"尺寸指"，又名"觅穴指"。

然指有五指，有五指之用。首指为手，仍为指，故又名"手指"。其一，用之为"旋指""旋手"；其二，用之为"根指""根手"；其三，用之为"弓指""弓手"；其四，用之为"中合指""中合手"；四手指之外，为"独指""独手"也。食指为"卟指"，为"剑指"，为"佐指"，为"粘指"。中正为"心指"，为"合指"，为"钩指"，为"抹指"。无名指为"全指"，为"环指"，为"代指"，为"扣指"。小指为"帮指"，为"补指"，为"媚指"，为"挂指"。若此之名，知之易而用之难，得口诀秘方亦不易为也。

其次，有"如对掌""推山掌""射雁掌""晾翅掌"；"似闭指""拗步指"。"弯弓指""穿梭指"；"探马手""弯弓手""抱虎手""玉女手""跨虎手"；"通山捶""叶下捶""背反捶""势分捶""卷挫捶"。

再其次，步随身换，不出五行，则无失错矣！因其粘、黏、连、随之理，舍己从人，身随步自换。只要无五行之舛错，身形脚势出于自然，又何虑些须之病也！

口授穴之存亡论

穴有存亡之穴，要非口授不可，何也？一因其难学，二因其关乎存亡，三因其人才能传。

第一，不授不忠不孝之人；

第二，不传根底不好之人；

第三，不授心术不正之人；

第四，不传鲁莽灭裂之人；

第五，不传目中无人之人；

第六，不传无礼无恩之人；

第七，不授反复无常之人；

第八，不传得易失易之人。

此须知八不传，匪人更不待言矣！

如其可以传，再口授之秘诀。传忠孝知恩者，心气和平者，守道不失者，真以为师者，始终如一者。此五者，果其有始有终、不变如一，方可将全体大用之功授之于徒也。

明矣，于前于后，代代相继，皆如是之所传也。噫，抑亦知武事中乌有匪人哉！

张三丰承留

天地即乾坤，伏羲为人祖；

画卦道有名，尧舜十六母；

微危允厥中，精一及孔孟；

神化性命功，七二乃文武；

授之至予来，字着宣平许；

延年药在身，元善从复始；

虚灵能德明，理令气形具；

万载咏长春，心兮诚真迹；

三教无两家，统言皆太极；

浩然塞而冲，方正千年立；

继往圣永绵，开来学常续；

水火既济焉，愿至成毕字。

口授张三丰老师之言

予知三教归一之理，皆性命学也，皆以心为身之主也。保全心身，永有精气神也。有精气神，才能文思安安，武备动动。安安动动，乃文乃武。大而化之者，圣神也。先觉者，得其寰中，超乎象外矣。后学者，以效先觉之所知能。其知能，虽人固有之知能，然非效之不可得也。

夫人之知能，天然文武。目视、耳听，天然文也；手舞、足蹈，天然武也。孰非固有也？明矣！前辈大成文武圣神，授人以体育修身，进之以武事修身。传之至予，得之手舞足蹈之采战，借其身之阴以补助之阳。身之阳男也，身之阴女也，然皆于身中矣。男之身祇一阳，男全体皆阴女，以一阳采战全体之阴女，故云一阳复始。

斯身之阴女，不独七二，以一姹女配婴儿之名，变化千万。姹女采战之可也，亦安有男女后天之身以补之者？所谓自身之天地以扶助之，是为阴阳采战也，如此者是男子之身皆属阴，而采自身之阴，战己身之女，不如两男之阴阳对待修身速也。

予及此传于武事，然不可以末技视，依然体育之学，修身之道，性命之功，圣神之境也。

今夫两男之对待采战，于己身之采战，其理不二。己身亦遇对待之数，则为采战也，是为汞铅也。于人对战坎离之阴阳兑震，阳战阴也，为之四正；乾坤之阴阳艮巽，阴采阳也，为之四隅。此八卦也，为之八门。身足位列中土，进步之阳以战之，退步之阴以采之，左顾之阳以采之，右盼之阴以战之。此五行也，为之五步，共为八门五步也。

夫如是，予授之尔，终身用之不能尽者矣。又至予得武继武，必当以武事传之而修身也。修身入首，无论武事文为，成功一也。三教三乘之原，不出一太极。愿后学以易理格致于身中，留于后世也可。

张三丰以武事得道论

盖未有天地，先有理。理为气之阴阳主宰。主宰、理，以有天地，道在其中。阴阳、气、道之流行，则为对待。对待者，阴阳也，数也。

一阴一阳之为道。道无名，天地始；道有名，万物母。未有天地之前，无极也，无名也；既有天地之后，有极也，有名也。

然前天地者，曰理，后天地者，曰母，是乃理化先天阴阳气数，母生后天胎卵湿化，位天地，育万物，道中和，然也。

故乾坤为大父母，先天也，爹娘为小父母，后天也。得阴阳先后天之气，以降生身，则为人之初也。夫人身之来者，得大父母之命、性、赋、理，得小父母之精、血、形、骸。合先后天之身命，我得而成人也，以配天地为三才，安可失性之本哉！然能率性，则本不失，既不失本来面目，又安可失身体之去处哉！

夫欲寻去处，先知来处。来有门，去有路，良有以也，然有何以之？以之固有之知能，无论知愚贤否，固有知能皆可以之进道。既能修道，可知来处之源，必能去处之委。来源去委既知，能必明身之修。故曰：自天子至于庶人，一是皆以修身为本。

夫修身以何？以之良知良能。视目听耳，曰聪、曰明；手舞足蹈，乃武、乃文。致知格物，意诚心正。心为一身之主，正意诚心，以足蹈五行，手舞八卦。手足为之四象，用之殊途，良能还原。目视三合，耳听六道，目、耳亦是四形体之一表，良知归本。耳目，手足分而为二，皆为两仪，合之为一，共为太极，此由外敛入之于内，亦自内发出之于外也。

能如是表里精粗无不到，豁然贯通，希贤希圣之功，自臻于曰睿、曰智、乃圣、乃神。所谓尽性立命，穷神达化在兹矣。然天道、人道，一"诚"而已矣。

太极拳九诀

杨班侯（秘传）

（一）全体大用诀（七言五十四句）

太极拳法妙无穷，掤捋挤按雀尾生。
斜走单鞭胸膛占，回身提手把着封。
海底捞月亮翅变，挑打软肋不容情。

搂膝拗步斜中找，手挥琵琶穿化精。

贴身靠近横肘上，护中反打又称雄。

进步搬拦肋下使，如封似闭护正中。

十字手法变不尽，抱虎归山采挒成。

肘底看锤护中手，退行三把倒转肱。

坠身退走扳挽劲，斜飞着法用不空。

海底针要躬身就，扇通臂上托架功。

撇身锤打闪化式，横身前进着法成。

腕中反有闭拿法，云手三进臂上攻。

高探马上拦手刺，左右分脚手要封。

转身蹬脚腹上占，进步栽锤迎面冲。

反身白蛇吐信变，采住敌手取双瞳。

右蹬脚上软肋端，左右披身伏虎精。

上打正胸肋下用，双风贯耳着法灵。

左蹬脚踢右蹬式，回身蹬脚膝骨迎。

野马分鬃攻腋下，玉女穿梭四角封。

摇化单臂托手上，左右用法一般同。

单鞭下式顺锋入，金鸡独立占上风。

提膝上打致命处，下伤二足难留情。

十字腿法软骨断，指裆捶下靠为锋。

上步七星架手式，退步跨虎闪正中。

转身摆莲护腿进，弯弓射虎挑打胸。

如封似闭顾盼定，太极合手势完成。

全体大用意为主，体松气固神要凝。

（二）十三字行功诀（七言十六句）

十三字：掤、捋、挤、按、采、捌、肘、靠、进、退、顾、盼、定。

口诀（七言十六句）：

掤手两臂要圆撑，动静虚实任意攻。

搭手捋开挤掌使，敌欲还着势难逞。

按手用着似倾倒，二把采住不放松。

来势凶猛捌手用，肘靠随时任意行。

进退反侧应机走，何怕敌人艺业精。

遇敌上前迫近打，顾住三前盼七星。

敌人逼近来打我，闪开正中定横中。

太极十三字中法，精意揣摩妙更生。

（三）十三字用功诀（七言十六句）

逢手遇掤莫入盘，黏粘不离得着难。

闭掤要上采捌法，二把得实急无援。

按定四正隅方变，触手即占先上先。

捋挤二法趁机使，肘靠攻在脚跟前。

遇机得势进退走，三前七星顾盼间。

周身实力意中定，听探顺化神气关。

见实不上得攻手，何日功夫是体全？

操练不按体中用，修到终期艺难精！

（四）八字法诀（七言八句）

三换二捋一挤按，搭手遇掤莫让先。

柔里有刚攻不破，刚中无柔不为坚。

避人攻守要采挒，力在惊弹走螺旋。

逞势进取贴身肘，肩胯膝打靠为先。

（五）虚实诀（七言八句）

虚虚实实神会中，虚实实虚手行功。

练拳不谙虚实理，枉费功夫终无成。

虚守实发掌中窍，中实不发艺难精。

虚实自有实虚在，实实虚虚攻不空。

（六）乱环双诀

1.太极乱环诀（七言八句）：

乱环术法最难通，上下随合妙无穷。

陷敌深入乱环内，四两千斤着法成。

手脚齐进横竖找，掌中乱环落不空。

欲知环中法何在？发落点对即成功。

2.三环九转诀：

太极三环九转功，环环盘在手掌中。

变化转环无定式，点发点落挤虚空。

见实不在点上用，空费功夫何日成。

七星环在腰腹主，八十一转乱环宗。

（七）阴阳诀（七言八句）

太极阴阳少人修，吞吐开合问刚柔。

正隅收放任君走，动静变化何须愁？

生克二法随着用，闪进全在动中求。

轻重虚实怎的是？重里现轻勿稍留。

（八）十八在诀（四言十八句）

掤在两臂，捋在掌中，

挤在手背，按在腰攻；

采在十指，挒在两肱，

肘在屈使，靠在肩胸。

进在云手，退在转肱，

顾在三前，盼在七星，

定在有隙，中在得横。

滞在双重，通在单轻。

虚在当守，实在必冲。

（九）五字双诀

1.五字经诀（五言二十句）：

披从侧方入，闪展无全空。

担化对方力，搓磨试其功。

歉含力蓄使，黏粘不离宗。

随进随退走，拘意莫放松。

拿闭敌血脉，扳挽顺势封。

软非用拙力，掤臂要圆撑。

搂进圆活力，摧坚戳敌锋。

掩护敌猛入，撮点致命攻。

坠走牵挽势，继续勿失空。

挤他虚实现，摊开即成功。

2.轻重分胜负五字经诀：

双重行不通，单轻反成功。

单双发宜快，胜在掌握中。

在意不在力，走重不走空。

重轻终何在，蓄意似猫行。

隅方得相见，千斤四两成。

遇横单重守，斜角成方形。

踩定中诚位，前足夺后踵。

后足从前卯，放手便成功。

趁虚则锋入，成功本无情。

展转急要快，力定在腰中。

太极拳约言

杨健侯

轻则灵，灵则动，动则变，变则化。

太极拳之练习谈

杨澄甫

中国之拳术，虽派别繁多，要旨皆寓有哲理之技术，历来古人穷毕生之精力，而不能尽其玄妙者，比比皆是，学者若费一日之功力，即得有一日之成效，日积月累，水到渠成。

太极拳，乃柔中寓刚、绵里藏针之艺术，于技术上、生理上、力学上，有相当之哲理存焉。故研究此道者，需经过一定之程序与相当之时日。虽然良师之指导、好友之切磋，故不可少，而最紧要者，是在逐日自身之锻炼。否则谈论终日，思慕经年，一朝交手，空洞无物，依然是门外汉者，未有逐日功夫。古人所为，终思无益，不如学也。若能晨昏无间，寒暑不易，一经动念，即举拳练，无论老少男女，及其成功则一也。

近来研究太极拳者，由北而南，同志日增，不禁为武术前途喜。然同志中，专心苦练，诚心向学，将来不可限量者，故不乏人，但普通不免入于两途，一则天才既具，年力又强，举一反三，颖悟出群，惜乎稍有小成，便是满足。遽迩中辍，未能大受。其次，急求速效，忽略而成，未经一载，拳、剑、刀、枪皆已学全，虽能依样葫芦，而实际未得此中三昧，一经考究，其方向动作，上下内外，皆未合度，如欲改正，则式式皆须修改，且朝经改正，而夕已忘却。故常闻人曰："习拳容易改拳难。"此语之来，皆由速成而至此。如此辈者，以误传误，必致自误误人，最为技术前途忧者也。

太极拳开始，先练拳架。所谓拳架者，即照拳谱上各式名称，一式一式由师指教，学者悉心静气，默记揣摩，而照行之，谓之练架子。此时学者应注意内外上下：属于内者，即所谓用意不用力，下则气沉丹田，上则虚灵顶劲；属于外者，周身轻灵，节节贯串，由脚而腿而腰，沉肩屈肘等是也。初学之时，先此数句，朝夕揣摩，而体会之。一式一手，总须仔细推求，举动练习，务求正确。习练既纯，再求二式，于是逐渐而至于习完，如是则毋事改正，日久亦不致更变要领也。

习练运行时，周身骨节，均须松开自然。其一，口腹不可闭气；其二，四肢腰腿，不可起强劲。此二句，学内家拳者，类能道之，但一举动，一转身，或踢腿摆腰，其气喘矣，起身摇矣，其病皆由闭气与起强劲也。

一、摩练时，头部不可偏侧与俯仰，所谓要"头顶悬"。若有物顶于头上之意，切忌硬直，所谓悬字意义也。目光虽然向前平视，有时当随身法而转移。其视线虽属空虚，亦未变化中一紧要之动作，而补身法手法之不足也。其口似开非开，似闭非闭，口呼鼻吸，任其自然。如舌下生津，当随时咽入，勿吐弃之。

二、身躯宜中正而不倚，脊梁与尾闾，宜垂直而不偏；但遇开合变化时，有含胸拔背、沉肩转腰之活动，初学时节须注意。否则日久难改，必流于板滞，功夫虽深，难以得益致用矣。

三、两臂骨节均须松开，肩应下垂，肘应下曲，掌宜微伸，手尖微曲。以意运臂，以气贯指，日积月累，内劲通灵，其玄妙自生矣。

四、两腿宜分虚实，起落犹似猫行。体重移于左者，则左实，而右脚谓之虚；移于右者，则右实，而左脚谓之虚。所谓虚者，非空，其势仍未断，而留有伸缩变化之余意存焉。所谓实者，确实而已，非用劲过分，用力过猛之谓。故腿曲至垂直为准，逾此谓之过劲。身躯前扑，即失中正姿势。

五、脚掌应分踢腿（谱上左右分脚或写左右起脚）与蹬脚二式。踢腿时注意脚尖，蹬脚时则注意全掌。意到而气到，气而劲自到，但腿节均须松开平稳出之。此时最易起强劲，身躯波折而不稳，发腿亦无力矣。

太极拳之程序，先练拳架（属于徒手），如太极拳、太极长拳；其次单手推挽、原地推手、活步推手、大捋、散手；再次则器械，如太极剑、太极刀、太极枪（十三枪）等是也。

练习时间，每日起床后两遍，若晨起无暇，则睡前两遍。一日之中，应练七八次，至少晨昏各一遍。但醉后、饱食后，皆宜避忌。

练习地点，以庭院与厅堂，能通空气，多光线者为相宜。忌直吹之烈风与有阴湿霉气之场所，因身体一经运动，呼吸定然深长，故烈风与霉气，如深入腹中，有害于肺脏，易致疾病也。练习之服装，宜宽大之中服短装与阔头之布鞋为相宜。习练经时，如遇出汗，切忌脱衣裸体，或行冷水揩抹，否则未有不患疾病也。

太极拳术十要

杨澄甫

一、虚灵顶劲。顶劲者，头容正直，神贯于顶也。不可用力，用力则项强，气血不能流通，须有虚灵自然之意。非有虚灵顶劲，则精神不能提起也。

二、含胸拔背。含胸者，胸略内涵，使气沉于丹田也。胸忌挺出，挺出则气拥胸际，上重下轻，脚跟易于浮起。拔背者，气贴于背也，能含胸则自能拔背，能拔背则能力由脊发，所向无敌也。

三、松腰。腰为一身之主宰，能松腰，然后两足有力，下盘稳固。虚实变化，皆由腰转动。故曰："命意源头在腰隙"，有不得力，必于腰腿求之也。

四、分虚实。太极拳术以分虚实为第一要义，如全身皆坐在右腿，则右腿为实，左腿为虚；全身皆坐在左腿，则左腿为实，右腿为虚。虚实能分，而后转动轻灵，毫不费力；如不能分，则迈步重滞，自立不稳，而易为人所牵动。

五、沉肩坠肘。沉肩者，肩松开下垂也。若不能松垂，两肩端起，则气亦随之而上，全身皆不得力矣。坠肘者，肘往下松垂之意，肘若悬起，则肩不能沉，放人不远，近于外家之断劲矣。

六、用意不用力。太极拳论云：此全是用意不用力。练太极拳，全身松开，不使有分毫之拙劲，以留滞于筋骨血脉之间，以自缚束，然后能轻灵变化，圆转自如。或疑不用力何以能长力？盖人身之有经络，如地之有沟洫，沟洫不塞而水行，经络不闭则气通。如浑身僵劲满经络，气血停滞，转动不灵，牵一发而全身动矣。若不用力而用意，意之所至，气即至焉，如是气血流注，日日贯输，周流全身，无时停滞。久久练习，则得真正内劲，即太极拳论中所云"极柔软，然后极坚刚"也。太极拳功夫纯熟之人，臂膊如绵裹铁，分量极沉；练外家拳者，用力则显有力，不用力时，则甚轻浮，可见其力乃外劲浮面之劲也。外家之力，最易引动，不足尚也。

七、上下相随。上下相随者，即太极拳论中所云：其根在于脚，发于腿，主宰于腰，行于手指，由脚而腿而腰，总须完整一气也。手动、腰动、足动，眼神亦随之动，如是方可谓之上下相随。有一不动，即散乱也。

八、内外相合。太极拳所练在神，故云："神为主帅，身为驱使。"精神能提得起，自然举动轻灵。架子不外虚实开合。所谓开者，不但手足开，心意亦与之俱开；所谓合者，不但手足合，心意亦与之俱合。能内外合为一气，则浑然无间矣。

九、相连不断。外家拳术，其劲乃后天之拙劲。故有起有止，有续有断，旧力已尽，新力未生，此时最易为人所乘。太极拳用意不用力，自始至终，绵绵不断，周而复始，循环无穷。原论所谓"如长江大河，滔滔不绝"，又曰"运劲如抽丝"，皆言其贯串一气也。

十、动中求静。外家拳术，以跳掷为能，用尽气力，故练习之后，无不喘气者。太极拳以静御动，虽动犹静，故练架子愈慢愈好。慢则呼吸深长，气沉丹田，自无血脉偾张之弊。学者细心休会，庶可得其意焉。

论太极推手

杨澄甫

　　世间练太极者，亦不在少数。宜知分别纯杂，以其味不同也。纯粹太极，其臂如绵裹铁，柔软沉重。推手之时，可以分辨。其拿人之时，手极轻而人不能过。其放人之时，如同弹丸，迅疾干脆，毫不费力。被跌出者，但觉一动，而并不觉痛，已跌丈余外矣。其黏人之时，并不抓擒，轻轻黏住，即如胶而不能脱，使人两臂酸麻不可耐。此乃真太极拳也。若用力按人推人，虽亦可以制人，将人打出，然自己终未免吃力，受者亦觉得甚痛，虽打出亦不能干脆。反之，吾欲以力擒制太极拳能手，则如捕风捉影，处处落空。又如水上踩葫芦，终不得力。此乃真太极意也。

五、武禹襄著述

四字秘诀

敷：敷者，运气于己身，敷布彼劲之上，使不得动也。

盖：盖者，以气盖彼来处也。

对：对者，以气对彼来处，认定准头而去也。

吞：吞者，以气全吞而入于化也。

此四字无形无声，非懂劲后，练到极精地位者，不能知全。是以气言，能直养其气而无害，始能施于四体。四体不言而喻矣！

六、李亦畲著述

撒放秘诀

擎　擎起彼劲借彼力（中有"灵"字），

引　引到身前劲始蓄（中有"敛"字），

松　松开我劲勿使屈（中有"静"字），

放　放时腰脚认端的（中有"整"字）。

擎、引、松、放四字，有四不能：脚手不随者不能，身法散乱者不能，一身不成一家者不能，精神不专聚者不能。欲臻此境，须避此病；不然，虽终身由之，究莫明其精妙矣！

五字诀

太极拳不知始自何人？其精微巧妙，王宗岳论详且尽矣！后传至河南陈家沟陈姓，神而明者，代不数人。我郡南关杨某，爱而往学焉。专心致志十有余年，备极精巧。旋里后，市诸同好。母舅武禹襄见而好之，常与比较。伊不肯轻以授人，仅能得其大概。素闻豫省怀庆府赵堡镇有陈姓名清平者，精于是技。逾年，母舅因公赴豫省，过而访焉。研究月余，而精妙始得，神乎技矣！

予自咸丰癸丑，时年二十余，始从母舅学习此技。口授指示，不遗余力。奈予质最鲁，廿余年来，仅得皮毛。窃意其中更有精巧。兹仅以所得笔之于后，名曰"五字诀"，以识不忘所学云。光绪辛巳中秋念六日

一曰心静：心不静则不专，一举手前后左右全无定向，故要心静。起初举动未能由己，要息心体认，随人所动，随曲就伸，不丢不顶，勿自伸缩。彼有力，我亦有力，我力在先；彼无力，我亦无力，我意仍在先。要刻刻留意，挨何处，心要用在何处，须向不丢不顶中讨消息。从此做去，一年半载，便能施于身。此全是用意，不是用劲。久之，则人为我制，我不为人制矣！

二曰身灵：身滞则进退不能自如，故要身灵。举手不可有呆相。彼之力方碍我皮毛，我之意已入彼骨内。两手支撑，一气贯串。左重则左虚，而右已去；右重则右虚，而左已去。气如车轮，周身俱要相随。有不相随处，身便散乱，便不得力，其病于腰腿求之。先，以心使身，从人不从己；后，身能从心，由己仍是从人。由己则滞，从人则活。能从人，手上便有分寸。秤彼劲之大小，分厘不错；权彼来之长短，毫发无差。前进后退，处处恰合，功弥久而技弥精矣！

三曰气敛：气势散漫，便无含蓄，身易散乱。务使

气敛入脊骨，吸呼通灵，周身罔间。吸为合、为蓄；呼为开、为发。盖吸则自然提得起，亦拏得人起；呼则自然沉得下，亦放得人出。此是以意运气，非以力使气也！

四曰劲整：一身之劲，练成一家。分清虚实，发劲要有根源：劲起于脚跟，主于腰间，行于手指，发于脊骨。又要提起全副精神，于彼劲将发未发之际，我劲已接入彼劲。恰好不先不后，如皮燃火，如泉涌出。前进后退，无丝毫散乱。曲中求直，蓄而后发，方能随手奏效。此所谓"借力打人""四两拨千斤"也！

五曰神聚：上四者俱备，总归神聚。神聚则一气鼓铸，炼气归神，气势腾挪；精神贯注，开合有致，虚实清楚。左虚则右实，右虚则左实。虚，非全然无力，气势要有腾挪；实，非全然占煞，精神要贵贯注。紧要全在胸中、腰间变化，不在外面。力从人借，气由脊发。胡能气由脊发？气向下沉，由两肩收于脊骨，注于腰间，此气之由上而下也，谓之"合"；由腰形于脊骨，布于两膊，施于手指，此气之由下而上也，谓之"开"。合便是收，开即是放。能懂开合，便知阴阳。到此地位，功用一日，技精一日，渐至从心所欲，罔不如意矣！

走架打手行工要言

昔人云："能引进落空，能四两拨千斤；不能引进落空，不能四两拨千斤。"语甚概括。初学未由领悟，予加数语以解之。俾有志斯技者，得所从入，庶日进有功矣！

欲要引进落空、四两拨千斤，先要知己知彼；欲要知己彼，先要舍己从人；欲要舍己从人，先要得机得势；欲要得机得势，先要周身一家；欲要周身一家，先要周身无有缺陷；欲要周身无有缺陷，先要神气鼓荡；欲要神气鼓荡，先要提起精神，神不外散；欲要神不外散，先要神气收敛入骨；欲要神气收敛入骨，先要两股前节有力，两肩松开，气向下沉。劲起于脚根，变换在腿，含蓄在胸，运动在两肩，主宰在腰。上于两膊相系，下于两胯、两腿相随。劲由内换，收便是合，放即是开。静则俱静，静是合，合中寓开；动则俱动，动是开，开中寓合。触之则旋转自如，无不得力，才能引起落空，四两拨千斤。

平日走架，是知己功夫。一动势，先问自己：周身合上数项不合？少有不合，即速改换。走架所以要慢，不要快。打手，是知人功夫。动静固是知人，仍是问己。自己要安排得好，人一挨我，我不动彼丝毫，趁势而入，接定彼劲，彼自跌出。如自己有不得力处，便是双重未化，要于阴阳开合中求之。所谓"知己知彼，百战百胜"也！

胞弟启轩尝以毯譬之：如置毯于平坦，人莫可攀跻，强临其上，向前用力——后跌，向后用力——前跌。譬喻甚明，细揣其理，非"舍已从人""一身一家"之明证

322

乎？得此一譬，"引进落空""四两拨千斤"之理，可尽
人而明矣！

（注：以上所辑录的部分文献典籍，关于作者历来说法
各异，待考。）

再版后记

　　《以拳证道》自2014年出版以来，受到广大读者的欢迎。现根据读者需求，决定再版。这次再版，本着对传统太极拳的传承高度负责的态度，结合我近几年的讲学实践，对《以拳证道》做进一步的修订完善。

　　《以拳证道》再版，选好承担修订工作的人非常重要。我认为，人选需要符合以下条件：（1）对我所传承的太极拳道内功，有全面、深入的理解和体悟；（2）为人处世品德高尚，践行拳道力学笃行；（3）具有认真负责的态度、严谨细致的作风和任劳任怨的品质；（4）有比较深厚的文字功底。

　　学生王延军，自2011年开始随我修习太极拳道内功。多年来，他始终坚守太极拳道修为的正道通途，始终坚持太极拳道修为的正确方向，始终灵活运用拳道修学的正确方法，潜心研修传统太极文化，静心悟拳修身，倾心践行以拳证道。延军对太极拳道理念主旨及拳道拳法的理解体悟比较深入，已迈入"懂劲"的门槛。他结合本地实际，创新建立了太极拳道研修"龙口模式",不遗余力地带领大家同修共进,有效地传播传承了太极拳道文化,有力地推广践行了拳道拳法。如今,他当之无愧地成为当地太极拳道传承团队的领军人物。延军在地方担任领导干部多年,工作忠于职守,兢兢业业,担当有为;处事实事求是,细心缜密,敬终慎始;为人正直无私,严己宽人,光明坦荡,在当地享有很高的威望。我与他师生多年,深感延军工作水平、品德修养和人格魅力值得称赞。延军在文字处理上构思清晰,不蔓不枝,文从字顺,底蕴厚实。可以说,王延军是承担《以拳证道》再版修订工作的理想人选。由他主持并负责具体修订工作,我心里很踏实。

《以拳证道》再版,我首次将珍藏五十多年的杨氏徐门《太极拳谱》手抄本正式公诸世人,录入本书"文献辑录"中。一方面,充实完善《以拳证道》这部阐释太极拳理法专著的内容,以引领后学能够沿着先辈指引的以拳证道方向修为,代代相传,勇攀高峰;另一方面,借以缅怀先辈们为之一生付出的心血和智慧,告慰先辈们在天之灵:传承自有后来人。

《太极拳谱》手抄本是一部记载着先辈们传承史诗的珍贵古谱典籍,为我们记载和保留了许多重要信息。例如,手抄拳谱中,首见"内家柔术专门科"这一提法,经查阅,其他拳谱典籍中都没有如此表述。这充分说明,徐岱山师爷继承杨少侯宗师太极拳修为的核心内容是"内家柔术"。内家柔术功夫，在杨氏徐门传承体系中即为"太极内功"。又如，手抄拳谱中，自徐岱山起向上列出杨家三代的传承谱系，并清楚地记录了徐岱山师爷受业于杨少侯宗师的时间及详细地址。此拳谱作为第一史料，佐证徐岱山师爷为杨少侯宗师的入室弟子。手抄拳谱中，多处盖有徐岱山师爷的印章等。2020年，香港有关组织筹办纪念杨少侯宗师仙逝九十周年活动，我应香港心一堂出版社约稿，撰写了《珍藏的祭奠》一文，讲述了杨氏徐门三代人近百年传承的历史，以及手抄拳谱如何传到我手上的过程。现将这篇文章引用在此，以飨读者。

珍藏的祭奠

在隆重纪念杨少侯宗师仙逝九十周年之际，我把历经三代人珍藏、从未对外正式公开的杨氏徐门《太极拳谱》（手抄本）郑重公示于众，以缅怀少侯宗师及后辈传人为继承、弘扬杨氏太极真功不惜呕心沥血的丰功伟绩！

这本手抄拳谱记录了杨氏徐门三代人近百年传承的历史。手抄拳谱记载了徐岱山师爷于清光绪二十年（1894）在北京东直门内火神庙入室少侯宗师受业，证实了徐岱山是少侯宗师极少数正式入室弟子之一的历史事实。徐岱山师爷列杨澄甫宗师名下之弟子，是依据杨氏昆仲皆称弟子的传统规矩。听父亲讲，徐师爷年长澄甫宗师十余岁，但依然以师徒之尊，对澄甫宗师敬重有加。

据《太极拳往事》书中所述："徐岱山本与杨少侯私交甚密，少侯在北京时是徐岱山拳场的常客。据说，杨澄甫太极刀的传人不多，徐岱山便是其中一位。"

父亲李树田一生与太极拳结下不解之缘。父亲当年因家境败落，积劳成疾，患上肺痨，大口吐血，无药可医。1926年在友人的引荐下，为了活命，22岁的父亲拜于京城太极名家白旭华门下，开始习练杨氏太极拳。白旭华师爷在北平警察厅消防队时，受杨健侯和杨少侯两代宗师的亲传。在白师爷严格的传授下，父亲一丝不苟地遵从苦练，不但身体完全康复，而且功夫日渐上身。父亲敬白师爷为再生父母，白师爷待父亲情如家人，真心换真情。十年后的一天，白师爷领父亲来到东直门内大街火神庙，拜见徐岱山师爷。在白师爷的力荐下，当场叩头拜师，徐岱山师爷收父亲为入室弟子。从此，父亲有了两位太极师父。

父亲42岁那年生下了我，可以说我是在父亲太极情缘的熏陶下长大的。当年，父亲时常前往西直门外张策师伯家，相互切磋拳技。张策师伯早于父亲拜入徐岱山师门，是父亲的同门师兄，是我的师伯。在徐门弟子中，父亲与张策师伯来往最密。父亲去张策师伯处，常常带我一起前往。

我16岁正式开始跟父亲学拳。一天，父亲带我来到张师伯家，指着我说："师哥，这孩子就交给你了。该怎么摔打，你就怎么摔打！"后来我才知道，他们师兄弟商量好了，将来由张师伯收我为徒。

从此，除时常随父亲一起去外，我自己也定期去看望张师伯，聆听师伯的教诲。

老哥俩也经常给我讲述徐师爷跟少侯宗师学拳的往事。

据徐师爷讲，少侯爷发打对手最擅长用"提手上势"。为了让徐师爷改掉仰下巴的习惯，有一天，少侯宗师当着其他徒弟的面，把徐师爷吼到跟前，让徐师爷出手猛击坐着不动的少侯宗师的面门。少侯宗师教授徒弟是不许假打的，他打徒弟是真打，让徒弟打他也必须真打。听到师父的吩咐，徐师爷猛然出掌直击少侯宗师的面门。徒弟们没有看清师父如何出手，徐师爷已仰面朝天，下巴被重击一掌，整个人被发打出去。幸亏几个师兄弟接住了四脚腾空的徐师爷，否则徐师爷又要几天爬不起来了。看着被打的徐师爷，少侯宗师一字一句地说："记住，这叫提手上势！"自此，徐师爷不但改正了仰下巴的习惯，用提手上势发人丈外，也成了徐师爷的看家功夫。

徐师爷不止一次地对徒弟讲，少侯宗师发人出手不见手。少侯宗师曾告诫徐师爷："发人就一手，不招不架就是一下。""有一没有二，有二就挨打。"冷、巧、脆是少侯宗师发人于不知不觉中的神奇之处。父亲听徐师爷说，少侯宗师常挂在嘴边的一句话："不是我要打，是他找打！"

坊间传说少侯宗师授徒甚少，因出手就打，从学者多不能忍受。徐师爷以他亲身感受对弟子们说，这种说法只是一个方面，其实少侯爷为人刚强，持正不阿。他看不惯世俗媚态，最厌恶弄虚作假，最不喜欢阿谀奉承。他为人清寡，对于老实正直的人不但赏识，而且以诚相教。少侯宗师与徐师爷的师生真情，就是建立在这样的基础上。一日为师终身为父。据张师伯回忆，少侯宗师仙逝后，徐师爷为其守孝整整三年。

这本手抄拳谱是张策师伯一直珍藏保存的。54年前是如何传交到我的手上，要从1966年那场史无前例的"文化大革命"说起。1949年之前张师伯在西直门外开过粪场，"文革"开始后自然成了被打倒的对象。有一天夜晚我从大学回家，顺便前往张师伯家看望他老人家。张师伯见到我后二话没说，取出一本旧杂志，将夹在中间用旧报纸包裹的一个本本拿出来，郑重地交到我的手上，严肃地说："这是我保存多年你师爷留下的拳谱。现在把它交给你，也了却一件心事。"说完不等我说话，便连推带搡地把我推出屋门，让我赶紧离开。没想到，这是竟我和张策师伯的诀别！第二天，无儿无女的张师伯被遣送农村。后来听说，张师伯不久就离世了。

从此，这本杨氏徐门唯一存世的手抄拳谱就由我珍藏了。

双手捧起这本手抄拳谱，望着拳谱上刻有徐岱山三个字的印章（据考是徐师爷留传在世的唯一印迹），似乎听见徐师爷在谆谆告诫我们：一定要把少侯宗师的真功拳艺传承下去。

望着拳谱上工工整整的小楷笔墨，似乎依然闻得到当年浓浓的墨香；看着不堪翻阅、暗黄发脆的宣纸，好像听到前人们叮嘱的话语。为了保存得长久些，我特意让学生请荣宝斋专门用名贵材料打造了一个木盒，用黄绫绸包裹珍藏起来。

从张策师伯手中接过手抄拳谱的那一刻，我就接过了一份责任，肩负起一份重担，心里更有了一份担当：把少侯宗师留给后人的太极神功瑰宝接过来、传下去，以无愧于先人、无愧于后人、无愧于自己！

《以拳证道》再版，在延军的主持和具体操作下，不厌其详、认真核实、反复修正，历经三年多时间，终于完成了修订工作。我这里由衷地感谢参与修订工作的每位学员，真诚地感谢广大读者给予的支持和厚爱！再版的《以拳证道》能够为广大读者带来全新的体验，是我最大的心愿！同时，期待同道朋友予以批评指正。

李光昭

2024年3月10日

修订说明

　　作为李光昭老师的学生，遵师嘱，由我具体负责《以拳证道》再版的修订工作。自己在诚惶诚恐之余，唯有倾心倾力，以报师恩，以飨读者。现将有关情况记载于此。

　　《以拳证道》第一版自2014年1月面世以来，得到广大读者，特别是太极拳爱好者的认可与好评。一名从事几十年党政工作的老领导对我说："延军，我虽然没练过太极拳，但却将《以拳证道》这本书认真地看了两遍。这不只是修拳的书，也是一本哲学书，它所阐释的阴阳之理用在做人处事、修身养性等方面都管用。"有一位厅级领导干部习练太极拳多年，读过此书后深有感触地讲："这是一本引领习练者步入太极拳之门的宝书。它使我在习拳的迷惘中见到了光明，让我弄清了什么是真正的太极拳，明白了修为太极拳之理，认清了修炼太极拳之路，掌握了习练太极拳之法。"山东省龙口市现年87岁的老拳师王云龙，曾师从太极拳名家刘晚苍，得到太极拳大家王茂斋之外甥张世聚传授拳架。他看了《以拳证道》之后不无感慨地说：“习拳70多年来，读过很多太极拳方面的书，这是第一本系统讲解太极拳理法的书。说它是一本'天书'也不为过，因为它讲的是天道、地道、人道。从书的价值上看，确是无价之宝。”从读者寥寥数语的推崇中，该书在社会上的反响可见一斑。随着时间地推移，历史将见证：《以拳证道》必为弘扬中国传统文化、丰富太极拳理论宝库、传承传统太极拳等发挥其重要作用。

《以拳证道》是李光昭老师撰写的第一本拳修佳作。李师自少年时期便随父习练太极拳，至今已60余年。李师其父李树田自1926年起跟随白旭华（白旭华深得杨健侯、杨少侯父子两代人的亲传）习练太极拳，并师从徐嵩霖（字岱山，系杨少侯入室弟子，是得到杨少侯内功真传的极少数人之一）习练杨氏太极拳小架、太极刀等功法。李树田先师继承了白旭华、徐嵩霖二位先辈所传授的太极内功心法，历经数十载深研苦修，总结提炼出"看、听、摸、悟"这一独具特色的拳修法要。李光昭老师在拳道修为过程中，遵循"悟道修己，修拳做人"的父训，沿着"明理、身证、体悟"的路径，坚持"以拳入道，以拳悟道，以拳证道"的宗旨，将拳修理法提炼出"一须三要"之核心，将拳修心法探索出"一求三修"之要义，将拳修功法总结出"一拨三能"之法门。《以拳证道》寓李树田先师的拳修精髓、李光昭老师的拳修体悟于其中，系统阐释了拳修之理法，深刻揭示了太极拳修为的核心主旨。企盼与本书有缘的读者在明理的基础上牢牢地把握拳修主旨，用这把金钥匙打开太极拳之门，登堂入室，攀登太极之峰。

该书发行已10年有余，目前线上线下均已售罄。为满足众多渴求者之需，李光昭老师决定将原书做进一步修订，予以再版。

本次再版书稿修订工作自始至终得到李老师的直接指导，修订要领如下：

其一，对第一版书稿（简称"原书稿"）的文字、标点符号等予以校正。

其二，原书稿正文中凡表述太极拳先辈之句，均将其所冠宗师、祖师、大师等称呼删除，以避称谓不当之弊。

其三，对原书稿附录的"文献辑录"做了调整、充实、核对。（1）再版书稿所附"文献辑录"中，加入"杨氏徐门《太极拳谱》手抄本"（简称"老拳谱"）。此拳谱乃为李光昭老师继承的传承体系所传，弥足珍贵，极少示人。李老师保存50余年，现将其正式出版，公诸世人。（2）原书稿"文献辑录"中的王宗岳《太极拳论》，本次修订是以"老拳谱"中"山右王宗岳先生太极拳论"为主要标准予以校对。本次修订增录王宗岳《太极拳经歌诀》，此歌诀以（清）王宗岳等著《太极拳谱》（沈寿点校考释）为主要标准做了校对。（3）原书稿"文献辑录"

中王宗岳《十三势行功心解》（"老拳谱"为"十三势行工心解"）及佚名（待考）的《十三势歌》（"老拳谱"为"十三势歌诀"）两篇拳论拳诀，因新录入的"老拳谱"中已有记载，故在本次修订中删除。（4）原书稿"文献辑录"中的张三丰《太极拳经》，其内容在"老拳谱"中分别以"太极拳论"和"张三丰祖师遗论"作以记载。为方便读者查阅，故将原书稿所附的张三丰《太极拳经》继续保留，且依据"老拳谱"所记载的内容做了校对。（5）继续保留原书稿"文献辑录"之四"杨氏太极拳老谱"所载的45篇拳谱，其中"杨氏太极拳老谱"中杨班侯所传《太极三诀》调整为《太极拳九诀》。以上拳谱均以（清）王宗岳等著《太极拳谱》（沈寿点校考释）为主要标准做了校对；（清）王宗岳等著《太极拳谱》（沈寿点校考释）中无记载的，则以原书稿为准。

其四，对原书稿正文中所引用的拳经拳论，均以再版书稿附录的"文献辑录"及（清）王宗岳等著《太极拳谱》（沈寿点校考释）为主要标准作以校对。校对时，对个别拳经拳论表述不一致的，原则上以文献辑录为主要标准校正；前者没有记载的拳经拳论，则以沈寿点校考释本为标准校正；前者和后者均无记载的拳经拳论，则以原书稿"文献辑录"所附录的原文为标准校正。

其五，李光昭老师亲笔撰写的再版后记，着重就"杨氏徐门《太极拳谱》手抄本"的来历与传承等做了介绍。

  《以拳证道》再版修订工作历时三年有余,其间,龙口方面的学员张之建、韩存波、孙行发等分工负责书稿修订相关工作,重庆市涪陵区人大常委会主任李景耀对再版书稿做了认真审核。作为有幸参与修订工作的人员,尽管都是努力而为,但仍恐未免有误,恳请读者不吝指正。

  在修订过程中,我将原书稿正文从头至尾、逐句逐字研读多遍,细细领悟其内涵真义,并不时地就有关问题向李老师请教,李老师适时给予精心指导,不仅为修订工作把关定向、提供保障,而且促使我对以拳证道之理的感悟得以深化,收获颇丰。在此,特向老师表示感恩拜谢!

王延军
2024年3月18日

图书在版编目（CIP）数据

以拳证道 / 李光昭著 . -- 北京 : 华龄出版社，

2024. 7. -- ISBN 978-7-5169-2825-7

Ⅰ. G852.11

中国国家版本馆 CIP 数据核字第 2024X0C854 号

| 策划编辑 | 南川一滴 | | 责任印制 | 李末圻 |
| 责任编辑 | 陈　馨 | | 装帧设计 | 武守友 |

书　　名	以拳证道	作　　者	李光昭
出　　版	华龄出版社 HUALING PRESS		
发　　行			
社　　址	北京市东城区安定门外大街甲 57 号	邮　　编	100011
发　　行	(010) 58122255	传　　真	(010) 84049572
承　　印	北京七彩京通数码快印有限公司		
版　　次	2024 年 7 月第 1 版	印　　次	2024 年 7 月第 1 次印刷
规　　格	880mm×1230mm	开　　本	1/32
印　　张	12	字　　数	210 千字
书　　号	ISBN 978-7-5169-2825-7		
定　　价	56.00 元		